Contraste insuffisant

NF Z 43-120-14

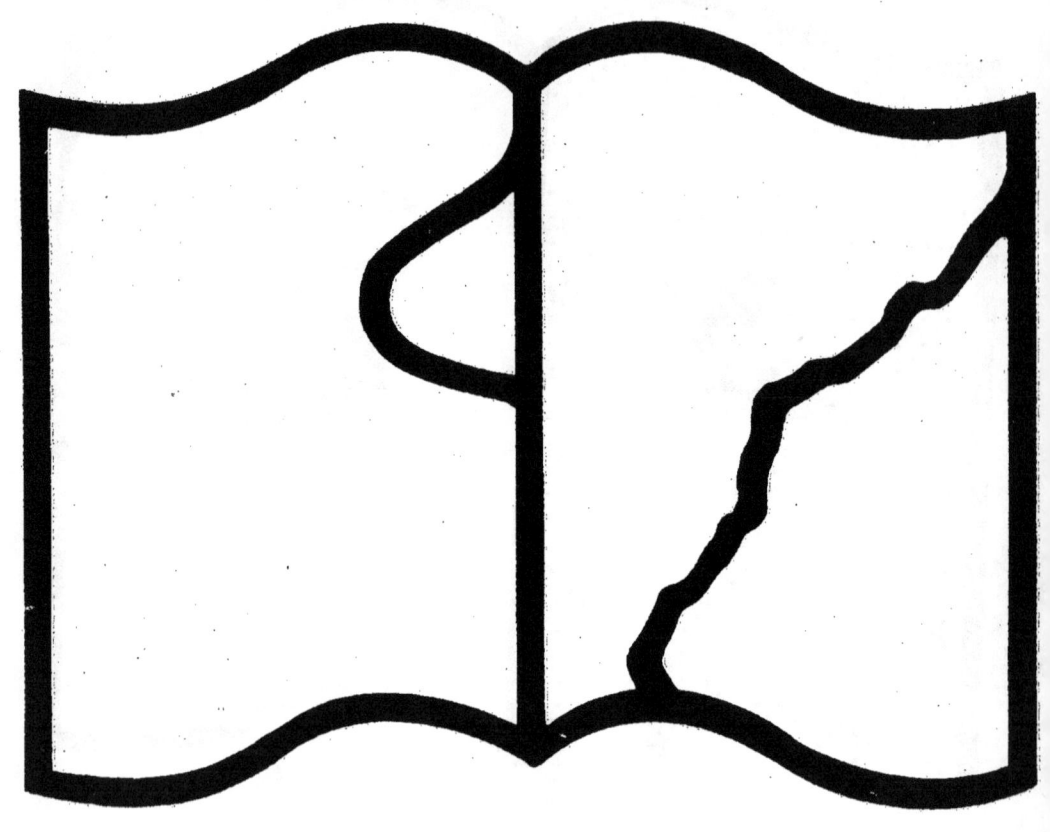

Texte détérioré — reliure défectueuse

NF Z 43-120-11

GEORGE SAND

ROMANS

CHAMPÊTRES

ILLUSTRÉS PAR TONY JOHANNOT

LA MARE AU DIABLE — FRANÇOIS LE CHAMPI
PROMENADES AUTOUR D'UN VILLAGE

PRÉCÉDÉS

D'UNE ÉTUDE SUR LES ROMANS CHAMPÊTRES

PAR P. J. STAHL

PARIS

L. HACHETTE ET Cie — COLLECTION HETZEL

15, RUE PIERRE-SARRAZIN, 15

1860

ROMANS CHAMPÊTRES

PARIS. — IMP. SIMON RAÇON ET COMP., RUE D'ERFURTH, 1.

LA MARE AU DIABLE

Il ne faut pas voir comme ça les choses par le mauvais côté, répondit la petite Marie en tenant la bride du cheval...

GEORGE SAND

ROMANS

CHAMPÊTRES

ILLUSTRÉS PAR TONY JOHANNOT

LA MARE AU DIABLE — FRANÇOIS LE CHAMPI
PROMENADES AUTOUR D'UN VILLAGE

PRÉCÉDÉS

D'UNE ÉTUDE SUR LES ROMANS CHAMPÊTRES

PAR P. J. STAHL

PARIS
L. HACHETTE ET Cie — COLLECTION HETZEL
14, RUE PIERRE-SARRAZIN, 14

1860

SUR

LES ROMANS CHAMPÊTRES

I

Tout le monde saura gré aux éditeurs des *Romans champêtres* d'avoir pensé à rassembler sous un même titre et dans un même format ces chastes et beaux livres. Ils forment tout naturellement une œuvre à part, et dans l'œuvre même de leur auteur, et dans notre littérature contemporaine. Le goût public avait depuis longtemps indiqué, et, en quelque sorte, demandé une édition qui fît, de toutes ces fleurs, un bouquet. La faveur exceptionnelle et constante avec laquelle il avait accueilli ces charmantes églogues séparées, disséminées dans les diverses éditions des œuvres complètes de George Sand, était une garantie de la façon dont il les accueillerait réunies. Le nombre est si rare des livres que tous peuvent lire avec fruit et avec joie, des livres qui méritent le doux nom de livres de famille et qu'on peut accepter comme classiques du vivant même de leur auteur, que présenter ainsi aux lecteurs délicats le bon grain sans l'ivraie ne pouvait être qu'une entreprise heureuse et méritoire.

Les *Romans champêtres* sont les premiers d'une bibliothèque de *Livres et de Romans moraux* que préparent leurs éditeurs. Ils méritaient de tenir ce premier rang dans une collection destinée à prendre place dans toutes les maisons où l'on sait que l'amour du beau ne se sépare pas de l'amour du bon et de l'honnête.

Les *Romans champêtres* de George Sand resteront, de l'aveu de nos critiques les plus difficiles et de l'aveu du vrai prince des critiques, de l'aveu du public tout entier, comme les modèles accomplis du genre qu'ils ont révélé. *Paul et Virginie* lui-même, le livre type de la candeur, est d'un souffle cependant moins pur et moins ferme. Le roman de Bernardin de Saint-Pierre n'est que le roman de l'innocence ; le récit touchant qui nous apprend à connaître et à aimer la petite Marie et le laboureur Pierre en est l'histoire même. C'est la réalité champêtre dans sa plus noble et sa plus simple image.

Ces pages touchantes n'ont pu éclore qu'à la saine clarté du soleil. Elles se détachent sur tout ce qu'on a lu comme un rayon de pure lumière. C'est véritablement un bain d'air et de rafraîchissante rosée pour l'âme, que la calme et sereine lecture de ces récits, tout parfumés de la vraie senteur des champs. On y sent, non pas l'éphémère empire de cette fantasque et maladive passion de la campagne qui pousse parfois le Parisien surmené à fuir dans le silence des forêts le tumulte de ses rues, mais la fortifiante influence de cet amour sincère, profond et respectueux des choses de la nature que connaissent seules les âmes à qui toutes les grandeurs de la terre et des cieux ont été de bonne heure familières, et qui ont su dès l'enfance le prix des libres horizons.

On comprend que la main qui a peint ces pendants aux antiques *Bucoliques* appartient tout entière aux tableaux qu'elle reproduit, que la sérénité de la campagne a ému le cœur et gagné l'âme de l'artiste, qu'il a tout oublié hormis les paisibles scènes qui se déroulent sous son regard charmé, qu'il a le culte de l'ouvrage de Dieu, qu'il chérit les mœurs naïves qu'il décrit, et que, si des influences extérieures ne l'en eussent éloigné, il eût pu vivre tous les jours de sa vie dans ces lieux que son âme n'a jamais sans doute quittés tout à fait.

II

Le génie de George Sand, que beaucoup ont comparé à ces grands fleuves qui souvent fécondent, mais qui souvent débordent, ou même à un torrent, ne nous a jamais apparu que comme un de ces lacs majestueux qu'on découvre avec ravissement au pied des hautes montagnes.

La vraie essence de ce génie, c'est la puissante placidité qu'offrent les vastes étendues d'eau. Il a des lacs la transparence et aussi l'insondable profondeur. Ce qu'il reflète le mieux, c'est l'azur sans fond d'un beau ciel, c'est le fin gazon de ses rives, c'est l'arbre incliné sur ses eaux, c'est le pic en apparence inébranlable qui pour miroir a sa surface polie. Ce qu'il écoute le plus volontiers, c'est le soupir ou le murmure des vents, c'est le silence animé des belles nuits, c'est la prière de l'aube à son réveil, c'est la chanson robuste de la journée, c'est le cantique du soir.

Quand la tempête le visite, c'est pour lui comme une douloureuse surprise ; car il a l'ingénuité de tout ce qui est fort et n'a jamais cherché la lutte. Lorsque les vents inopinément déchaînés l'arrachent à son repos, lorsqu'il lui faut se mettre à la hauteur de leur courroux et mugir et rugir avec eux, il semble qu'il prenne la voix même de la mer. Sa passion ne bondit pas : elle se déroule comme un long gémissement ; sa plainte est grave et cadencée toujours, elle a l'imposante lenteur des lamentations d'un océan et donne de la majesté à l'émotion la plus passagère.

Que si quelque roc précipité tout à coup de sa base s'engloutit en frémissant dans son lit profond, elle reçoit stoïquement la gigantesque blessure, et, après les bouillonnements inévitables de toute grande chute, le calme formidable reparaît aussitôt. Que si quelque navire étourdi s'aventure sur ces récifs à fleur d'eau que Dieu cache sous les ondes les plus plaisibles et s'y brise, s'il y a naufrage, s'il y a sinistre un jour sur ses bords, à qui s'en prendre ? Le lac n'a pas appelé la tempête, il n'a pas défié le tonnerre ; il a subi avec effroi, lui aussi, la passion des éléments ; mais, quand, plus fort, il est parvenu à dominer leurs colères, quand la glace unie de ses eaux s'est refermée, dérobant à tous les yeux la profondeur de sa plaie et le secret de ses souffrances, qui pourrait reprocher à ses ondes apaisées d'avoir obéi aux lois éternelles, d'avoir, après la tourmente, retrouvé leur niveau ?

Le George Sand des *Romans champêtres*, c'est donc le George Sand pacifié, c'est le lac que dore le soleil des plus beaux jours, à qui sourit la nature dans son fécond repos.

Sa surface, que rien ne ride, recélait naguère la tempête ? Que nous importe, à nous qui nous embarquons par un temps sûr !

Quelques apôtres de la plus triste, de la plus piteuse des utopies, celle de l'art pour l'art, laquelle (si on parvenait jamais à l'appliquer) aurait pour résultat d'exalter la main aux dépens du cerveau, quelques-uns ont fait à l'auteur des *Romans champêtres*, au milieu des éloges que leur arrachait son admirable talent, le reproche de n'avoir pas toujours assisté indifférent aux luttes qui ont agité notre époque. Ils ont déploré qu'un écrivain illustre se crût en état de donner son avis sur les révolutions contemporaines, comme cela appartient au plus naïf de ses lecteurs ou au plus retors de ses critiques, au dernier comme au premier venu.

Sans vouloir discuter le droit, incontestable, encore qu'on l'ose contester, qu'a le génie de jouer son rôle et de dire son mot au milieu des événements qui s'accomplissent sous ses yeux, sans vouloir juger surtout de l'usage heureux ou malheureux qu'il peut lui arriver, comme à tout autre, de faire de ce droit, nous demanderons, abordant la thèse en lecteur préoccupé de ses seules joies, si cette communication de l'écrivain avec les palpitations, avec les émotions, avec les orages de son temps, n'a pas pour résultat évident d'élever, de fortifier et d'agrandir son souffle, si ce n'est pas toujours à notre profit qu'il perd, en s'y mêlant momentanément, la paix de son âme et la tranquillité de son esprit, si nos jouissances ne sont pas faites de ses douleurs, de ses expériences et surtout peut-être de ses erreurs, comme la sécurité des passagers, des épreuves antérieures du pilote et de l'habitude qu'il a prise d'affronter la furie des flots? Nous demanderons enfin si c'est au public, qui recueille jusqu'aux épaves de ses naufrages, à lui faire un crime d'avoir, nouveau Colomb, cherché des mondes inconnus, ou tenté, comme le vieux Prométhée, de dérober le feu du ciel au profit de la terre.

Les *Romans champêtres* de George Sand sont exempts de ces aspirations ou philosophiques ou politiques que reprochent, à plusieurs des œuvres que l'auteur a produites à d'autres époques, ceux qui professent qu'un grand peintre ni un grand poëte n'ont pas besoin de conclure (c'est-à-dire de penser sans doute). Il semble que quelques critiques ne seraient pas fâchés, cependant, de faire rejaillir sur ces œuvres innocentes le défaut vrai ou prétendu de leurs aînées.

L'esprit humain est ainsi fait; il prend à partie l'œuvre tout entière d'un homme et l'homme lui-même. Il ne sépare rien, il ne divise rien. Il ne choisit pas, lui qui sait que, dans la nature même, il faut choisir! L'œuvre, ou telle partie de l'œuvre, est parfaite? d'accord: mais l'auteur ne l'est peut-être pas. Allons, faisons payer à l'œuvre les torts qu'il nous plaît de trouver à l'auteur!

C'est ainsi qu'une société pleine de vices, de misères tout au moins, exige l'impossible perfection dans ceux qui se donnent la tâche ingrate de l'émouvoir et de l'instruire.

Qu'on ne dise pas que nous exagérons: il est telle œuvre admirable, évangélique, quasi divine, dont l'esprit de parti, dont l'esprit de secte ou de caste, ne proclamera jamais le mérite à cause du seul nom de son auteur — un adversaire! Grâce à Dieu, la postérité est plus équitable. Le beau n'est jamais son ennemi. Elle n'a pas la cruauté du contemporain pour son contemporain. L'auteur ne répond, devant le sage et juste avenir, que de ce qu'il a fait de bien. Le temps, ami du génie, prend soin de débarrasser ses mains de ce que tout grand esprit a pu et dû, dans ses heures de défaillance, faire de médiocre ou de mauvais.

Ainsi devrions-nous faire cependant, ainsi ferions-nous, si critiquer n'était pas plus doux que d'admirer pour notre époque jalouse et comme envieuse de ses propres gloires.

III

Nous ne céderons pas à notre désir d'examiner dans leurs détails les beautés qui fourmillent dans les *Romans champêtres;* nous nous bornerons à dire que les mérites de la forme dans ces pages exquises surpassent encore les mérites du fond, que jamais langue plus charmante et plus savante à la fois n'a été plus habilement et plus sûrement maniée, et que, chefs-d'œuvre par le chaste intérêt de leur fable, les *Romans champêtres* sont, en outre, des merveilles d'exécution. Ils ne rappellent ni le roman osé de Longus, ni l'Aminta du Tasse, ni les robustes pastorales de Racan, ni les bergeries sentimentales de Florian, ni les idylles de Segrais, ni les fantaisies brillantes de Shakspeare dans *Comme il vous plaira,* ou de Molière dans *Mélicerte,* ni la Galatée de Cervantes, ni l'*Arcadie* de Sidney, ni l'*Astrée* de d'Urfé, ni le trop doux Gessner, ni Rousseau, ni Gœthe même, dont le génie, cependant, est en quelques points parent du génie de leur auteur.

Les *Églogues* de Théocrite et de Virgile, ou, mieux encore, le *Livre de Ruth,* sont les seuls aïeux qu'on pourrait reconnaître à la *Mare au Diable* ou à *François le Champi,* à la *Petite Fadette* ou aux *Maîtres Sonneurs,* si par le fait il n'y avait, dans cet entier renouvellement d'un genre, une sorte de création; car, pour l'artiste, retrouver le vrai, c'est créer.

Le public et la critique, à l'apparition de la *Mare au Diable* et de *François le Champi,* furent à la fois étonnés et ravis. Le théâtre nous avait toujours montré des paysans ou grotesques ou méchants. Il sembla que les montrer susceptibles de bons sentiments fût une véritable découverte.

Je conviendrai volontiers que, pour un écrivain français, il est bon d'être de Paris; mais il ne faut pas que cela dégénère en spécialité et qu'on s'imagine que cela puisse tenir lieu de tout. Paris est une ville sans pareille; mais n'être jamais sorti de Paris est un défaut tout comme celui de n'être jamais sorti de son village. Quelques critiques ultra-parisiens, des critiques de théâtre principalement, lesquels ont le malheur de contempler trop souvent la nature aux quinquets, virent avec une sorte de dépit qu'on tentât de leur démontrer qu'il existait en maint endroit des paysans autres que les comiques du Palais-Royal, les vrais paysans selon Paris. Les paysannes du Berry leur parurent très-différentes des demoiselles qui donnent tous les soirs la réplique à ces messieurs. L'habitude était si bien prise de voir la nature falsifiée et chargée, que plus d'un refusa d'abord de la reconnaître sous ses vrais habits, parlant son vrai langage et vivant de ses vraies mœurs; la plupart se rendirent cependant, et il fut peu à peu admis que la candeur n'était peut-être pas exclusivement l'apanage des grandes villes et que l'amour noble et ingénu pouvait à toute force se trouver ailleurs encore que dans les divers arrondissements de Paris. Ce réalisme à rebours, c'est-à-dire, dans le bon sens du mot, ce réalisme qui consistait à faire voir le touchant et le grand là où d'autres n'avaient démêlé que le ridicule et le grotesque, trouva grâce devant cette universalité des lecteurs qui contient aussi les délicats. Il fut bientôt accepté par tous que la vie des champs ne saurait être, après tout, plus corruptrice que la vie de Paris. On sentit que, sans nier ce que l'éducation peut ajouter de grâce au sentiment, il n'était pas impossible que la campagne lui gardât plus de simplicité et de fraîcheur, et, par suite, plus de naturelle grandeur. Cette réaction champêtre ne fit point de tort à Paris, et, Dieu soit loué ! elle fit quelque bien à l'œuvre du Créateur.

Un critique dont la parole ne saurait être indifférente, qu'il faut, par conséquent, combattre quand on ne peut l'approuver, un critique qu'on rencontre partout dans le domaine de l'art, M. Sainte-Beuve, sortant comme d'un songe du silence où il restait depuis longtemps déjà à l'égard des meilleures productions de George Sand, consacra, dans un article en plus d'un point fort réussi sur les *Romans champêtres*, la découverte qu'il fit un beau jour, un peu après tout le monde, de leur immense succès.

Le lecteur nous saura gré de citer quelques passages du travail de l'éminent écrivain. Ils confirment notre opinion. Nous laisserons à dessein de côté ce qui, dans les réflexions de M. Sainte-Beuve, est en dehors de son sujet, pour éviter toute controverse. Nous sommes heureux d'être, en ce qui concerne les *Romans champêtres*, de l'avis d'un juge qui ne se tromperait guère, tant sa sagacité est grande, si, depuis trop longtemps, hélas ! il ne semblait avoir systématiquement rétréci son terrain et diminué l'autorité même de sa parole en faisant à beaucoup de grandes et bonnes choses une guerre qui ne nous paraît pas toujours courtoise.

C'est à présent M. Sainte-Beuve qui parle. Il *conclura* pour nous, sans l'avoir prévu à coup sûr.

« J'étais, dit-il, en retard depuis quelque temps avec madame Sand; je ne

« sais pourquoi j'avais mis de la négligence à lire ses derniers romans; non pas
« que je n'en eusse entendu dire beaucoup de bien, mais il y a si longtemps que
« je sais que madame Sand est un auteur du plus grand talent, que tous ses ro-
« mans ont des parties supérieures de description, de situation et d'analyse, qu'il
« y a dans tous, même dans ceux qui tournent le moins agréablement, des carac-
« tères neufs, des peintures ravissantes, des entrées en matière pleines d'attrait ;
« il y a si longtemps que je sais tout cela, que je me disais : Il en est toujours
« de même; et, dans ce qu'elle fait aujourd'hui, elle poursuit sa voie d'invention,
« de hardiesse et d'aventure. Mais je suis allé voir le *Champi* à l'Odéon, comme
« tout Paris y est allé; cela m'a remis au roman du même titre, et à cette veine
« pastorale que l'auteur a trouvée depuis quelque temps ; et, reprenant alors ses
« trois ou quatre romans, les derniers en date, j'ai été frappé d'un dessein suivi,
« d'une composition toute nouvelle, d'une perfection véritable. J'étais entré à
« l'improviste dans une oasis de verdure, de pureté et de fraîcheur. Je me suis
« écrié, et j'ai compris alors seulement cette phrase d'une lettre qu'elle écrivait,
« l'an dernier, du fond de son Berry, à une personne de ses amies qui la poussait
« sur la politique : . . . .

« J'étudie Virgile, et j'apprends le latin. »

« Madame Sand faisait mieux que de lire les *Géorgiques* : elle nous rendait sous
« sa plume les géorgiques de cette France du centre, dans une série de tableaux
« d'une richesse et d'une délicatesse incomparables. De tout temps, elle avait
« aimé à nous peindre sa contrée natale; elle nous l'avait montrée dans *Valen-
« tine*, dans *André*, en cent endroits ; mais ce n'est plus ici par intervalles et par
« échappées, comme pour faire décoration à d'autres scènes, qu'elle nous découpe
« le paysage ; c'est la vie rustique en elle-même qu'elle embrasse; comme nos
« bons aïeux, nous dit-elle, elle en a subi l'*ivresse*, et elle nous la rend avec
« plénitude.

« Voilà donc, grâce à madame Sand, notre littérature moderne en possession
« de quelques tableaux de pastorales et de géorgiques bien françaises. Et, à ce
« propos, je songeais à la marche singulière que le genre pittoresque a suivie chez
« nous. Au dix-septième siècle, le sentiment du pittoresque naturel est né à
« peine, il n'est pas détaché ni développé, et, si l'on excepte le bon et grand
« la Fontaine, nous n'avons alors à admirer aucun tableau vif et parlant. La mar-
« quise de Rambouillet avait coutume de dire : « Les esprits doux et amateurs
« des belles-lettres ne trouvent jamais leur compte à la campagne. » Cette impres-
« sion a duré longtemps ; tout le dix-septième siècle et une partie du dix-huitième
« en sont restés plus ou moins sur cette idée de madame de Rambouillet, qui
« est celle de toute société polie, et, avant tout, spirituelle. Madame de Sévigné,
« dans son parc, ne voyait guère que les grandes allées, et ne les voyait encore
« qu'à travers la mythologie et les devises. Plus tard, madame de Staël elle-même
« ne trouvait-elle pas que « l'agriculture sentait le fumier ? » Ce fut Jean-Jacques
« qui, le premier, eut la gloire de découvrir la nature en elle-même et de la
« peindre ; la nature de Suisse, celle des montagnes, des lacs, des libres forêts,

« il fit aimer ces beautés toutes nouvelles. Bernardin de Saint-Pierre, peu après,
« découvre à son tour et décrit la nature de l'Inde. Chateaubriand découvre plus
« tard les savanes d'Amérique, les grands bois canadiens et la beauté des cam-
« pagnes romaines. Voilà bien des découvertes, les déserts, les montagnes, les
« grands horizons italiens; que restait-il à découvrir? Ce qui était le plus près de
« nous, au cœur même de notre France. Comme il arrive toujours, on a fini par
« le plus simple. On avait commencé par la Suisse, par l'Amérique, par l'Italie et
« la Grèce : il fallait madame Sand pour nous découvrir le Berry et la Creuse.

« En insistant sur l'admiration qui est due à ces dernières productions de
« madame Sand, je n'ai pas, au reste, la pensée de lui adresser un conseil : c'est
« un succès que j'ai voulu constater. Loin de moi l'idée de prétendre circonscrire
« désormais dans le cercle pastoral un talent si riche, si divers et si impétueux!
« Mon seul conseil, mon seul vœu, c'est qu'un tel talent s'ouvre des voies et crée
« des genres tant qu'il lui plaira.

« Qu'il aille à son gré, qu'il se développe, qu'il s'égare parfois; il est sûr de se
« retrouver, car il vient de source. Je dirai du talent vrai, comme on l'a dit de
« l'amour, que c'est un grand *recommenceur*. Ce qu'il a manqué une fois, il le
« ressaisit une autre. Il n'est jamais à bout de lui-même, et il récidive souvent.

« Le moment, pour la critique, d'embrasser ce puissant talent dans son cours et
« de le pénétrer dans sa nature n'est pas venu, selon moi; il faut le laisser courir
« encore. On peut préférer de lui telle ou telle manière, mais il est curieux de les
« lui voir essayer toutes. Pour moi, je préfère, je l'avoue, chez madame Sand,
« les productions simples, naturelles, ou doucement idéales; c'est ce que j'ai
« aimé d'elle tout d'abord. *Lavinia, Geneviève, Madeleine Blanchet*, la petite
« Marie de la *Mare au Diable*, voilà mes chefs-d'œuvre. Mais il y a aussi des
« parties supérieures et peut-être plus fortes, plus poétiques en elle, et que je suis
« loin de méconnaître. C'est *Jeanne*, c'est *Consuelo*; au fond, tout au fond, c'est
« toujours cette nature de *Lélia*, fière et triste, qui se métamorphose, qui prend
« plaisir à se déguiser et à se faire agréer, sous ces déguisements, de ceux mêmes
« qui ont cru la maudire en face. Et qu'est-ce que *Consuelo*, par exemple, sinon
« *Lélia* éclairée et meilleure? Enfin, chacun aura ses préférences; mais il ne faut
« rien interdire en fait d'art à un talent qui est en plein cours, en plein torrent.
« Un talent fier comme celui-là a été mis au monde pour oser. . . . . . »

Pour oser? Ce n'est pas nous qui l'avons dit; mais nous n'avons pas dit
le contraire non plus. Aussi nous serions-nous bien gardé de lui reprocher,
à ce talent, comme d'autres l'ont fait quand la vérité ne les emportait pas,
de n'avoir été ni sourd, ni muet, ni aveugle, jamais.

P. J. STAHL.

LA
MARE AU DIABLE

NOTICE

Quand j'ai commencé, par la *Mare au Diable*, une série de romans champêtres, que je me proposais de réunir sous le titre de *Veillées du Chanvreur*, je n'ai eu aucun système, aucune prétention révolutionnaire en littérature. Personne ne fait une révolution à soi tout seul, et il en est, surtout dans les arts, que l'humanité accomplit sans trop savoir comment, parce que c'est tout le monde qui s'en charge. Mais ceci n'est pas applicable au roman de mœurs rustiques : il a existé de tout temps et sous toutes les formes, tantôt pompeuses, tantôt maniérées, tantôt naïves. Je l'ai dit, et dois le répéter ici, le rêve de la vie champêtre a été de tout temps l'idéal des villes et même celui des cours. Je n'ai rien fait de neuf en suivant la pente qui ramène l'homme civilisé aux charmes de la vie primitive. Je n'ai voulu ni faire une nouvelle langue, ni me chercher une nouvelle manière. On me l'a cependant affirmé dans bon nombre de feuilletons, mais je sais mieux que personne à quoi m'en tenir sur mes propres desseins, et je m'étonne toujours que la critique en cherche si long, quand l'idée la plus simple, la circonstance la plus vulgaire, sont les seules inspirations auxquelles les productions de l'art doivent l'être. Pour la *Mare au Diable* en particulier, le fait que j'ai rapporté dans l'avant-propos, une gravure d'Holbein, qui m'avait frappé, une scène réelle que j'eus sous les yeux dans le même moment, au temps des semailles, voilà tout ce qui m'a poussé à écrire cette histoire modeste, placée au milieu des humbles paysages que je parcourais chaque jour. Si on me demande ce que j'ai voulu faire, je répondrai que j'ai voulu faire une chose très-touchante et très-simple, et que je n'ai pas réussi à mon gré. J'ai bien vu, j'ai bien senti le beau dans le simple, mais voir et peindre sont deux ! Tout ce que l'artiste peut espérer de mieux, c'est d'engager ceux qui ont des yeux à regarder aussi. Voyez donc la simplicité, vous autres, voyez le ciel et les champs, et les arbres, et les paysans surtout dans ce qu'ils ont de bon et de vrai : vous les verrez un peu dans mon livre, vous les verrez beaucoup mieux dans la nature.

GEORGE SAND.

Nohant, 12 avril 1851.

LA MARE AU DIABLE

I

L'AUTEUR AU LECTEUR

> A la sueur de ton visaige
> Tu gagneras ta pauvre vie,
> Après long travail et usaige,
> Voicy la *mort* qui te convie.

Ce quatrain en vieux français, placé au-dessous d'une composition d'Holbein, est d'une tristesse profonde dans sa naïveté. La gravure représente un laboureur conduisant sa charrue au milieu d'un champ. Une vaste campagne s'étend au loin, on y voit de pauvres cabanes; le soleil se couche derrière la colline. C'est la fin d'une rude journée de travail. Le paysan est vieux, trapu, couvert de haillons. L'attelage de quatre chevaux qu'il pousse en avant est maigre, exténué; le soc s'enfonce dans un fond raboteux et rebelle. Un seul être est allègre et ingambe dans cette scène de *sueur et usaige*. C'est un personnage fantastique, un squelette armé d'un fouet, qui court dans le sillon à côté des chevaux effrayés et les frappe, servant ainsi de valet de charrue au vieux laboureur. C'est la mort, ce spectre qu'Holbein a introduit allégoriquement dans la succession de sujets philosophiques et religieux, à la fois lugubres et bouffons, intitulée les *Simulachres de la mort*.

Dans cette collection, ou plutôt dans cette vaste composition où la mort, jouant son rôle à toutes les pages, est le lien et la pensée dominante, Holbein a fait comparaître les souverains, les pontifes, les amants, les joueurs, les ivrognes, les nonnes, les courtisanes, les brigands, les pauvres, les guerriers, les moines, les juifs, les voyageurs, tout le monde de son temps et du nôtre; et partout le spectre de la mort raille, menace et triomphe. D'un seul tableau elle est absente. C'est celui où le pauvre Lazare, couché sur un fumier à la porte du riche, déclare qu'il ne la craint pas, sans doute parce qu'il n'a rien à perdre et que sa vie est une mort anticipée.

Cette pensée stoïcienne du christianisme demi-païen de la renaissance est-elle bien consolante, et les âmes religieuses y trouvent-elles leur compte? L'ambitieux, le fourbe, le tyran, le débauché, tous ces pécheurs superbes qui abusent de la vie, et que la mort tient par les cheveux, vont être punis, sans doute; mais l'aveugle, le mendiant, le fou, le pauvre paysan, sont-ils dédommagés de leur longue misère par la seule réflexion que la mort n'est pas un mal pour eux? Non! Une tristesse implacable, une effroyable fatalité pèse sur l'œuvre de l'artiste. Cela ressemble à une malédiction amère lancée sur le sort de l'humanité.

C'est bien là la satire douloureuse, la peinture vraie de la société qu'Holbein avait sous les yeux. Crime et malheur, voilà ce qui le frappait; mais nous, artistes d'un autre siècle, que peindrons-nous? Chercherons-nous dans la pensée de la mort la rémunération de l'humanité présente? l'invoquerons-nous comme le châtiment de l'injustice et le dédommagement de la souffrance?

Non, nous n'avons plus affaire à la mort, mais à la vie. Nous ne croyons plus ni au néant de la tombe ni au salut acheté par un re-

renoncement forcé; nous voulons que la vie soit bonne, parce que nous voulons qu'elle soit féconde. Il faut que Lazare quitte son fumier, afin que le pauvre ne se réjouisse plus de la mort du riche. Il faut que tous soient heureux, afin que le bonheur de quelques-uns ne soit pas criminel et maudit de Dieu. Il faut que le laboureur, en semant son blé, sache qu'il travaille à l'œuvre de vie, et non qu'il se réjouisse de ce que la mort marche à ses côtés. Il faut enfin que la mort ne soit plus ni le châtiment de la prospérité ni la consolation de la détresse. Dieu ne l'a destinée ni à punir ni à dédommager de la vie, car il a béni la vie, et la tombe ne doit pas être un refuge où il soit permis d'envoyer ceux qu'on ne veut pas rendre heureux.

Certains artistes de notre temps, jetant un regard sérieux sur ce qui les entoure, s'attachent à peindre la douleur, l'abjection de la misère, le fumier de Lazare. Ceci peut être du domaine de l'art et de la philosophie ; mais, en peignant la misère si laide, si avilie, parfois si vicieuse et si criminelle, leur but est-il atteint, et l'effet en est-il salutaire, comme ils le voudraient? Nous n'osons pas nous prononcer là-dessus. On peut nous dire qu'en montrant ce gouffre creusé sous le sol fragile de l'opulence, ils effrayent le mauvais riche, comme, au temps de la *danse macabre*, on lui montrait sa fosse béante et la mort prête à l'enlacer dans ses bras immondes. Aujourd'hui on lui montre le bandit crochetant sa porte et l'assassin guettant son sommeil. Nous confessons que nous ne comprenons pas trop comment on le réconciliera avec l'humanité qu'il méprise, comment on le rendra sensible aux douleurs du pauvre qu'il redoute, en lui montrant ce pauvre sous la forme du forçat évadé et du rôdeur de nuit. L'affreuse mort, grinçant des dents et jouant du violon dans les images d'Holbein et de ses devanciers, n'a pas trouvé moyen, sous cet aspect, de convertir les pervers et de consoler les victimes. Est-ce que notre littérature ne procéderait pas un peu en ceci comme les artistes du moyen âge et de la renaissance?

Les buveurs d'Holbein remplissent leurs coupes avec une sorte de fureur pour écarter l'idée de la mort, qui, invisible pour eux, leur sert d'échanson. Les mauvais riches d'aujourd'hui demandent des fortifications et des canons pour écarter l'idée d'une jacquerie, que l'art leur montre travaillant dans l'ombre, en détail, en attendant le moment de fondre sur l'état social. L'Église du moyen âge répondait aux terreurs des puissants de la terre par la vente des indulgences. Le gouvernement d'aujourd'hui calme l'inquiétude des riches en leur faisant payer beaucoup de gendarmes et de geôliers, de baïonnettes et de prisons.

Albert Durer, Michel-Ange, Holbein, Callot, Goya, ont fait de puissantes satires des maux de leur siècle et de leur pays. Ce sont des œuvres immortelles, des pages historiques d'une valeur incontestable ; nous ne voulons donc pas dénier aux artistes le droit de sonder les plaies de la société et de les mettre à nu sous nos yeux ; mais n'y a-t-il pas autre chose à faire maintenant que la peinture d'épouvante et de menace? Dans cette littérature de mystères d'iniquité, que le talent et l'imagination ont mise à la mode, nous aimons mieux les figures douces et suaves que les scélérats à effet dramatique. Celles-là peuvent entreprendre et amener des conversions, les autres font peur, et la peur ne guérit pas l'égoïsme, elle l'augmente.

Nous croyons que la mission de l'art est une mission de sentiment et d'amour, que le roman d'aujourd'hui devrait remplacer la parabole et l'apologue des temps naïfs, et que l'artiste a une tâche plus large et plus poétique que celle de proposer quelques mesures de prudence et de conciliation pour atténuer l'effroi qu'inspirent ses peintures. Son but devrait être de faire aimer les objets de sa sollicitude, et au besoin, je ne lui ferais pas un reproche de les embellir un peu. L'art n'est pas une étude de la réalité positive ; c'est une recherche de la vérité idéale, et le *Vicaire de Wakefield* fut un livre plus utile et plus sain à l'âme que le *Paysan perverti* ou les *Liaisons dangereuses*.

Lecteur, pardonnez-moi ces réflexions, et veuillez les accepter en manière de préface. Il n'y en aura point dans l'historiette que je vais vous raconter, et elle sera si courte et si simple, que j'avais besoin de m'en excuser d'avance, en vous disant ce que je pense des histoires terribles.

C'est à propos d'un laboureur que je me suis laissé entraîner à cette digression. C'est l'histoire d'un laboureur précisément que j'avais l'intention de vous dire et que je vous dirai tout à l'heure.

II

LE LABOUR

Je venais de regarder longtemps et avec une profonde mélancolie le laboureur d'Holbein, et je me promenais dans la campagne, rêvant à la vie des champs et à la destinée du cultivateur. Sans doute il est lugubre de consumer ses forces et ses jours à fendre le sein de cette terre jalouse, qui se fait arracher les trésors de sa fécondité, lorsqu'un morceau de pain le plus noir et le plus grossier est, à la fin de la journée, l'unique récompense et l'unique profit attachés à un si dur labeur. Ces richesses qui couvrent le sol, ces moissons, ces fruits, ces bestiaux orgueilleux qui s'engraissent dans les longues herbes, sont la propriété de quelques-uns et les instruments de la fatigue et de l'esclavage du plus grand nombre. L'homme de loisir n'aime en général pour eux-mêmes ni les champs, ni les prairies, ni le spectacle de la nature, ni les animaux superbes qui doivent se convertir en pièces d'or pour son usage. L'homme de loisir vient chercher un peu d'air et de santé dans le séjour de la campagne, puis il retourne dépenser dans les grandes villes le fruit du travail de ses vassaux.

De son côté, l'homme du travail est trop accablé, trop malheureux, et trop effrayé de l'avenir pour jouir de la beauté des campagnes et des charmes de la vie rustique. Pour lui aussi les champs dorés, les belles prairies, les animaux superbes, représentent des sacs d'écus dont il n'aura qu'une faible part, insuffisante à ses besoins, et que pourtant il faut remplir chaque année, ces sacs maudits, pour satisfaire le maître et payer le droit de vivre parcimonieusement et misérablement sur son domaine.

Et pourtant la nature est éternellement jeune, belle et généreuse. Elle verse la poésie et la beauté à tous les êtres, à toutes les plantes qu'on laisse s'y développer à souhait. Elle possède le secret du bonheur et nul n'a su le lui ravir. Le plus heureux des hommes serait celui qui, possédant la science de son labeur et travaillant de ses mains, puisant le bien-être et la liberté dans l'exercice de sa force intelligente, aurait le temps de vivre par le cœur et par le cerveau, de comprendre son œuvre et d'aimer celle de Dieu. L'artiste a des jouissances de ce genre, dans la contemplation et la reproduction des beautés de la nature; mais, en voyant la douleur des hommes qui peuplent ce paradis de la terre, l'artiste au cœur droit et humain est troublé au milieu de sa jouissance. Le bonheur serait là où, l'esprit, le cœur et les bras, travaillant de concert sous l'œil de la Providence, une sainte harmonie existerait entre la munificence de Dieu et les ravissements de l'âme humaine. C'est alors qu'au lieu de la piteuse et affreuse mort, marchant dans son sillon le fouet à la main, le peintre d'allégories pourrait placer à ses côtés un ange radieux, semant à pleines mains le blé béni sur le sillon fumant.

Et le rêve d'une existence douce, libre, poétique, laborieuse et simple pour l'homme des champs, n'est pas si difficile à concevoir qu'on doive le reléguer parmi les chimères. Le mot triste et doux de Virgile : « O heureux l'homme des champs, s'il connaissait son bonheur ! » est un regret; mais, comme tous les regrets, c'est aussi une prédiction. Un jour viendra où le laboureur pourra être aussi un artiste, sinon pour exprimer (ce qui importera assez peu alors), du moins pour sentir le beau. Croit-on que cette mystérieuse intuition de la poésie ne soit pas en lui déjà à l'état d'instinct et de vague rêverie? Chez ceux qu'un peu d'aisance protége dès aujourd'hui, et chez qui l'excès du malheur n'étouffe pas tout développement moral et intellectuel, le bonheur pur, senti et apprécié est à l'état élémentaire; et, d'ailleurs, si du sein de la douleur et de la fatigue des voix de poëtes se sont déjà élevées, pourquoi dirait-on que le travail des bras est exclusif des fonctions de l'âme? Sans doute cette exclusion est le résultat général d'un travail excessif et d'une misère profonde; mais qu'on ne dise pas que, quand l'homme travaillera modérément et utilement, il n'y aura plus que de mauvais ouvriers et de mauvais poëtes. Celui qui puise de nobles jouissances dans le sentiment de la poésie est un vrai poëte, n'eût-il pas fait un vers dans toute sa vie.

Mes pensées avaient pris ce cours, et je ne m'apercevais pas que cette confiance dans l'éducabilité de l'homme était fortifiée en moi par les influences extérieures. Je marchais sur la lisière d'un champ que des paysans étaient en train de préparer pour la semaille prochaine. L'arène était vaste comme celle du tableau d'Holbein. Le paysage était vaste aussi et encadrait de grandes lignes de verdure, un peu rougie aux approches de l'automne, ce large terrain d'un brun vigoureux, où des pluies récentes avaient laissé, dans quelques sillons, des lignes d'eau que le soleil faisait briller comme de minces filets d'argent. La journée était claire et tiède, et la terre, fraîchement ouverte par le tranchant des charrues, exhalait une vapeur légère. Dans le haut du champ un vieillard, dont le dos large et la figure sévère rappelaient celui d'Holbein, mais dont les vêtements n'annonçaient pas la misère, poussait gravement son *areau* de forme antique, traîné par deux bœufs tranquilles, à la robe d'un jaune pâle, véritables patriarches de la prairie, hauts de taille, un peu maigres, les cornes longues et rabattues, de ces vieux travailleurs qu'une longue habitude a rendus *frères*, comme on les appelle dans nos campagnes, et qui, privés l'un de l'autre, se refusent au travail avec un nouveau compagnon et se laissent mourir de chagrin. Les gens qui ne connaissent pas la campagne taxent de fable l'amitié du bœuf pour son camarade d'attelage. Qu'ils viennent voir au fond de l'étable un pauvre animal maigre, exténué, battant de sa queue inquiète ses flancs décharnés, soufflant avec effroi et dédain sur la nourriture qu'on lui présente, les yeux toujours tournés vers la porte, en grattant du pied la place vide à ses côtés, flairant les jougs et les chaînes que son compagnon a portés, et l'appelant sans cesse avec de déplorables mugissements. Le bouvier dira :

« C'est une paire de bœufs perdue ; son frère est mort, et celui-là ne travaillera plus. Il faudrait pouvoir l'engraisser pour l'abattre ; mais il ne veut pas manger, et bientôt il sera mort de faim. »

Le vieux laboureur travaillait lentement, en silence, sans efforts inutiles. Son docile attelage ne se pressait pas plus que lui ; mais, grâce à la continuité d'un labeur sans distraction et d'une dépense de forces éprouvées et soutenues, son sillon était aussi vite creusé que celui de son fils, qui menait à quelques distances quatre bœufs moins robustes, dans une veine de terres plus fortes et plus pierreuses.

Mais ce qui attira ensuite mon attention était véritablement un beau spectacle, un noble sujet pour un peintre. A l'autre extrémité de la plaine labourable, un jeune homme de bonne mine conduisait un attelage magnifique : quatre paires de jeunes animaux à robe sombre mêlée de noir fauve à reflets de feu, avec ces têtes courtes et frisées qui sentent encore le taureau sauvage, ces gros yeux farouches, ces mouvements brusques, ce travail nerveux et saccadé qui s'irrite encore du joug et de l'aiguillon, et n'obéit qu'en frémissant de colère à la domination nouvellement imposée. C'est ce qu'on appelle des bœufs *fraîchement liés*. L'homme qui les gouvernait avait à défricher un coin naguère abandonné au pâturage et rempli de souches séculaires, travail d'athlète auquel suffisaient à peine son énergie, sa jeunesse et ses huit animaux quasi indomptés.

Un enfant de six à sept ans, beau comme un ange, et les épaules couvertes, sur sa blouse, d'une peau d'agneau qui le faisait ressembler au petit saint Jean-Baptiste des peintres de la Renaissance, marchait dans le sillon parallèle à la charrue et piquait le flanc des bœufs avec une gaule longue et légère, armée d'un aiguillon peu acéré. Les fiers animaux frémissaient sous la petite main de l'enfant, et faisaient grincer les jougs et les courroies liés à leur front, en imprimant au timon de violentes secousses. Lorsqu'une racine arrêtait le soc, le laboureur criait d'une voix puissante, appelant chaque bête par son nom, mais plutôt pour calmer que pour exciter ; car les bœufs, irrités par cette brusque résistance, bondissaient,

creusaient la terre de leurs larges pieds fourchus, et se seraient
jetés de côté emportant l'areau à travers champs, si, de la voix et
de l'aiguillon, le jeune homme n'eût maintenu les quatre premiers,
tandis que l'enfant gouvernait les quatre autres. Il criait aussi, le
pauvret, d'une voix qu'il voulait rendre terrible et qui restait douce
comme sa figure angélique. Tout cela était beau de force ou de
grâce : le paysage, l'homme, l'enfant, les taureaux sous le joug ;
et, malgré cette lutte puissante, où la terre était vaincue, il y avait
un sentiment de douceur et de calme profond qui planait sur
toutes choses. Quand l'obstacle était surmonté et que l'attelage
reprenait sa marche égale et solennelle, le laboureur, dont la feinte
violence n'était qu'un exercice de vigueur et une dépense d'activité,
reprenait tout à coup la sérénité des âmes simples et jetait un
regard de contentement paternel sur son enfant, qui se retournait
pour lui sourire. Puis la voix mâle de ce jeune père de famille en-
tonnait le chant solennel et mélancolique que l'antique tradition
du pays transmet, non à tous les laboureurs indistinctement, mais
aux plus consommés dans l'art d'exciter et de soutenir l'ardeur des
bœufs de travail. Ce chant, dont l'origine fut peut-être considérée
comme sacrée, et auquel de mystérieuses influences ont dû être
attribuées jadis, est réputé encore aujourd'hui posséder la vertu
d'entretenir le courage de ces animaux, d'apaiser leurs méconten-
tements et de charmer l'ennui de leur longue besogne. Il ne suffit
pas de savoir bien les conduire en traçant un sillon parfaitement
rectiligne, de leur alléger la peine en soulevant ou enfonçant à
point le fer dans la terre : on n'est point un parfait laboureur si on
ne sait chanter aux bœufs, et c'est là une science à part qui exige
un goût et des moyens particuliers.

Ce chant n'est, à vrai dire, qu'une sorte de récitatif interrompu
et repris à volonté. Sa forme irrégulière et ses intonations fausses
selon les règles de l'art musical le rendent intraduisible. Mais ce
n'en est pas moins un beau chant, et tellement approprié à la nature du travail qu'il accompagne, à l'allure du bœuf, au calme des
lieux agrestes, à la simplicité des hommes qui le disent, qu'aucun
génie étranger au travail de la terre ne l'eût inventé, et qu'aucun

chanteur autre qu'un *fin laboureur* de cette contrée ne saurait le redire. Aux époques de l'année où il n'y a pas d'autre travail et d'autre mouvement dans la campagne que celui du labourage, ce chant si doux et si puissant monte comme une voix de la brise, à laquelle sa tonalité particulière donne une certaine ressemblance. La note finale de chaque phrase, tenue et tremblée avec une longueur et une puissance d'haleine incroyable, monte d'un quart de ton en faussant systématiquement. Cela est sauvage, mais le charme en est indicible, et, quand on s'est habitué à l'entendre, on ne conçoit pas qu'un autre chant pût s'élever à ces heures et dans ces lieux-là sans en déranger l'harmonie.

Il se trouvait donc que j'avais sous les yeux un tableau qui contrastait avec celui d'Holbein, quoique ce fût une scène pareille. Au lieu d'un triste vieillard, un homme jeune et dispos ; au lieu d'un attelage de chevaux efflanqués et harassés, un double quadrige de bœufs robustes et ardents ; au lieu de la mort, un bel enfant ; au lieu d'une image de désespoir et d'une idée de destruction, un spectacle d'énergie et une pensée de bonheur.

C'est alors que le quatrain français

À la sueur de ton visage, etc.,

et le « *O fortunatos... agricolas* » de Virgile, me revinrent ensemble à l'esprit ; et qu'en voyant ce couple si beau, l'homme et l'enfant, accomplir dans des conditions si poétiques, et avec tant de grâce unie à la force, un travail plein de grandeur et de solennité, je sentis une pitié profonde mêlée à un respect involontaire. Heureux le laboureur ! oui, sans doute, je le serais à sa place, si mon bras, devenu tout d'un coup robuste, et ma poitrine devenue puissante, pouvaient ainsi féconder et chanter la nature, sans que mes yeux cessassent de voir et mon cerveau de comprendre l'harmonie des couleurs et des sons, la finesse des tons et la grâce des contours, en un mot, la beauté mystérieuse des choses ! et surtout sans que mon cœur cessât d'être en relation avec le sentiment divin qui a présidé à la création immortelle et sublime.

Mais, hélas ! cet homme n'a jamais compris le mystère du beau, cet enfant ne le comprendra jamais !... Dieu me préserve de croire qu'ils ne soient pas supérieurs aux animaux qu'ils dominent, et qu'ils n'aient pas par instants une sorte de révélation extatique qui charme leur fatigue et endort leurs soucis ! Je vois sur leurs nobles fronts le sceau du Seigneur, car ils sont nés rois de la terre bien mieux que ceux qui la possèdent pour l'avoir payée. Et la preuve qu'ils le sentent, c'est qu'on ne les dépayserait pas impunément, c'est qu'ils aiment ce sol arrosé de leurs sueurs, c'est que le vrai paysan meurt de nostalgie sous le harnais du soldat, loin du champ qui l'a vu naître. Mais il manque à cet homme une partie des jouissances que je possède, jouissances immatérielles qui lui seraient bien dues, à lui, l'ouvrier du vaste temple que le ciel est seul assez vaste pour embrasser. Il lui manque la connaissance de son sentiment. Ceux qui l'ont condamné à la servitude dès le ventre de sa mère, ne pouvant lui ôter la rêverie, lui ont ôté la réflexion.

Eh bien, tel qu'il est, incomplet et condamné à une éternelle enfance, il est encore plus beau que celui chez qui la science a étouffé le sentiment. Ne vous élevez pas au-dessus de lui, vous autres qui vous croyez investis du droit légitime et imprescriptible de lui commander, car cette erreur effroyable où vous êtes prouve que votre esprit a tué votre cœur, et que vous êtes les plus incomplets et les plus aveugles des hommes !... J'aime encore mieux cette simplicité de son âme que les fausses lumières de la vôtre; et, si j'avais à raconter sa vie, j'aurais plus de plaisir à en faire ressortir les côtés doux et touchants que vous n'avez de mérite à peindre l'abjection où les rigueurs et les mépris de vos préceptes sociaux peuvent le précipiter.

Je connaissais ce jeune homme et ce bel enfant ; je savais leur histoire, car ils avaient une histoire : tout le monde a la sienne, et chacun pourrait intéresser au roman de sa propre vie, s'il l'avait compris... Quoique paysan et simple laboureur, Germain s'était rendu compte de ses devoirs et de ses affections. Il me les avait racontés naïvement, clairement, et je l'avais écouté avec intérêt. Quand je l'eus regardé labourer assez longtemps, je me demandai pourquoi son histoire ne serait pas écrite, quoique ce fût une histoire aussi simple, aussi droite et aussi peu ornée que le sillon qu'il traçait avec sa charrue.

L'année prochaine, ce sillon sera comblé et couvert par un sillon nouveau. Ainsi s'imprime et disparaît la trace de la plupart des hommes dans le champ de l'humanité. Un peu de terre l'efface, et les sillons que nous avons creusés se succèdent les uns aux autres comme les tombes dans le cimetière. Le sillon du laboureur ne vaut-il pas celui de l'oisif, qui a pourtant un nom, un nom qui restera, si, par une singularité ou une absurdité quelconque, il fait un peu de bruit dans le monde ?...

Eh bien, arrachons, s'il se peut, au néant de l'oubli, le sillon de Germain, le *fin laboureur*. Il n'en saura rien et ne s'en inquiétera guère ; mais j'aurai eu quelque plaisir à le tenter.

III

LE PÈRE MAURICE

— Germain, lui dit un jour son beau-père, il faut pourtant te décider à reprendre femme. Voilà bientôt deux ans que tu es veuf de ma fille, et ton aîné a sept ans. Tu approches de la trentaine, mon garçon, et tu sais que, passé cet âge-là, dans nos pays, un homme est réputé trop vieux pour rentrer en ménage. Tu as trois beaux enfants, et jusqu'ici ils ne nous ont point embarrassés. Ma femme et ma bru les ont soignés de leur mieux, et les ont aimés comme elles le devaient. Voilà Petit-Pierre quasi élevé ; il pique déjà les bœufs assez gentiment ; il est assez sage pour garder les bêtes au pré et assez fort pour mener les chevaux à l'abreuvoir. Ce n'est donc pas celui-là qui nous gêne : mais les deux autres, que nous aimons pourtant, Dieu le sait, les pauvres innocents ! nous donnent

LA MARE AU DIABLE

Germain, lui dit un jour son beau-père, il faut pourtant te décider à reprendre femme.

cette année beaucoup de souci. Ma bru est près d'accoucher, et elle en a encore un tout petit sur les bras. Quand celui que nous attendons sera venu, elle ne pourra plus s'occuper de ta petite Solange et surtout de ton Sylvain, qui n'a pas quatre ans et qui ne se tient guère en repos ni le jour ni la nuit. C'est un sang vif comme toi : ça fera un bon ouvrier, mais ça fait un terrible enfant, et ma vieille ne court plus assez vite pour le rattraper quand il se sauve du côté de la fosse ou quand il se jette sous les pieds des bêtes. Et puis, avec cet autre que ma bru va mettre au monde, son avant-dernier va retomber pendant un an au moins sur les bras de ma femme. Donc tes enfants nous inquiètent et nous surchargent. Nous n'aimons pas à voir des enfants mal soignés, et, quand on pense aux accidents qui peuvent leur arriver, faute de surveillance, on n'a pas la tête en repos. Il te faut donc une autre femme et à moi une autre bru. Songes-y, mon garçon. Je t'ai déjà averti plusieurs fois, le temps se passe, les années ne t'attendront point. Tu dois à tes enfants et à nous autres, qui voulons que tout aille bien dans la maison, de te remarier au plus tôt.

— Eh bien, mon père, répondit le gendre, si vous le voulez absolument, il faudra donc vous contenter. Mais je ne peux pas vous cacher que cela me fera beaucoup de peine, et que je n'en ai guère plus d'envie que de me noyer. On sait qui on perd et on ne sait pas qui l'on trouve. J'avais une brave femme, une belle femme, douce, courageuse, bonne à ses père et mère, bonne à son mari, bonne à ses enfants, bonne au travail, aux champs comme à la maison, adroite à l'ouvrage, bonne à tout enfin, et, quand vous me l'avez donnée, quand je l'ai prise, nous n'avions pas mis dans nos conditions que je viendrais à l'oublier si j'avais le malheur de la perdre.

— Ce que tu dis là est d'un bon cœur, Germain, reprit le père Maurice : je sais que tu as aimé ma fille, que tu l'as rendue heureuse, et que, si tu avais pu contenter la mort en passant à sa place, Catherine serait en vie à l'heure qu'il est, et toi dans le cimetière. Elle méritait bien d'être aimée de toi à ce point-là, et, si tu ne t'en consoles pas, nous ne nous en consolons pas non plus. Mais je ne te parle pas de l'oublier. Le bon Dieu a voulu qu'elle nous quittât, et nous ne passerons pas un jour sans lui faire savoir par nos prières, nos pensées, nos paroles et nos actions, que nous respectons son souvenir et que nous sommes fâchés de son départ. Mais, si elle pouvait te parler de l'autre monde et te donner à connaître sa volonté, elle te commanderait de chercher une mère pour ses petits orphelins. Il s'agit donc de rencontrer une femme qui soit digne de la remplacer. Ce ne sera pas bien aisé; mais ce n'est pas impossible, et, quand nous te l'aurons trouvée, tu l'aimeras comme tu aimais ma fille, parce que tu es un honnête homme, et que tu lui sauras gré de nous rendre service et d'aimer les enfants.

— C'est bien, père Maurice, dit Germain, je ferai votre volonté comme je l'ai toujours faite.

— C'est une justice à te rendre, mon fils, que tu as toujours écouté l'amitié et les bonnes raisons de ton chef de famille. Avisons donc ensemble au choix de ta nouvelle femme. D'abord je ne suis pas d'avis que tu prennes une jeunesse. Ce n'est pas ce qu'il te faut. La jeunesse est légère; et, comme c'est un fardeau d'élever trois enfants, surtout quand ils sont d'un autre lit, il faut une bonne âme bien sage, bien douce et très-portée au travail. Si ta femme n'a pas environ le même âge que toi, elle n'aura pas assez de raison pour accepter un pareil devoir. Elle te trouvera trop vieux et tes enfants trop jeunes. Elle se plaindra, et tes enfants pâtiront.

— Voilà justement ce qui m'inquiète, dit Germain. Si ces pauvres petits venaient à être maltraités, haïs, battus?

— A Dieu ne plaise! reprit le vieillard. Mais les méchantes femmes sont plus rares dans notre pays que les bonnes, et il faudrait être bien fou pour ne pas mettre la main sur celle qui convient.

— C'est vrai, mon père : il y a de bonnes filles dans notre village. Il y a la Louise, la Sylvaine, la Claudie, la Marguerite... enfin, celle que vous voudrez.

— Doucement, doucement, mon garçon, toutes ces filles-là sont trop jeunes ou trop pauvres... ou trop jolies filles; car enfin, il faut penser à cela aussi, mon fils. Une jolie femme n'est pas toujours aussi rangée qu'une autre.

— Vous voulez donc que j'en prenne une laide? dit Germain un peu inquiet.

— Non, point laide, car cette femme te donnera d'autres enfants, et il n'y a rien de si triste que d'avoir des enfants laids, chétifs et malsains. Mais une femme encore fraîche, d'une bonne santé et qui ne soit ni belle ni laide, ferait très-bien ton affaire.

— Je vois bien, dit Germain en souriant un peu tristement, que, pour l'avoir telle que vous la voulez, il faudra la faire faire exprès : d'autant plus que vous ne la voulez point pauvre, et que les riches ne sont pas faciles à obtenir, surtout pour un veuf.

— Et si elle était veuve elle-même, Germain? là, une veuve sans enfants, et avec un bon bien?

— Je n'en connais pas pour le moment dans notre paroisse.

— Ni moi non plus, mais il y en a ailleurs.

— Vous avez quelqu'un en vue, mon père; alors, dites-le tout de suite.

IV

GERMAIN, LE FIN LABOUREUR

— Oui, j'ai quelqu'un en vue, répondit le père Maurice. C'est une Léonard, veuve d'un Guérin, qui demeure à Fourche.

— Je ne connais ni la femme ni l'endroit, répondit Germain résigné, mais de plus en plus triste.

— Elle s'appelle Catherine, comme ta défunte.

— Catherine? Oui, ça me fera plaisir d'avoir à dire ce nom-là; Catherine! Et pourtant, si je ne peux pas l'aimer autant que l'autre, ça me fera encore plus de peine, ça me la rappellera plus souvent.

— Je te dis que tu l'aimeras : c'est un bon sujet, une femme de grand cœur; je ne l'ai pas vue depuis longtemps, elle n'était pas laide fille alors ; mais elle n'est plus jeune, elle a trente-deux ans. Elle est d'une bonne famille, tous braves gens, et elle a bien pour huit ou dix mille francs de terres, qu'elle vendrait volontiers pour en acheter d'autres dans l'endroit où elle s'établirait ; car elle songe aussi à se remarier, et je sais que, si ton caractère lui convenait, elle ne trouverait pas ta position mauvaise.

— Vous avez donc déjà arrangé tout cela?

— Oui, sauf votre avis à tous les deux ; et c'est ce qu'il faudrait vous demander l'un à l'autre, en faisant connaissance. Le père de cette femme-là est un peu mon parent, et il a été beaucoup mon ami. Tu le connais bien, le père Léonard?

— Oui, je l'ai vu vous parler dans les foires, et, à la dernière, vous avez déjeuné ensemble ; c'est donc de cela qu'il vous entretenait si longuement?

— Sans doute ; il te regardait vendre les bêtes et il trouvait que tu t'y prenais bien, que tu étais un garçon de bonne mine, que tu paraissais actif et entendu ; et, quand je lui eus dit tout ce que tu es et comme tu te conduis bien avec nous, depuis huit ans que nous vivons et travaillons ensemble, sans avoir jamais eu un mot de chagrin ou de colère, il s'est mis dans la tête de te faire épouser sa fille ; ce qui me convient aussi, je te le confesse, d'après la bonne renommée qu'elle a, d'après l'honnêteté de sa famille et les bonnes affaires où je sais qu'ils sont.

— Je vois, père Maurice, que vous tenez un peu aux bonnes affaires.

— Sans doute, j'y tiens. Est-ce que tu n'y tiens pas aussi?

— J'y tiens si vous voulez, pour vous faire plaisir; mais vous savez que, pour ma part, je ne m'embarrasse jamais de ce qui me revient ou ne me revient pas dans nos profits. Je ne m'entends pas à faire des partages, et ma tête n'est pas bonne pour ces choses-là. Je connais la terre, je connais les bœufs, les chevaux, les attelages, les semences, la battaison, les fourrages. Pour les moutons, la vigne, le jardinage, les menus profits et la culture fine, vous savez que ça regarde votre fils et que je ne m'en mêle pas beaucoup. Quant à l'argent, ma mémoire est courte, et j'aimerais mieux tout céder que de disputer sur le tien et le mien. Je craindrais de me tromper et de réclamer ce qui ne m'est pas dû, et, si les affaires n'étaient pas simples et claires, je ne m'y retrouverais jamais.

— C'est tant pis, mon fils, et voilà pourquoi j'aimerais que tu eusses une femme de tête pour me remplacer quand je n'y serai plus. Tu n'as jamais voulu voir clair dans nos comptes, et ça pourrait t'amener du désagrément avec mon fils, quand vous ne m'aurez plus pour vous mettre d'accord et vous dire ce qui vous revient à chacun.

— Puissiez-vous vivre longtemps, père Maurice ! Mais ne vous inquiétez pas de ce qui sera après vous; jamais je ne me disputerai avec votre fils. Je me fie à Jacques comme à vous-même, et, comme je n'ai pas de bien à moi, que tout ce qui peut me revenir provient de votre fille et appartient à nos enfants, je peux être tranquille et vous aussi ; Jacques ne voudrait pas dépouiller les enfants de sa sœur pour les siens, puisqu'il les aime quasi autant les uns que les autres.

— Tu as raison en cela, Germain. Jacques est un bon fils, un bon frère et un homme qui aime la vérité. Mais Jacques peut mourir avant toi, avant que vos enfants soient élevés, et il faut toujours songer, dans une famille, à ne pas laisser des mineurs sans un chef pour les bien conseiller et régler leurs différends. Autrement les gens de loi s'en mêlent; les brouillent ensemble et leur font tout manger en procès. Ainsi donc, nous ne devons pas penser à mettre chez nous une personne de plus, soit homme, soit femme, sans nous dire qu'un jour cette personne-là aura peut-être à diriger la conduite et les affaires d'une trentaine d'enfants, petits-enfants, gendres et brus... On ne sait pas combien une famille peut s'accroître, et, quand la ruche est trop pleine, qu'il faut essaimer, chacun songe à emporter son miel. Quand je t'ai pris pour gendre, quoique ma fille fût riche et toi pauvre, je ne lui ai pas fait reproche de t'avoir choisi. Je te voyais bon travailleur, et je savais bien que la meilleure richesse pour des gens de campagne comme nous, c'est une paire de bras et un cœur comme les tiens. Quand un homme apporte cela dans une famille, il apporte assez. Mais une femme, c'est différent : son travail dans la maison est bon pour conserver, non pour acquérir. D'ailleurs, à présent que tu es père et que tu cherches femme, il faut songer que tes nouveaux enfants, n'ayant rien à prétendre dans l'héritage de ceux du premier lit, se trouveraient dans la misère si tu venais à mourir, à moins que ta femme n'eût quelque bien de son côté. Et puis, les enfants dont tu vas augmenter notre colonie coûteront quelque chose à nourrir. Si cela retombait sur nous seuls, nous les nourririons, bien certainement, et sans nous en plaindre ; mais le bien-être de tout le monde en serait diminué, et les premiers enfants auraient leur part de privations là dedans. Quand les familles augmentent outre mesure sans que le bien augmente en proportion, la misère vient, quelque courage qu'on y mette. Voilà mes observations, Germain ; pèse-les, et tâche de te faire agréer à la veuve Guérin ; car sa bonne conduite et ses écus apporteront ici de l'aide dans le présent, et de la tranquillité pour l'avenir.

— C'est dit, mon père. Je vais tâcher de lui plaire et qu'elle me plaise.

— Pour cela il faut la voir et aller la trouver.

— Dans son endroit? A Fourche? C'est loin d'ici, n'est-ce pas? et nous n'avons guère le temps de courir dans cette saison.

— Quand il s'agit d'un mariage d'amour, il faut s'attendre à perdre du temps ; mais, quand c'est un mariage de raison entre deux personnes qui n'ont pas de caprices et savent ce qu'elles veulent, c'est bientôt décidé. C'est demain samedi ; tu feras ta journée de labour un peu courte, tu partiras vers les deux heures après-dîner ; tu seras à Fourche à la nuit ; la lune est grande dans ce moment-ci, les chemins sont bons, et il n'y a pas plus de trois lieues de pays. C'est près du Magnier. D'ailleurs tu prendras la jument.

— J'aimerais autant aller à pied, par ce temps frais.

— Oui, mais la jument est belle, et un prétendu qui arrive aussi bien monté a meilleur air. Tu mettras tes habits neufs et tu porteras un joli présent de gibier au père Léonard. Tu arriveras de ma part, tu causeras avec lui, tu passeras la journée du dimanche avec sa fille, et tu reviendras avec un oui ou un non lundi matin.

— C'est entendu, répondit tranquillement Germain.

Et pourtant il n'était pas tout à fait tranquille.

Germain avait toujours vécu sagement comme vivent les paysans laborieux. Marié à vingt ans, il n'avait aimé qu'une femme dans sa vie, et, depuis son veuvage, quoiqu'il fût d'un caractère impétueux et enjoué, il n'avait ri et folâtré avec aucune autre. Il avait porté fidèlement un véritable regret dans son cœur, et ce n'était pas sans crainte et sans tristesse qu'il cédait à son beau-père; mais le beau-père avait toujours gouverné sagement la famille, et Germain, qui s'était dévoué tout entier à l'œuvre commune, et, par conséquent, à celui qui la personnifiait, au père de famille, Germain ne comprenait pas qu'il eût pu se révolter contre de bonnes raisons, contre l'intérêt de tous.

Néanmoins il était triste. Il se passait peu de jours qu'il ne pleurât sa femme en secret, et, quoique la solitude commençât à lui peser, il était plus effrayé de former une union nouvelle que désireux de se soustraire à son chagrin. Il se disait vaguement que l'amour eût pu le consoler, en venant le surprendre, car l'amour ne console pas autrement. On ne le trouve pas quand on le cherche; il vient à nous quand nous ne l'attendons pas. Ce froid projet de mariage que lui montrait le père Maurice, cette fiancée inconnue, peut-être même tout ce bien qu'on lui disait de sa raison et de sa vertu, lui donnaient à penser. Et il s'en allait, songeant, comme songent les hommes qui n'ont pas assez d'idées pour qu'elles se combattent entre elles, c'est-à-dire ne se formulant pas à lui-même de belles raisons de résistance et d'égoïsme, mais souffrant d'une douleur sourde, et ne luttant pas contre un mal qu'il fallait accepter.

Cependant le père Maurice était rentré à la métairie, tandis que Germain, entre le coucher du soleil et la nuit, occupait la dernière heure du jour à fermer les brèches que les moutons avaient faites à la bordure d'un enclos voisin des bâtiments. Il relevait les tiges d'épine et les soutenait avec des mottes de terre, tandis que les grives babillaient dans le buisson voisin et semblaient lui crier de se hâter, curieuses qu'elles étaient de venir examiner son ouvrage aussitôt qu'il serait parti.

V

LA GUILLETTE

Le père Maurice trouva chez lui une vieille voisine qui était venue causer avec sa femme tout en cherchant de la braise pour allumer son feu. La mère Guillette habitait une chaumière fort pauvre à deux portées de fusil de la ferme. Mais c'était une femme d'ordre et de volonté. Sa pauvre maison était propre et bien tenue, et ses vêtements rapiécés avec soin annonçaient le respect de soi-même au milieu de la détresse.

— Vous êtes venue chercher le feu du soir, mère Guillette, lui dit le vieillard. Voulez-vous quelque autre chose?

— Non, père Maurice, répondit-elle; rien pour le moment. Je ne suis pas quémandeuse, vous le savez, et je n'abuse pas de la bonté de mes amis.

— C'est la vérité; aussi vos amis sont toujours prêts à vous rendre service.

— J'étais en train de causer avec votre femme, et je lui demandais si Germain se décidait enfin à se remarier.

— Vous n'êtes point une bavarde, répondit le père Maurice, on peut parler devant vous sans craindre les propos : ainsi je dirai à ma femme et à vous que Germain est tout à fait décidé; il part demain pour le domaine de Fourche.

— A la bonne heure! s'écria la mère Maurice; ce pauvre enfant! Dieu veuille qu'il trouve une femme aussi bonne et aussi brave que lui!

— Ah! il va à Fourche? observa la Guillette. Voyez comme ça se trouve! cela m'arrange beaucoup; et, puisque vous me demandiez tout à l'heure si je désirais quelque chose, je vas vous dire, père Maurice, en quoi vous pouvez m'obliger.

— Dites, dites, vous obliger, nous le voulons.

— Je voudrais que Germain prît la peine d'emmener ma fille avec lui.

— Où donc? à Fourche?

— Non pas à Fourche; mais aux Ormeaux, où elle va demeurer le reste de l'année.

— Comment! dit la mère Maurice, vous vous séparez de votre fille?

— Il faut bien qu'elle entre en condition et qu'elle gagne quelque chose. Ça me fait assez de peine et à elle aussi, la pauvre âme! Nous n'avons pas pu nous décider à nous quitter à l'époque de la Saint-Jean; mais voilà que la Saint-Martin arrive, et qu'elle trouve une bonne place de bergère dans les fermes des Ormeaux. Le fermier passait l'autre jour par ici en revenant de la foire. Il vit ma petite Marie qui gardait ses trois moutons sur le communal. « Vous n'êtes guère occupée, ma petite fille, qu'il lui dit; et trois moutons pour une *pastoure*, ce n'est guère. Voulez-vous en garder cent? je vous emmène. La bergère de chez nous est tombée malade, elle retourne chez ses parents, et, si vous voulez être chez nous avant huit jours, vous aurez cinquante francs pour le reste de l'année jusqu'à la Saint-Jean. » L'enfant a refusé, mais elle n'a pu se défendre d'y songer et de me le dire lorsqu'en rentrant le soir elle m'a vue triste et embarrassée de passer l'hiver, qui va être rude et long, puisqu'on a vu, cette année, les grues et les oies sauvages traverser les airs un grand mois plus tôt que de coutume. Nous avons pleuré toutes deux; mais enfin le courage est venu. Nous nous sommes dit que nous ne pouvions pas rester ensemble, puisqu'il y a à peine de quoi faire vivre une seule personne sur notre lopin de terre, et, puisque Marie est en âge (la voilà qui prend seize ans), il faut bien qu'elle fasse comme les autres, qu'elle gagne son pain et qu'elle aide sa pauvre mère.

— Mère Guillette, dit le vieux laboureur, s'il ne fallait que cinquante francs pour vous consoler de vos peines et vous dispenser d'envoyer votre enfant au loin, vrai, je vous les ferais trouver, quoique cinquante francs pour des gens comme nous, ça commence à peser. Mais en toutes choses il faut consulter la raison autant que l'amitié. Pour être sauvée de la misère de cet hiver, vous ne le serez pas de la misère à venir, et plus votre fille tardera à prendre un parti, plus elle et vous aurez de peine à vous quitter. La petite Marie se fait grande et forte, et elle n'a pas de quoi s'occuper chez vous. Elle pourrait y prendre l'habitude de la fainéantise...

— Oh! pour cela, je ne le crains pas, dit la Guillette. Marie est courageuse autant que fille riche et à la tête d'un gros travail puisse l'être. Elle ne reste pas un instant les bras croisés, et, quand nous n'avons pas d'ouvrage, elle nettoie et frotte nos pauvres meubles qu'elle rend clairs comme des miroirs. C'est une enfant qui vaut son pesant d'or, et j'aurais bien mieux aimé qu'elle entrât chez vous comme bergère que d'aller si loin chez des gens que je ne connais pas. Vous l'auriez prise à la Saint-Jean, si nous avions su nous décider; mais à présent vous avez loué tout votre monde, et ce n'est qu'à la Saint-Jean de l'autre année que nous pourrons y songer.

— Eh! j'y consens de tout mon cœur, Guillette! Cela me fera plaisir. Mais, en attendant, elle fera bien d'apprendre un état et de s'habituer à servir les autres.

— Oui, sans doute; le sort en est jeté. Le fermier des Ormeaux l'a fait demander ce matin; nous avons dit oui, et il faut qu'elle parte. Mais la pauvre enfant ne sait pas le chemin, et je n'aimerais pas à l'envoyer si loin toute seule. Puisque votre gendre va à Fourche demain, il peut bien l'emmener. Il paraît que c'est tout à côté du domaine où elle va, à ce qu'on m'a dit; car je n'ai jamais fait ce voyage-là.

— C'est tout à côté, et mon gendre la conduira. Cela se doit; il pourra même la prendre en croupe sur la jument, ce qui ménagera ses souliers. Le voilà qui rentre pour souper. Dis-moi, Germain, la petite Marie à la mère Guillette s'en va bergère aux Ormeaux. Tu la conduiras sur ton cheval, n'est-ce pas?

— C'est bien, répondit Germain, qui était soucieux, mais toujours disposé à rendre service à son prochain.

Dans notre monde à nous, pareille chose ne viendrait pas à la pensée d'une mère, de confier une fille de seize ans à un homme de vingt-huit! car Germain n'avait réellement que vingt-huit ans, et quoique, selon les idées de son pays, il passât pour vieux au point de vue du mariage, il était encore le plus bel homme de l'endroit. Le travail ne l'avait pas creusé et flétri comme la plupart des paysans qui ont dix années de labourage sur la tête. Il était de force à labourer encore dix ans sans paraître vieux, et il eût fallu que le préjugé de l'âge fût bien fort sur l'esprit d'une jeune fille pour l'empêcher de voir que Germain avait le teint frais, l'œil vif et bleu comme le ciel de mai, la bouche rose, des dents superbes, le corps élégant et souple comme celui d'un jeune cheval qui n'a pas encore quitté le pré.

Mais la chasteté des mœurs est une tradition sacrée dans certaines campagnes éloignées du mouvement corrompu des grandes villes, et, entre toutes les familles de Bélair, la famille de Maurice était réputée honnête et servant la vérité. Germain s'en allait chercher femme; Marie était une enfant trop jeune et trop pauvre pour qu'il y songeât dans cette vue, et, à moins d'être un *sans cœur* et un *mauvais homme*, il était impossible qu'il eût une coupable pensée auprès d'elle. Le père Maurice ne fut donc nullement inquiet de lui voir prendre en croupe cette jolie fille; la Guillette eût cru lui faire injure si elle lui eût recommandé de la respecter comme sa sœur; Marie monta sur la jument en pleurant, après avoir vingt fois embrassé sa mère et ses jeunes amies. Germain, qui était triste pour son compte, compatissait d'autant plus à son chagrin, et s'en alla d'un air sérieux, tandis que les gens du voisinage disaient adieu de la main à la pauvre Marie sans songer à mal.

VI

PETIT PIERRE

La Grise était jeune, belle et vigoureuse. Elle portait sans effort son double fardeau, couchant les oreilles et rongeant son frein, comme une fière et ardente jument qu'elle était. En passant devant le pré-long, elle aperçut sa mère, qui s'appelait la vieille Grise, comme elle la jeune Grise, et elle hennit en signe d'adieu. La vieille Grise approcha de la haie en faisant résonner ses enferges, essaya de galoper sur la marge du pré pour suivre sa fille; puis, la voyant prendre le grand trot, elle hennit à son tour, et resta pensive, inquiète, le nez au vent, la bouche pleine d'herbes qu'elle ne songeait plus à manger.

— Cette pauvre bête connaît toujours sa progéniture, dit Germain pour distraire la petite Marie de son chagrin. Ça me fait penser que je n'ai pas embrassé mon petit Pierre avant de partir. Le mauvais enfant n'était pas là ! Il voulait, hier au soir, me faire promettre de l'emmener, et il a pleuré pendant une heure dans son lit. Ce matin encore, il a tout essayé pour me persuader. Oh! qu'il est adroit et câlin! mais, quand il a vu que ça ne se pouvait pas, monsieur s'est fâché; il est parti dans les champs, et je ne l'ai pas revu de la journée.

— Moi, je l'ai vu, dit la petite Marie en faisant effort pour rentrer ses larmes. Il courait avec les enfants de Soulas du côté des tailles, et je me suis bien doutée qu'il était hors de la maison depuis longtemps, car il avait faim et mangeait des prunelles et des mûres de buisson, je lui ai donné le pain de mon goûter, et il m'a dit : « Merci, ma Marie mignonne : quand tu viendras chez nous, je te donnerai de la galette. » C'est un enfant trop gentil que vous avez là, Germain !

— Oui, qu'il est gentil, reprit le laboureur, et je ne sais pas ce que je ne ferais pas pour lui! Si sa grand'mère n'avait pas eu plus de raison que moi, je n'aurais pas pu me tenir de l'emmener, quand je le voyais pleurer si fort, que son pauvre petit cœur en était tout gonflé.

— Eh bien, pourquoi ne l'auriez-vous pas emmené, Germain? Il ne vous aurait guère embarrassé; il est si raisonnable quand on fait sa volonté!

— Il paraît qu'il aurait été de trop là où je vais. Du moins c'était l'avis du père Maurice... Moi, pourtant, j'aurais pensé qu'au contraire il fallait voir comment on le recevrait, et qu'un si gentil enfant ne pouvait qu'être pris en bonne amitié... Mais ils disent à la maison qu'il ne faut pas commencer par faire voir les charges du ménage... Je ne sais pas pourquoi je te parle de ça, petite Marie : tu n'y comprends rien.

— Si fait, Germain ; je sais que vous allez pour vous marier ; ma mère me l'a dit, en me recommandant de n'en parler à personne, ni chez nous, ni là où je vais, et vous pouvez être tranquille : je n'en dirai mot.

— Tu feras bien, car ce n'est pas fait ; peut-être que je ne conviendrai pas à la femme en question.

— Il faut espérer que si, Germain. Pourquoi donc ne lui conviendriez-vous pas ?

— Qui sait ? J'ai trois enfants, et c'est lourd pour une femme qui n'est pas leur mère !

— C'est vrai, mais vos enfants ne sont pas comme d'autres enfants.

— Crois-tu ?

— Ils sont beaux comme des petits anges, et si bien élevés, qu'on n'en peut pas voir de plus aimables.

— Il y a Sylvain qui n'est pas trop commode.

— Il est tout petit ! il ne peut pas être autrement que terrible, mais il a tant d'esprit !

— C'est vrai qu'il a de l'esprit : et un courage ! Il ne craint ni vaches ni taureaux, et, si on le laissait faire, il grimperait déjà sur les chevaux avec son aîné.

— Moi, à votre place, j'aurais amené l'aîné. Bien sûr, ça vous aurait fait aimer tout de suite, d'avoir un enfant si beau !

— Oui, si la femme aime les enfants ; mais si elle ne les aime pas ?

— Est-ce qu'il y a des femmes qui n'aiment pas les enfants ?

— Pas beaucoup, je pense ; mais enfin il y en a, et c'est là ce qui me tourmente.

— Vous ne la connaissez donc pas du tout, cette femme ?

— Pas plus que toi, et je crains de ne pas la mieux connaître, après que je l'aurai vue. Je ne suis pas méfiant, moi. Quand on me dit de bonnes paroles, j'y crois : mais j'ai été plus d'une fois à même de m'en repentir, car les paroles ne sont pas des actions.

— On dit que c'est une fort brave femme.

— Qui dit cela ? le père Maurice.

— Oui, votre beau-père.

— C'est fort bien ; mais il ne la connaît pas non plus.

— Eh bien, vous la verrez tantôt, vous ferez grande attention, et il faut espérer que vous ne vous tromperez pas, Germain.

— Tiens, petite Marie, je serais bien aise que tu entres un peu dans la maison, avant de t'en aller tout droit aux Ormeaux : tu es fine, toi, tu as toujours montré de l'esprit, et tu fais attention à tout. Si tu vois quelque chose qui te donne à penser, tu m'en avertiras tout doucement.

— Oh ! non, Germain, je ne ferai pas cela ! je craindrais trop de me tromper ; et, d'ailleurs, si une parole dite à la légère venait à vous dégoûter de ce mariage, vos parents m'en voudraient, et j'ai bien assez de chagrins comme ça, sans en attirer d'autres sur ma pauvre chère femme de mère.

Comme ils devisaient ainsi, la Grise fit un écart en dressant les oreilles, puis revint sur ses pas, et se rapprocha du buisson, où quelque chose qu'elle commençait à reconnaître l'avait d'abord effrayée. Germain jeta un regard sur le buisson, et vit dans le fossé, sous les branches épaisses et encore fraîches d'un téteau de chêne, quelque chose qu'il prit pour un agneau.

— C'est une bête égarée, dit-il, ou morte, car elle ne bouge. Peut-être que quelqu'un la cherche ; il faut voir !

— Ce n'est pas une bête, s'écria la petite Marie : c'est un enfant qui dort ; c'est votre Petit-Pierre.

— Par exemple ! dit Germain en descendant de cheval : voyez ce petit garnement qui dort là, si loin de la maison ; et dans un fossé où quelque serpent pourrait bien le trouver !

Il prit dans ses bras l'enfant, qui lui sourit en ouvrant les yeux et jeta ses bras autour de son cou, en lui disant : « Mon petit père, tu vas m'emmener avec toi ! »

— Ah ! oui ! toujours la même chanson ! Que faisiez-vous là, mauvais Pierre ?

— J'attendais mon petit père à passer, dit l'enfant, je regardais sur le chemin, et, à force de regarder, je me suis endormi.

— Et si j'étais passé sans te voir, tu serais resté toute la nuit dehors, et le loup t'aurait mangé ?

— Oh ! je savais bien que tu me verrais ! répondit Petit-Pierre avec confiance.

— Eh bien, à présent, mon Pierre, embrasse-moi, dis-moi adieu, et retourne vite à la maison, si tu ne veux pas qu'on soupe sans toi.

— Tu ne veux donc pas m'emmener ? s'écria le petit en commençant à frotter ses yeux pour montrer qu'il avait dessein de pleurer.

— Tu sais bien que grand-père et grand'mère ne le veulent pas, dit Germain, se retranchant derrière l'autorité des vieux parents comme un homme qui ne compte guère sur la sienne propre.

Mais l'enfant n'entendit rien. Il se prit à pleurer tout de bon, disant que, puisque son père emmenait la petite Marie, il pouvait bien l'emmener aussi. On lui objecta qu'il fallait passer les grands bois, qu'il y avait beaucoup là de méchantes bêtes qui mangeaient les petits enfants, que la Grise ne voulait pas porter trois personnes, qu'elle l'avait déclaré en partant, et que, dans le pays où l'on se rendait, il n'y avait ni lit ni souper pour les marmots. Toutes ces excellentes raisons ne persuadèrent point Petit-Pierre ; il se jeta sur l'herbe, et s'y roula, en criant que son petit père ne l'aimait plus, et que, s'il ne l'emmenait pas, il ne rentrerait point du jour ni de la nuit à la maison.

Germain avait un cœur de père aussi tendre et aussi faible que celui d'une femme. La mort de la sienne, les soins qu'il avait été forcé de rendre seul à ses petits, aussi la pensée que ces pauvres enfants sans mère avaient besoin d'être beaucoup aimés, avaient contribué à le rendre ainsi, et il se fit en lui un si rude combat, d'autant plus qu'il rougissait de sa faiblesse et s'efforçait de cacher son malaise à la petite Marie, que la sueur lui en vint au front et que ses yeux se bordèrent de rouge, prêts à pleurer aussi. Enfin il essaya de se mettre en colère; mais, en se retournant vers la petite Marie, comme pour la prendre à témoin de sa fermeté d'âme, il vit que le visage de cette bonne fille était baigné de larmes, et, tout son courage l'abandonnant, il lui fut impossible de retenir les siennes, bien qu'il grondât et qu'il menaçât encore.

— Vrai, vous avez le cœur trop dur, lui dit enfin la petite Marie, et, pour ma part, je ne pourrai jamais résister comme cela à un enfant qui a un si gros chagrin. Voyons, Germain, emmenez-le. Votre jument est bien habituée à porter deux personnes et un enfant, à preuve que votre beau-frère et sa femme, qui est plus lourde que moi de beaucoup, vont au marché le samedi avec leur garçon, sur le dos de cette bonne bête. Vous le mettrez à cheval devant vous, et d'ailleurs j'aime mieux m'en aller toute seule à pied que de faire de la peine à ce petit.

— Qu'à cela ne tienne, répondit Germain, qui mourait d'envie de se laisser convaincre. La Grise est forte et en porterait deux de plus, s'il y avait place sur son échine. Mais que ferons-nous de cet enfant en route? il aura froid, il aura faim.... et qui prendra soin de lui ce soir et demain pour le coucher, le laver et le rhabiller? Je n'ose pas donner cet ennui-là à une femme que je ne connais pas; et qui trouvera, sans doute, que je suis bien sans façons avec elle pour commencer.

— D'après l'amitié ou l'ennui qu'elle montrera, vous la connaîtrez tout de suite, Germain, croyez-moi, et d'ailleurs, si elle rebute votre Pierre, moi je m'en charge. J'irai chez elle l'habiller et je l'emmènerai aux champs demain. Je l'amuserai toute la journée et j'aurai soin qu'il ne manque de rien.

— Et il t'ennuiera, ma pauvre fille! Il te gênera! toute une journée, c'est long!

— Ça me fera plaisir, au contraire, ça me tiendra compagnie, et ça me rendra moins triste le premier jour que j'aurai à passer dans un nouveau pays. Je me figurerai que je suis encore chez nous.

L'enfant, voyant que la petite Marie prenait son parti, s'était cramponné à sa jupe et la tenait si fort, qu'il eût fallu lui faire du mal pour l'en arracher. Quand il reconnut que son père cédait, il prit la main de Marie dans ses deux petites mains brunies par le soleil, et l'embrassa en sautant de joie et en la tirant vers la jument, avec cette impatience ardente que les enfants portent dans leurs désirs.

— Allons, allons, dit la jeune fille en le soulevant dans ses bras, tâchons d'apaiser ce pauvre cœur qui saute comme un petit oiseau, et, si tu sens le froid quand la nuit viendra, dis-le-moi, mon Pierre, je te serrerai dans ma cape. Embrasse ton petit père et demande-lui pardon d'avoir fait le méchant. Dis que ça ne t'arrivera plus, jamais! jamais, entends-tu?

— Oui, oui, à condition que je ferai toujours sa volonté, n'est-ce pas? dit Germain en essuyant les yeux du petit avec son mouchoir. Ah! Marie, vous me le gâtez, ce drôle-là!... Et vraiment, tu es une trop bonne fille, petite Marie. Je ne sais pas pourquoi tu n'es pas entrée bergère chez nous à la Saint-Jean dernière. Tu aurais pris soin de mes enfants, et j'aurais mieux aimé te payer un bon prix pour les servir que d'aller chercher une femme qui croira peut-être me faire beaucoup de grâce en ne les détestant pas.

— Il ne faut pas voir comme ça les choses par le mauvais côté, répondit la petite Marie en tenant la bride du cheval pendant que Germain plaçait son fils sur le devant du large bât garni de peau de chèvre : si votre femme n'aime pas les enfants, vous me prendrez à votre service l'an prochain, et, soyez tranquille, je les amuserai si bien, qu'ils ne s'apercevront de rien.

VII

DANS LA LANDE

— Ah çà, dit Germain, lorsqu'ils eurent fait quelques pas, que va-t-on penser à la maison en ne voyant pas rentrer ce petit bonhomme? Les parents vont être inquiets et le chercheront partout.

— Vous allez dire au cantonnier qui travaille là-haut sur la route que vous l'emmenez, et vous lui recommanderez d'avertir votre monde.

— C'est vrai, Marie, tu t'avises de tout, toi! moi, je ne pensais plus que Jeannie devait être par là.

— Et justement, il demeure tout près de la métairie; il ne manquera pas de faire la commission.

Quand on eut avisé à cette précaution, Germain remit la jument au trot, et Petit-Pierre était si joyeux, qu'il ne s'aperçut pas tout de suite qu'il n'avait pas dîné; mais, le mouvement du cheval lui creusant l'estomac, il se prit, au bout d'une lieue, à bâiller, à pâlir et à confesser qu'il mourait de faim.

— Voilà que ça commence, dit Germain. Je savais bien que nous n'irions pas loin sans que ce monsieur criât la faim ou la soif.

— J'ai soif aussi, dit Petit-Pierre.

— Eh bien, nous allons donc entrer dans le cabaret de la mère Rebec, à Corlay, au *Point-du-Jour?* Belle enseigne, mais pauvre gîte! Allons, Marie, tu boiras aussi un doigt de vin.

— Non, non, je n'ai besoin de rien, dit-elle, je tiendrai la jument pendant que vous entrerez avec le petit.

— Mais j'y songe, ma bonne fille, tu as donné ce matin le pain de ton goûter à mon Pierre, et toi, tu es à jeun; tu n'as pas voulu dîner avec nous à la maison, tu ne faisais que pleurer.

— Oh! je n'avais pas faim, j'avais trop de peine! et je vous jure qu'à présent encore je ne sens aucune envie de manger.

— Il faut te forcer, petite; autrement tu seras malade. Nous avons du chemin à faire, et il ne faut pas arriver là-bas comme des affamés pour demander du pain avant de dire bonjour. Moi-même je veux te donner l'exemple, quoique je n'aie pas grand appétit; mais j'en viendrai à bout, vu que, après tout, je n'ai pas dîné non plus. Je vous voyais pleurer, toi et ta mère, et ça me troublait le cœur. Allons, allons, je vais attacher la Grise à la porte; descends, je le veux.

Ils entrèrent tous trois chez la Rebec, et, en moins d'un quart d'heure, la grosse boiteuse réussit à leur servir une omelette de bonne mine, du pain bis et du vin clairet.

LA MARE AU DIABLE

... Tiens, ce petit point gris, pas loin du grand peuplier à Godard, plus bas que le clocher.

Les paysans ne mangent pas vite, et le petit Pierre avait si grand appétit, qu'il se passa bien une heure avant que Germain pût songer à se remettre en route. La petite Marie avait mangé par complaisance d'abord; puis peu à peu la faim était venue : car à seize ans on ne peut pas faire longtemps diète; et l'air des campagnes est impérieux. Les bonnes paroles que Germain sut lui dire pour la consoler et lui faire prendre courage produisirent aussi leur effet; elle fit effort pour se persuader que sept mois seraient bientôt passés, et pour songer au bonheur qu'elle aurait de se retrouver dans sa famille et dans son hameau, puisque le père Maurice et Germain s'accordaient pour lui promettre de la prendre à leur service. Mais, comme elle commençait à s'égayer et à badiner avec le petit Pierre, Germain eut la malheureuse idée de lui faire regarder, par la fenêtre du cabaret, la belle vue de la vallée qu'on voit tout entière de cette hauteur, et qui est si riante, si verte et si fertile. Marie regarda et demanda si de là on voyait les maisons de Belair.

— Sans doute, dit Germain, et la métairie, et même ta maison. Tiens, ce petit point gris, pas loin du grand peuplier à Godard, plus bas que le clocher.

— Ah! je la vois, dit la petite.

Et là-dessus elle recommença de pleurer.

— J'ai eu tort de te faire songer à ça, dit Germain, je ne fais que des bêtises aujourd'hui! Allons, Marie, partons, ma fille; les jours sont courts et, dans une heure, quand la lune montera, il ne fera pas chaud.

Ils se remirent en route, traversèrent la grande *brande*, et, comme pour ne pas fatiguer la jeune fille et l'enfant par un trop grand trot, Germain ne pouvait faire aller la Grise bien vite, le soleil était couché quand ils quittèrent la route pour gagner les bois.

Germain connaissait le chemin jusqu'au Magnier; mais il pensa qu'il aurait plus court en ne prenant pas l'avenue de Chanteloube, mais en descendant par Presles et la Sépulture, direction qu'il n'avait pas l'habitude de prendre quand il allait à la foire. Il se trompa et perdit encore un peu de temps avant d'entrer dans le bois; encore n'y entra-t-il point par le bon côté, et il ne s'en aperçut pas, si bien qu'il tourna le dos à Fourche et gagna beaucoup plus haut du côté d'Ardente.

Ce qui l'empêchait alors de s'orienter, c'était un brouillard qui s'élevait avec la nuit, un de ces brouillards des soirs d'automne, que la blancheur du clair de lune rend plus vagues et plus trompeurs encore. Les grandes flaques d'eau dont les clairières sont semées exhalaient des vapeurs si épaisses, que, lorsque la Grise les traversait, on ne s'en apercevait qu'au clapotement de ses pieds et à la peine qu'elle avait à les tirer de la vase.

Quand on eut enfin trouvé une belle allée bien droite, et que, arrivé au bout, Germain chercha à voir où il était, il s'aperçut bien qu'il s'était perdu; car le père Maurice, en lui expliquant son chemin, lui avait dit qu'à la sortie des bois il aurait à descendre un bout de côte très-roide, à traverser une immense prairie et à passer deux fois la rivière à gué. Il lui avait même recommandé d'entrer dans cette rivière avec précaution, parce qu'au commencement de la saison il y avait eu de grandes pluies et que l'eau pouvait être un peu haute. Ne voyant ni descente, ni prairie, ni rivière, mais la lande unie et blanche comme une nappe de neige, Germain s'arrêta, chercha une maison, attendit un passant et ne trouva rien qui pût le renseigner. Alors il revint sur ses pas et rentra dans les bois. Mais le brouillard s'épaissit encore plus, la lune fut tout à fait voilée, les chemins étaient affreux, les fondrières profondes. Par deux fois, la Grise faillit s'abattre; chargée comme elle l'était, elle perdait courage, et, si elle conservait assez de discernement pour ne pas se heurter contre les arbres, elle ne pouvait empêcher que ceux qui la montaient n'eussent affaire à de grosses branches, qui barraient le chemin à la hauteur de leurs têtes et qui les mettaient fort en danger. Germain perdit son chapeau dans une de ces rencontres et eut grand'peine à le retrouver. Petit-Pierre s'était endormi, et, se laissant aller comme un sac, il embarrassait tellement les bras de son père, que celui-ci ne pouvait plus ni soutenir ni diriger le cheval.

— Je crois que nous sommes ensorcelés, dit Germain en s'arrêtant : car ces bois ne sont pas assez grands pour qu'on s'y perde, à moins d'être ivre, et il y a deux heures au moins que nous y tournons sans pouvoir en sortir. La Grise n'a qu'une idée en tête, c'est de s'en retourner à la maison, et c'est elle qui me fait tromper. Si nous voulons nous en aller chez nous, nous n'avons qu'à la laisser faire. Mais quand nous sommes peut-être à deux pas de l'endroit où nous devons coucher, il faudrait être fou pour y renoncer et recommencer une si longue route. Cependant je ne sais plus que faire. Je ne vois ni ciel ni terre, et je crains que cet enfant-là ne prenne la fièvre si nous restons dans ce damné brouillard, ou qu'il ne soit écrasé par notre poids si le cheval vient à s'abattre en avant.

— Il ne faut pas nous obstiner davantage, dit la petite Marie. Descendons, Germain ; donnez-moi l'enfant, je le porterai fort bien, et j'empêcherai mieux que vous que la cape, se dérangeant, ne le laisse à découvert. Vous conduirez la jument par la bride, et nous verrons peut-être plus clair quand nous serons plus près de terre.

Ce moyen ne réussit qu'à les préserver d'une chute de cheval, car le brouillard rampait et semblait se coller à la terre humide. La marche était pénible, et ils furent bientôt si harassés qu'ils s'arrêtèrent en rencontrant enfin un endroit sec sous de grands chênes. La petite Marie était en nage, mais elle ne se plaignait ni ne s'inquiétait de rien. Occupée seulement de l'enfant, elle s'assit sur le sable et le coucha sur ses genoux, tandis que Germain explorait les environs, après avoir passé les rênes de la Grise dans une branche d'arbre.

Mais la Grise, qui s'ennuyait fort de ce voyage, donna un coup de reins, dégagea les rênes, rompit les sangles, et lâchant, par manière d'acquit, une demi-douzaine de ruades plus haut que sa tête, partit à travers les taillis, montrant fort bien qu'elle n'avait besoin de personne pour retrouver son chemin.

— Çà, dit Germain, après avoir vainement cherché à la rattraper, nous voici à pied, et rien ne nous servirait de nous retrouver dans le bon chemin, car il nous faudrait traverser la rivière à pied ; et, à voir comme ces routes sont pleines d'eau, nous pouvons être bien sûrs que la prairie est sous la rivière. Nous ne connaissons pas les autres passages. Il nous faut donc attendre que ce brouillard se dissipe ; ça ne peut pas durer plus d'une heure ou deux. Quand nous verrons clair, nous chercherons une maison, la première venue à la lisière du bois; mais à présent nous ne pouvons sortir d'ici; il y a là une fosse, un étang, je ne sais quoi devant nous; et derrière je ne saurais pas non plus dire ce qu'il y a, car je ne comprends plus par quel côté nous sommes arrivés.

VIII

SOUS LES GRANDS CHÊNES

— Eh bien, prenons patience, Germain, dit la petite Marie. Nous ne sommes pas mal sur cette petite hauteur. La pluie ne perce pas la feuillée de ces gros chênes, et nous pouvons allumer du feu, car je sens des vieilles souches qui ne tiennent à rien et qui sont assez sèches pour flamber. Vous avez bien du feu, Germain? Vous fumiez votre pipe tantôt.

— J'en avais! mon briquet était sur le bât dans mon sac, avec le gibier que je portais à ma future; mais la maudite jument a tout emporté, même mon manteau, qu'elle va perdre et déchirer à toutes les branches.

— Non pas, Germain; la bâtine, le manteau, le sac, tout est là par terre, à vos pieds. La Grise a cassé les sangles et tout jeté à côté d'elle en partant.

— C'est, vrai Dieu, certain! dit le laboureur, et, si nous pouvons trouver un peu de bois mort à tâtons, nous réussirons à nous sécher et à nous réchauffer.

— Ce n'est pas difficile, dit la petite Marie, le bois mort craque partout sous les pieds; mais donnez-moi d'abord ici la bâtine.

— Qu'en veux-tu faire?

— Un lit pour le petit: non, pas comme ça, à l'envers; il ne roulera pas dans la ruelle; et c'est encore tout chaud du dos de la bête.

Calez-moi ça de chaque côté avec ces pierres que vous voyez là?

— Je ne les vois pas, moi! Tu as donc des yeux de chat?

— Tenez! voilà qui est fait, Germain! Donnez-moi votre manteau, que j'enveloppe ses petits pieds, et ma cape par-dessus son corps. Voyez! s'il n'est pas couché là aussi bien que dans son lit! et tâtez-le comme il a chaud!

— C'est vrai! tu t'entends à soigner les enfants, Marie!

— Ça n'est pas bien sorcier. A présent, cherchez votre briquet dans votre sac, et je vais arranger le bois.

— Ce bois ne prendra jamais, il est trop humide.

— Vous doutez de tout, Germain! vous ne vous souvenez donc pas d'avoir été pâtour et d'avoir fait de grands feux aux champs, au beau milieu de la pluie?

— Oui, c'est le talent des enfants qui gardent les bêtes; mais moi, j'ai été toucheur de bœufs aussitôt que j'ai su marcher.

— C'est pour cela que vous êtes plus fort de vos bras qu'adroit de vos mains. Le voilà bâti, ce bûcher, vous allez voir s'il ne flambera pas! Donnez-moi le feu et une poignée de fougère sèche. C'est bien! soufflez à présent; vous n'êtes pas poumonique?

— Non pas que je sache, dit Germain en soufflant comme un soufflet de forge. Au bout d'un instant, la flamme brilla, jeta d'abord une lumière rouge, et finit par s'élever en jets bleuâtres sous le feuillage des chênes, luttant contre la brume et séchant peu à peu l'atmosphère à dix pieds à la ronde.

— Maintenant, je vais m'asseoir auprès du petit pour qu'il ne lui tombe pas d'étincelles sur le corps, dit la jeune fille. Vous, mettez du bois et animez le feu, Germain! Nous n'attraperons ici ni fièvre ni rhume, je vous en réponds.

— Ma foi, tu es une fille d'esprit, dit Germain, et tu sais faire le feu comme une petite sorcière de nuit. Je me sens tout ranimé, et le cœur me revient; car avec les jambes mouillées jusqu'aux genoux, et l'idée de rester comme cela jusqu'au point du jour, j'étais de fort mauvaise humeur tout à l'heure.

— Et quand on est de mauvaise humeur, on ne s'avise de rien, reprit la petite Marie.

— Tu n'es donc jamais de mauvaise humeur, toi?

— Eh non! jamais. A quoi bon?

— Oh! ce n'est bon à rien, certainement; mais le moyen de s'en empêcher quand on a des ennuis! Dieu sait que tu n'en as pas manqué, toi, pourtant, ma pauvre petite : car tu n'as pas toujours été heureuse!

— C'est vrai, nous avons souffert, ma pauvre mère et moi. Nous avions du chagrin, mais nous ne perdions jamais courage.

— Je ne perdrais pas courage pour quelque ouvrage que ce fût, dit Germain; mais la misère me fâcherait; car je n'ai jamais manqué de rien. Ma femme m'avait fait riche, et je le suis encore; je le serai tant que je travaillerai à la métairie : ce sera toujours, j'espère; mais chacun doit avoir sa peine! j'ai souffert autrement.

— Oui, vous avez perdu votre femme, et c'est grand'pitié!

— N'est-ce pas?

— Oh! je l'ai bien pleurée, allez, Germain! car elle était si bonne! Tenez, n'en parlons plus; car je la pleurerais encore, tous mes chagrins sont en train de me revenir aujourd'hui.

— C'est vrai qu'elle t'aimait beaucoup, petite Marie! elle faisait grand cas de toi et de ta mère. Allons! tu pleures? Voyons, ma fille, je ne veux pas pleurer moi...

— Vous pleurez pourtant, Germain! Vous pleurez aussi! Quelle honte y a-t-il pour un homme à pleurer sa femme? Ne vous gênez pas, allez! je suis bien de moitié avec vous dans cette peine-là!

— Tu as un bon cœur, Marie, et ça me fait du bien de pleurer avec toi. Mais approche donc tes pieds du feu; tu as tes jupes toutes mouillées aussi, pauvre petite fille! Tiens, je vas prendre ta place auprès du petit, chauffe-toi mieux que ça.

— J'ai assez chaud, dit Marie; et, si vous voulez vous asseoir, prenez un coin du manteau, moi, je suis très-bien.

— Le fait est qu'on n'est pas mal ici, dit Germain en s'asseyant tout auprès d'elle. Il n'y a que la faim qui me tourmente un peu. Il est bien neuf heures du soir, et j'ai eu tant de peine à marcher dans ces mauvais chemins, que je me sens tout affaibli. Est-ce que tu n'as pas faim aussi, toi, Marie?

— Moi? pas du tout. Je ne suis pas habituée, comme vous, à faire quatre repas, et j'ai été tant de fois me coucher sans souper, qu'une fois de plus ne m'étonne guère.

— Eh bien, c'est commode une femme comme toi; ça ne fait pas de dépense, dit Germain en souriant.

— Je ne suis pas une femme, dit naïvement Marie sans s'apercevoir de la tournure que prenaient les idées du laboureur. Est-ce que vous rêvez?

— Oui, je crois que je rêve, répondit Germain; c'est la faim qui me fait divaguer peut-être!

— Que vous êtes donc gourmand! reprit-elle en s'égayant un peu à son tour; eh bien, si vous ne pouvez pas vivre cinq ou six heures sans manger, est-ce que vous n'avez pas là du gibier dans votre sac, et du feu pour le faire cuire?

— Diantre! c'est une bonne idée! mais le présent à mon futur beau-père?

— Vous avez six perdrix et un lièvre! Je pense qu'il ne vous faut pas tout cela pour vous rassasier?

— Mais faire cuire cela ici, sans broche et sans landiers, ça deviendra du charbon!

— Non pas, dit la petite Marie, je me charge de vous le faire cuire sous la cendre sans goût de fumée. Est-ce que vous n'avez jamais attrapé d'alouettes dans les champs, et que vous ne les avez pas fait cuire entre deux pierres? Ah! c'est vrai! j'oublie que vous n'avez pas été pastour! Voyons, plumez cette perdrix! Pas si fort! vous lui arrachez la peau!

— Tu pourrais bien plumer l'autre pour me montrer!

— Vous voulez donc en manger deux? Quel ogre! allons, les voilà plumées. Je vais les cuire.

— Tu ferais une parfaite cantinière, petite Marie; mais, par malheur, tu n'as pas de cantine, et je serai réduit à boire l'eau de cette mare.

— Vous voudriez du vin, pas vrai? Il vous faudrait peut-être du café? vous vous croyez à la foire sous la ramée! Appelez l'aubergiste: de la liqueur au fin laboureur de Belair!

— Ah! petite méchante, vous vous moquez de moi? Vous ne boiriez pas du vin, vous, si vous en aviez?

— Moi? j'en ai bu ce soir, avec vous, chez la Rebec, pour la seconde fois de ma vie; mais, si vous êtes bien sage, je vais vous en donner une bouteille quasi pleine, et du bon encore!

— Comment, Marie, tu es donc sorcière, décidément?

— Est-ce que vous n'avez pas fait la folie de demander deux bouteilles de vin à la Rebec? Vous en avez bu une avec votre petit, et j'ai à peine avalé trois gouttes de celle que vous aviez mise devant moi. Cependant vous les avez payées toutes les deux, sans y regarder.

— Eh bien?

— Eh bien, j'ai mis dans mon panier celle qui n'avait pas été bue, parce que j'ai pensé que vous ou votre petit auriez soif en route; et la voilà.

— Tu es la fille la plus avisée que j'aie jamais rencontrée. Voyez! elle pleurait pourtant, cette pauvre enfant, en sortant de l'auberge! ça ne l'a pas empêchée de penser aux autres plus qu'à elle-même. Petite Marie, l'homme qui t'épousera ne sera pas sot!

— Je l'espère, car je n'aimerais pas un sot. Allons, mangez vos perdrix, elles sont cuites à point; et, faute de pain, vous vous contenterez de châtaignes.

— Et où diable as-tu pris aussi des châtaignes?

— C'est bien étonnant! tout le long du chemin, j'en ai pris aux branches en passant, et j'en ai rempli mes poches.

— Et elles sont cuites aussi?

— A quoi donc aurais-je eu l'esprit si je ne les avais pas mises dans le feu dès qu'il a été allumé? Ça se fait toujours aux champs.

— Ah çà, petite Marie, nous allons souper ensemble! je veux boire à ta santé et te souhaiter un bon mari... là, comme tu le souhaiterais toi-même. Dis-moi un peu cela!

— J'en serais fort empêchée, Germain, car je n'y ai pas encore songé.

— Comment, pas du tout? jamais? dit Germain en commençant à manger avec un appétit de laboureur, mais coupant les meilleurs morceaux pour les offrir à sa compagne, qui refusa obstinément et se contenta de quelques châtaignes. Dis-moi donc, petite Marie, reprit-il, voyant qu'elle ne songeait pas à lui répondre, tu n'as pas encore eu l'idée du mariage? tu es en âge, pourtant!

— Peut-être, dit-elle; mais je suis trop pauvre. Il faut au moins cent écus pour entrer en ménage, et je dois travailler cinq ou six ans pour les amasser.

— Pauvre fille! je voudrais que le père Maurice voulût bien me donner cent écus pour t'en faire cadeau.

— Grand merci, Germain. Eh bien, qu'est-ce qu'on dirait de moi?

— Que veux-tu qu'on dise? on sait bien que je suis vieux et que je ne peux pas t'épouser. Alors on ne supposerait pas que je... que tu...

— Dites donc, laboureur! voilà votre enfant qui se réveille, dit la petite Marie.

IX

LA PRIÈRE DU SOIR

Petit-Pierre s'était soulevé et regardait autour de lui d'un air tout pensif.

— Ah! il n'en fait jamais d'autre quand il entend manger, celui-là! dit Germain : le bruit du canon ne le réveillerait pas; mais, quand on remue les mâchoires auprès de lui, il ouvre les yeux tout de suite.

— Vous avez dû être comme ça à son âge, dit la petite Marie avec un sourire malin. Allons, mon petit Pierre, tu cherches ton ciel-de-lit? Il est fait de verdure, ce soir, mon enfant; mais ton père n'en soupe pas moins. Veux-tu souper avec lui? Je n'ai pas mangé ta part; je me doutais bien que tu la réclamerais!

— Marie, je veux que tu manges, s'écria le laboureur, je ne mangerai plus. Je suis un vorace, un grossier; toi, tu te prives pour nous, ce n'est pas juste, j'en ai honte. Tiens, ça m'ôte la faim; je ne veux pas que mon fils soupe, si tu ne soupes pas.

— Laissez-nous tranquilles, répondit la petite Marie, vous n'avez pas la clef de nos appétits. Le mien est fermé aujourd'hui, mais celui de votre Pierre est ouvert comme celui d'un petit loup. Tenez, voyez comme il s'y prend! Oh! ce sera aussi un rude laboureur!

En effet, Petit-Pierre montra bientôt de qui il était fils, et à peine éveillé, ne comprenant ni où il était ni comment il y était venu, il se mit à dévorer. Puis, quand il n'eut plus faim, se trouvant excité comme il arrive aux enfants qui rompent leurs habitudes, il eut plus d'esprit, plus de curiosité et plus de raisonnement qu'à l'ordinaire. Il se fit expliquer où il était, et, quand il sut que c'était au milieu d'un bois, il eut un peu peur.

— Y a-t-il des méchantes bêtes dans ce bois? demanda-t-il à son père.

— Non, fit le père, il n'y en a point. Ne crains rien.

— Tu as donc menti quand tu m'as dit que, si j'allais avec toi dans les grands bois, les loups m'emporteraient?

— Voyez-vous ce raisonneur? dit Germain embarrassé.

— Il a raison, reprit la petite Marie, vous lui avez dit cela : il a bonne mémoire, il s'en souvient. Mais apprends, mon petit Pierre, que ton père ne ment jamais. Nous avons passé les grands bois pendant que tu dormais, et nous sommes à présent dans les petits bois, où il n'y a pas de méchantes bêtes.

— Les petits bois sont-ils bien loin des grands?

— Assez loin; d'ailleurs les loups ne sortent pas des grands bois. Et puis, s'il en venait ici, ton père les tuerait.

— Et toi aussi, petite Marie?

— Et nous aussi, car tu nous aiderais bien, mon Pierre? Tu n'as pas peur, toi? Tu taperais bien dessus!

— Oui, oui, dit l'enfant enorgueilli en prenant une pose héroïque, nous les tuerions!

— Il n'y a personne comme toi pour parler aux enfants, dit Germain à la petite Marie, et pour leur faire entendre raison. Il est vrai qu'il n'y a pas longtemps que tu étais toi-même un petit enfant, et tu te souviens de ce que te disait ta mère. Je crois bien que plus on est jeune, mieux on s'entend avec ceux qui le sont. J'ai grand'peur qu'une femme de trente ans, qui ne sait pas encore ce que c'est que d'être mère, n'apprenne avec peine à babiller et à raisonner avec des marmots.

— Pourquoi donc pas, Germain? Je ne sais pourquoi vous avez une mauvaise idée touchant cette femme; vous en reviendrez!

— Au diable la femme! dit Germain. Je voudrais en être revenu pour n'y plus retourner. Qu'ai-je besoin d'une femme que je ne connais pas?

— Mon petit père, dit l'enfant, pourquoi donc est-ce que tu parles toujours de ta femme aujourd'hui, puisqu'elle est morte?...

— Hélas! tu ne l'as donc pas oubliée, toi, ta pauvre chère mère?

— Non, puisque je l'ai vu mettre dans une belle boîte de bois blanc, et que ma grand'mère m'a conduit auprès pour l'embrasser et lui dire adieu!... Elle était toute blanche et toute froide, et tous les soirs ma tante me fait prier le bon Dieu pour qu'elle aille se réchauffer avec lui dans le ciel. Crois-tu qu'elle y soit à présent?

— Je l'espère, mon enfant; mais il faut toujours prier, ça fait voir à ta mère que tu l'aimes.

— Je vas dire ma prière, reprit l'enfant; je n'ai pas pensé à la dire ce soir. Mais je ne peux pas la dire tout seul; j'en oublie toujours un peu. Il faut que la petite Marie m'aide.

— Oui, mon Pierre, je vas t'aider, dit la jeune fille. Viens là, te mettre à genoux sur moi.

L'enfant s'agenouilla sur la jupe de la jeune fille, joignit ses petites mains, et se mit à réciter sa prière, d'abord avec attention et ferveur, car il savait très-bien le commencement, puis avec plus de lenteur et d'hésitation, et enfin répétant mot à mot ce que lui dictait la petite Marie, lorsqu'il arriva à cet endroit de son oraison, où, le sommeil le gagnant chaque soir, il n'avait jamais pu l'apprendre jusqu'au bout. Cette fois encore, le travail de l'attention et la monotonie de son propre accent produisirent leur effet accoutumé;

il ne prononça plus qu'avec effort les dernières syllabes, et encore après se les être fait répéter trois fois ; sa tête s'appesantit et se pencha sur la poitrine de Marie ; ses mains se détendirent, se séparèrent et retombèrent ouvertes sur ses genoux. A la lueur du feu du bivac, Germain regarda son petit ange assoupi sur le cœur de la jeune fille, qui, le soutenant dans ses bras et réchauffant ses cheveux blonds de sa pure haleine, s'était laissée aller aussi à une rêverie pieuse, et priait mentalement pour l'âme de Catherine.

Germain fut attendri, chercha ce qu'il pourrait dire à la petite Marie pour lui exprimer ce qu'elle lui inspirait d'estime et de reconnaissance, mais ne trouva rien qui pût rendre sa pensée. Il s'approcha d'elle pour embrasser son fils qu'elle tenait toujours pressé contre son sein, et il eut peine à détacher ses lèvres du front du petit Pierre.

— Vous l'embrassez trop fort, lui dit Marie en repoussant doucement la tête du laboureur, vous allez le réveiller. Laissez-moi le recoucher, puisque le voilà reparti pour les rêves du paradis.

L'enfant se laissa coucher ; mais, en s'étendant sur la peau de chèvre du bât, il demanda s'il était sur la Grise. Puis, ouvrant ses grands yeux bleus et les tenant fixés vers les branches pendant une minute, il parut rêver tout éveillé, ou être frappé d'une idée qui avait glissé dans son esprit durant le jour, et qui s'y formulait à l'approche du sommeil.

— Mon petit père, dit-il, si tu veux me donner une autre mère, je veux que ce soit la petite Marie.

Et, sans attendre de réponse, il ferma les yeux et s'endormit.

X

MALGRÉ LE FROID

La petite Marie ne parut pas faire d'autre attention aux paroles bizarres de l'enfant que de les regarder comme une preuve d'a-

LA MARE AU DIABLE

A la lueur du feu du bivac, Germain regarda son petit ange assoupi sur le cœur de la jeune fille...

mitié ; elle l'enveloppa avec soin, ranima le feu, et, comme le brouillard endormi sur la mare voisine ne paraissait nullement près de s'éclaircir, elle conseilla à Germain de s'arranger auprès du feu pour faire un somme.

— Je vois que cela vous vient déjà, lui dit-elle, car vous ne dites plus mot, et vous regardez la braise comme votre petit faisait tout à l'heure. Allons, dormez, je veillerai à l'enfant et à vous.

— C'est toi qui dormiras, répondit le laboureur, et moi je vous garderai tous les deux, car jamais je n'ai eu moins envie de dormir ; j'ai cinquante idées dans la tête.

— Cinquante, c'est beaucoup, dit la fillette avec une intention un peu moqueuse ; il y a tant de gens qui seraient heureux d'en avoir une !

— Eh bien, si je ne suis pas capable d'en avoir cinquante, j'en ai du moins une qui ne me lâche pas depuis une heure.

— Et je vas vous la dire, ainsi que celles que vous aviez auparavant.

— Eh bien, oui, dis-la si tu la devines, Marie ; dis-la-moi toi-même, ça me fera plaisir.

— Il y a une heure, reprit-elle, vous aviez l'idée de manger... et à présent vous avez l'idée de dormir.

— Marie, je ne suis qu'un bouvier, mais vraiment tu me prends pour un bœuf. Tu es une méchante fille, et je vois bien que tu ne veux point causer avec moi. Dors donc, cela vaudra mieux que de critiquer un homme qui n'est pas gai.

— Si vous voulez causer, causons, dit la petite fille en se couchant à demi auprès de l'enfant, et en appuyant sa tête contre le bât. Vous êtes en train de vous tourmenter, Germain, et en cela vous ne montrez pas beaucoup de courage pour un homme. Que ne dirais-je pas, moi, si je ne me défendais pas de mon mieux contre mon propre chagrin ?

— Oui, sans doute, et c'est là justement ce qui m'occupe, ma pauvre enfant ! Tu vas vivre loin de tes parents et dans un vilain pays de landes et de marécages, où tu attraperas les fièvres d'automne, où les bêtes à laine ne profitent pas, ce qui chagrine toujours une bergère qui a bonne intention ; enfin tu seras au milieu d'étrangers qui ne seront peut-être pas bons pour toi, qui ne comprendront pas ce que tu vaux. Tiens, ça me fait plus de peine que je ne peux te le dire, et j'ai envie de te remmener chez ta mère au lieu d'aller à Fourche.

— Vous parlez avec beaucoup de bonté, mais sans raison, mon pauvre Germain ; on ne doit pas être lâche pour ses amis, et, au lieu de me montrer le mauvais côté de mon sort, vous devriez m'en montrer le bon, comme vous faisiez quand nous avons goûté chez la Rebec.

— Que veux-tu ! ça me paraissait ainsi dans ce moment-là, et à présent ça me paraît autrement. Tu ferais mieux de trouver un mari.

— Ça ne se peut pas, Germain, je vous l'ai dit ; et, comme ça ne se peut pas, je n'y pense pas.

— Mais enfin si ça se trouvait ? Peut-être que si tu voulais me dire comme tu souhaiterais qu'il fût, je parviendrais à imaginer quelqu'un.

— Imaginer n'est pas trouver. Moi, je ne m'imagine rien, puisque c'est inutile.

— Tu n'aurais pas l'idée de trouver un riche ?

— Non, bien sûr, puisque je suis pauvre comme Job.

— Mais, s'il était à son aise, ça ne te ferait pas de peine d'être bien logée, bien nourrie, bien vêtue et dans une famille de braves gens qui te permettrait d'assister ta mère ?

— Oh ! pour cela, oui ! assister ma mère est tout mon souhait.

— Et si cela se rencontrait, quand même l'homme ne serait pas de la première jeunesse, tu ne ferais pas trop la difficile ?

— Ah ! pardonnez-moi, Germain. C'est justement la chose à laquelle je tiendrais. Je n'aimerais pas un vieux !

— Un vieux, sans doute ; mais, par exemple, un homme de mon âge ?

— Votre âge est vieux pour moi, Germain ; j'aimerais l'âge de Bastien, quoique Bastien ne soit pas si joli homme que vous.

— Tu aimerais mieux Bastien le porcher ? dit Germain avec humeur. Un garçon qui a des yeux faits comme les bêtes qu'il mène ?

— Je passerais par-dessus ses yeux, à cause de ses dix-huit ans.

Germain se sentit horriblement jaloux.

— Allons, dit-il, je vois que tu en tiens pour Bastien. C'est une drôle d'idée, pas moins !

— Oui, ce serait une drôle d'idée, répondit la petite Marie en riant aux éclats, et ça ferait un drôle de mari. On lui ferait accroire tout ce qu'on voudrait. Par exemple, l'autre jour, j'avais ramassé une tomate dans le jardin à M. le curé; je lui ai dit que c'était une belle pomme rouge, et il a mordu dedans comme un goulu. Si vous aviez vu quelle grimace! Mon Dieu, qu'il était vilain !

— Tu ne l'aimes donc pas, puisque tu te moques de lui?

— Ce ne serait pas une raison. Mais je ne l'aime pas : il est brutal avec sa petite sœur, et il est malpropre.

— Eh bien, tu ne te sens pas portée pour quelque autre?

— Qu'est-ce que ça vous fait, Germain ?

— Ça ne me fait rien, c'est pour parler. Je vois bien, petite fille, que tu as déjà un galant dans la tête.

— Non, Germain, vous vous trompez, je n'en ai pas encore ; ça pourra venir plus tard ; mais, puisque je ne me marierai que quand j'aurai un peu amassé, je suis destinée à me marier tard et avec un vieux.

— Eh bien, prends-en un vieux tout de suite.

— Non pas! quand je ne serai plus jeune, ça me sera égal ; à présent, ce serait différent.

— Je vois bien, Marie, que je te déplais : c'est assez clair, dit Germain avec dépit et sans peser ses paroles.

La petite Marie ne répondit pas. Germain se pencha vers elle : elle dormait ; elle était tombée vaincue et comme foudroyée par le sommeil, comme font les enfants qui dorment déjà lorsqu'ils babillent encore.

Germain fut content qu'elle n'eût pas fait attention à ses dernières paroles ; il reconnut qu'elles n'étaient point sages, et il lui tourna le dos pour se distraire et changer de pensée.

Mais il eut beau faire, il ne put ni s'endormir ni songer à autre chose qu'à ce qu'il venait de dire. Il tourna vingt fois autour du feu, il s'éloigna, il revint ; enfin, se sentant aussi agité que s'il eût avalé de la poudre à canon, il s'appuya contre l'arbre qui abritait les deux enfants et les regarda dormir.

— Je ne sais pas comment je ne m'étais jamais aperçu, pensait-il, que cette petite Marie est la plus jolie fille du pays !... Elle n'a pas beaucoup de couleur, mais elle a un petit visage frais comme une rose de buissons ! Quelle gentille bouche et quel mignon petit nez !... Elle n'est pas grande pour son âge, mais elle est faite comme une petite caille et légère comme un petit pinson !... Je ne sais pas pourquoi on fait tant de cas chez nous d'une grande et grosse femme bien vermeille... La mienne était plutôt mince et pâle, et elle me plaisait par-dessus tout... Celle-ci est toute délicate, mais elle ne s'en porte pas plus mal, et elle est jolie à voir comme un chevreau blanc ! Et puis, quel air doux et honnête ! comme on lit son bon cœur dans ses yeux, même lorsqu'ils sont fermés pour dormir !... Quant à de l'esprit, elle en a plus que ma chère Catherine n'en avait, il faut en convenir, et on ne s'ennuierait pas avec elle... C'est gai, c'est sage, c'est laborieux, c'est aimant, et c'est drôle. Je ne vois pas ce qu'on pourrait souhaiter de mieux...

Mais qu'ai-je à m'occuper de tout cela ? reprenait Germain en tâchant de regarder d'un autre côté. Mon beau-père ne voudrait pas en entendre parler, et toute la famille me traiterait de fou !... D'ailleurs, elle-même ne voudrait pas de moi, la pauvre enfant !... Elle me trouve trop vieux : elle me l'a dit... Elle n'est pas intéressée, elle se soucie peu d'avoir encore de la misère et de la peine, de porter de pauvres habits et de souffrir de la faim pendant deux ou trois mois de l'année, pourvu qu'elle contente son cœur un jour, et qu'elle puisse se donner à un mari qui lui plaira... Elle a raison, elle ! je ferais de même à sa place... et, dès à présent, si je pouvais suivre ma volonté, au lieu de m'embarquer dans un mariage qui ne me sourit pas, je choisirais une fille à mon gré...

Plus Germain cherchait à raisonner et à se calmer, moins il en venait à bout. Il s'en allait, à vingt pas de là, se perdre dans le brouillard ; et, puis tout d'un coup, il se retrouvait à genoux à côté des deux enfants endormis. Une fois même il voulut embrasser Petit-Pierre, qui avait un bras passé autour du cou de Marie, et il se trompa si bien, que Marie, sentant une haleine chaude comme le feu courir sur ses lèvres, se réveilla et le regarda d'un air tout effaré, ne comprenant rien du tout à ce qui se passait en lui.

— Je ne vous voyais pas, mes pauvres enfants! dit Germain en se retirant bien vite. J'ai failli tomber sur vous et vous faire du mal.

La petite Marie eut la candeur de le croire, et se rendormit. Germain passa de l'autre côté du feu, et jura à Dieu qu'il n'en bougerait jusqu'à ce qu'elle fût réveillée. Il tint parole, mais ce ne fut pas sans peine. Il crut qu'il en deviendrait fou.

Enfin, vers minuit, le brouillard se dissipa, et Germain put voir les étoiles briller à travers les arbres. La lune se dégagea aussi des vapeurs qui la couvraient et commença à semer des diamants sur la mousse humide. Le tronc des chênes restait dans une majestueuse obscurité; mais, un peu plus loin, les tiges blanches des bouleaux semblaient une rangée de fantômes dans leurs suaires. Le feu se reflétait dans la mare; et les grenouilles, commençant à s'y habituer, hasardaient quelques notes grêles et timides; les branches anguleuses des vieux arbres, hérissées de pâles lichens, s'étendaient et s'entre-croisaient comme de grands bras décharnés sur la tête de nos voyageurs; c'était un bel endroit, mais si désert et si triste, que Germain, las d'y souffrir, se mit à chanter et à jeter des pierres dans l'eau pour s'étourdir sur l'ennui effrayant de la solitude. Il désirait aussi éveiller la petite Marie; et, lorsqu'il vit qu'elle se levait et regardait le temps, il lui proposa de se remettre en route.

— Dans deux heures, lui dit-il, l'approche du jour rendra l'air si froid, que nous ne pourrons plus y tenir, malgré notre feu... A présent, on voit à se conduire, et nous trouverons bien une maison qui nous ouvrira, ou du moins quelque grange où nous pourrons passer à couvert le reste de la nuit.

Marie n'avait pas de volonté; et, quoiqu'elle eût encore grande envie de dormir, elle se disposa à suivre Germain.

Celui-ci prit son fils dans ses bras sans le réveiller, et voulut que

Marie s'approchât de lui pour se cacher dans son manteau, puisqu'elle ne voulait pas reprendre sa cape roulée autour du petit Pierre.

Quand il sentit la jeune fille si près de lui, Germain, qui s'était distrait et égayé un instant, recommença à perdre la tête. Deux ou trois fois il s'éloigna brusquement, et la laissa marcher seule. Puis, voyant qu'elle avait peine à le suivre, il l'attendait, l'attirait vivement près de lui, et la pressait si fort, qu'elle en était étonnée et même fâchée sans oser le dire.

Comme ils ne savaient point du tout de quelle direction ils étaient partis, ils ne savaient pas celle qu'ils suivaient; si bien, qu'ils remontèrent encore une fois tout le bois, se retrouvèrent, de nouveau, en face de la lande déserte, revinrent sur leurs pas, et, après avoir tourné et marché longtemps, ils aperçurent de la clarté à travers les branches.

— Bon ! voici une maison, dit Germain, et des gens déjà éveillés, puisque le feu est allumé. Il est donc bien tard ?

Mais ce n'était pas une maison : c'était le feu de bivac qu'ils avaient couvert en partant, et qui s'était rallumé à la brise.

Ils avaient marché pendant deux heures pour se retrouver au point de départ.

XI

A LA BELLE ÉTOILE

— Pour le coup, j'y renonce ! dit Germain en frappant du pied. On nous a jeté un sort, c'est bien sûr, et nous ne sortirons d'ici qu'au grand jour. Il faut que cet endroit soit endiablé.

— Allons, allons, ne nous fâchons pas, dit Marie, et prenons-en notre parti. Nous ferons un plus grand feu, l'enfant est si bien enveloppé, qu'il ne risque rien, et pour passer une nuit dehors nous n'en mourrons point. Où avez-vous caché la bâtine, Germain ? Au milieu des houx, grand étourdi! C'est commode pour aller la reprendre!

— Tiens l'enfant, prends-le, que je retire son lit des broussailles ; je ne veux pas que tu te piques les mains.

— C'est fait, voici le lit, et quelques piqûres ne sont pas des coups de sabre, reprit la brave petite fille.

Elle procéda de nouveau au coucher du petit Pierre, qui était si bien endormi cette fois, qu'il ne s'aperçut en rien de ce nouveau voyage. Germain mit tant de bois au feu que toute la forêt en resplendit à la ronde : mais la petite Marie n'en pouvait plus, et, quoiqu'elle ne se plaignît de rien, elle ne se soutenait plus sur ses jambes. Elle était pâle et ses dents claquaient de froid et de faiblesse. Germain la prit dans ses bras pour la réchauffer ; et l'inquiétude, la compassion, des mouvements de tendresse irrésistible s'emparant de son cœur, firent taire ses sens. Sa langue se délia comme par miracle, et, toute honte cessant :

— Marie, lui dit-il, tu me plais, et je suis bien malheureux de ne pas te plaire. Si tu voulais m'accepter pour ton mari, il n'y aurait ni beau-père, ni parents, ni voisins, ni conseils, qui pussent m'empêcher de me donner à toi. Je sais que tu rendrais mes enfants heureux, que tu leur apprendrais à respecter le souvenir de leur mère, et, ma conscience étant en repos, je pourrais contenter mon cœur. J'ai toujours eu de l'amitié pour toi ; et, à présent je me sens si amoureux, que, si tu me demandais de faire toute ma vie tes mille volontés, je te le jurerais sur l'heure. Vois, je t'en prie, comme je t'aime, et tâche d'oublier mon âge. Pense que c'est une fausse idée qu'on se fait quand on croit qu'un homme de trente ans est vieux. D'ailleurs, je n'ai que vingt-huit ans ! une jeune fille craint de se faire critiquer en prenant un homme qui a dix ou douze ans de plus qu'elle, parce que ce n'est pas la coutume du pays ; mais j'ai entendu dire que dans d'autres pays on ne regardait point à cela ; qu'au contraire on aimait mieux donner pour soutien, à une jeunesse, un homme raisonnable et d'un courage bien éprouvé qu'un jeune gars qui peut se déranger, et, de bon sujet qu'on le croyait, devenir un mauvais garnement. D'ailleurs les années ne font pas toujours l'âge. Cela dépend de la force et de la santé qu'on a. Quand un homme est usé par trop de travail et de misère ou par la mauvaise conduite, il est vieux avant vingt-cinq ans. Au lieu que moi... Mais tu ne m'écoutes pas, Marie!

— Si fait, Germain, je vous entends bien, répondit la petite Marie, mais je songe à ce que m'a toujours dit ma mère : c'est qu'une femme de soixante ans est bien à plaindre quand son mari en a soixante-dix ou soixante-quinze, et qu'il ne peut plus travailler pour la nourrir. Il devient infirme, et il faut qu'elle le soigne à l'âge où elle commencerait elle-même à avoir grand besoin de ménagement et de repos. C'est ainsi qu'on arrive à finir sur la paille.

— Les parents ont raison de dire cela, j'en conviens, Marie, reprit Germain ; mais enfin ils sacrifieraient tout le temps de la jeunesse, qui est le meilleur, à prévoir ce qu'on deviendra à l'âge où l'on n'est plus bon à rien, et où il est indifférent de finir d'une manière ou d'une autre. Mais moi, je ne suis pas dans le danger de mourir de faim sur mes vieux jours. Je suis à même d'amasser quelque chose, puisque, vivant avec les parents de ma femme, je travaille beaucoup et je ne dépense rien. D'ailleurs, je t'aimerai tant, vois-tu, que ça m'empêchera de vieillir. On dit que, quand un homme est heureux, il se conserve, et je sens bien que je suis plus jeune que Bastien pour t'aimer; car il ne t'aime pas, lui, il est trop bête, trop enfant pour comprendre comme tu es jolie et bonne, et faite pour être recherchée. Allons, Marie, ne me déteste pas, je ne suis pas un méchant homme : j'ai rendu ma Catherine heureuse, elle a dit devant Dieu à son lit de mort qu'elle n'avait jamais eu de moi que du contentement, et elle m'a recommandé de me remarier. Il semble que son esprit ait parlé ce soir à son enfant, au moment où il s'est endormi. Est-ce que tu n'as pas entendu ce qu'il disait? et comme sa petite bouche tremblait, pendant que ses yeux regardaient en l'air quelque chose que nous ne pouvions pas voir! Il voyait sa mère, sois-en sûre, et c'était elle qui lui faisait dire qu'il te voulait pour la remplacer.

— Germain, répondit Marie tout étonnée et toute pensive, vous parlez honnêtement et tout ce que vous dites est vrai. Je suis sûre que je ferais bien de vous aimer, si ça ne mécontentait pas trop vos parents : mais que voulez-vous que j'y fasse? le cœur ne m'en dit pas pour vous. Je vous aime bien; mais, quoique votre âge ne vous enlaidisse pas, il me fait peur. Il me semble que vous êtes quelque chose pour moi, comme un oncle ou un parrain; que je vous dois le respect, et que vous auriez des moments où vous me traiteriez comme une petite fille plutôt que comme votre femme et votre égale. Enfin, mes camarades se moqueraient peut-être de moi, et, quoique ça soit une sottise de faire attention à cela, je crois que je serais honteuse et un peu triste le jour de mes noces.

— Ce sont là des raisons d'enfant; tu parles tout à fait comme un enfant, Marie !

— Eh bien, oui; je suis un enfant, dit-elle, et c'est à cause de cela que je crains un homme trop raisonnable. Vous voyez bien que je suis trop jeune pour vous, puisque déjà vous me reprochez de parler sans raison ! Je ne puis pas avoir plus de raison que mon âge n'en comporte.

— Hélas! mon Dieu, que je suis donc à plaindre d'être si maladroit et de dire si mal ce que je pense! s'écria Germain. Marie, vous ne m'aimez pas, voilà le fait; vous me trouvez trop simple et trop lourd. Si vous m'aimiez un peu, vous ne verriez pas si clairement mes défauts. Mais vous ne m'aimez pas, voilà !

— Eh bien, ce n'est pas ma faute, répondit-elle, un peu blessée de ce qu'il ne la tutoyait plus; j'y fais mon possible en vous écoutant, mais plus je m'y essaye et moins je peux me mettre dans la tête que nous devions être mari et femme.

Germain ne répondit pas. Il mit sa tête dans ses deux mains, et il fut impossible à la petite Marie de savoir s'il pleurait, s'il boudait, ou s'il était endormi. Elle fut un peu inquiète de le voir si morne et de ne pas deviner ce qu'il roulait dans son esprit; mais elle n'osa pas lui parler davantage, et, comme elle était trop étonnée de ce qui venait de se passer pour avoir envie de se rendormir, elle attendit le jour avec impatience, soignant toujours le feu et veillant l'enfant, dont Germain paraissait ne plus se souvenir. Cependant Germain ne dormait point; il ne réfléchissait pas à son sort et ne faisait ni projets de courage ni plans de séduction. Il souffrait, il avait une montagne d'ennuis sur le cœur. Il aurait voulu être mort. Tout lui paraissait devoir tourner mal pour lui, et, s'il eût pu pleurer, il ne l'aurait pas fait à demi. Mais il y avait un peu de colère contre lui-même mêlée à sa peine; et il étouffait sans pouvoir et sans vouloir se plaindre.

Quand le jour fut venu et que les bruits de la campagne l'annoncèrent à Germain, il sortit son visage de ses mains et se leva. Il vit que la petite Marie n'avait pas dormi non plus, mais il ne sut rien lui dire pour marquer sa sollicitude. Il était tout à fait découragé. Il cacha de nouveau le bât de la Grise dans les buissons, prit son sac sur son épaule, et, tenant son fils par la main :

— A présent, Marie, dit-il, nous allons tâcher d'achever notre voyage. Veux-tu que je te conduise aux Ormeaux?

— Nous sortirons du bois ensemble, lui répondit-elle, et, quand nous saurons où nous sommes, nous irons chacun de notre côté.

Germain ne répondit pas. Il était blessé de ce que la jeune fille ne lui demandait pas de la mener jusqu'aux Ormeaux, et il ne s'apercevait pas qu'il le lui avait offert d'un ton qui semblait provoquer un refus.

Un bûcheron qu'ils rencontrèrent au bout de deux cents pas les mit dans le bon chemin, et leur dit qu'après avoir passé la grande prairie ils n'avaient qu'à prendre, l'un tout droit, l'autre sur la gauche, pour gagner leurs différents gîtes, qui étaient d'ailleurs si voisins qu'on voyait distinctement les maisons de Fourche de la ferme des Ormeaux, et réciproquement.

Puis, quand ils eurent remercié et dépassé le bûcheron, celui-ci les rappela pour leur demander s'ils n'avaient pas perdu un cheval.

— J'ai trouvé, leur dit-il, une belle jument grise dans ma cour, où peut-être le loup l'aura forcée de chercher un refuge. Mes chiens ont *jappé à nuitée*, et au point du jour j'ai vu la bête chevaline sous mon hangar; elle y est encore. Allons-y, et, si vous la reconnaissez, emmenez-la.

Germain, ayant donné d'avance le signalement de la Grise et s'étant convaincu qu'il s'agissait bien d'elle, se mit en route pour aller rechercher son bât. La petite Marie lui offrit alors de conduire son enfant aux Ormeaux, où il viendrait le reprendre lorsqu'il aurait fait son entrée à Fourche.

— Il est un peu malpropre, après la nuit que nous avons passée, dit-elle. Je nettoierai ses habits, je laverai son joli museau, je le peignerai, et, quand il sera beau et brave, vous pourrez le présenter à votre nouvelle famille.

— Et qui te dit que je veuille aller à Fourche? répondit Germain avec humeur. Peut-être n'irai-je pas!

— Si fait, Germain, vous devez y aller, vous irez, reprit la jeune fille.

— Tu es bien pressée que je me marie avec une autre, afin d'être sûre que je ne t'ennuierai plus?

— Allons, Germain, ne pensez plus à cela; c'est une idée qui vous est venue dans la nuit, parce que cette mauvaise aventure avait un peu dérangé vos esprits. Mais à présent il faut que la raison vous revienne; je vous promets d'oublier ce que vous m'avez dit et de n'en jamais parler à personne.

— Eh! parles-en si tu veux! Je n'ai pas l'habitude de renier mes paroles. Ce que je t'ai dit était vrai, honnête, et je n'en rougirais devant personne.

— Oui; mais, si votre future savait qu'au moment d'arriver vous avez pensé à une autre, ça la disposerait mal pour vous. Ainsi faites attention aux paroles que vous direz maintenant; ne me regardez pas comme ça devant le monde, avec un air tout singulier. Songez au père Maurice qui compte sur votre obéissance, et qui serait bien en colère contre moi si je vous détournais de faire sa volonté. Bonjour, Germain; j'emmène Petit-Pierre afin de vous forcer d'aller à Fourche. C'est un gage que je vous garde.

— Tu veux donc aller avec elle? dit le laboureur à son fils, en voyant qu'il s'attachait aux mains de la petite Marie, et qu'il la suivait résolûment.

— Oui, père, répondit l'enfant qui avait écouté et compris à sa manière ce qu'on venait de dire sans méfiance devant lui. Je m'en vais avec ma Marie mignonne : tu viendras me chercher quand tu auras fini de te marier ; mais je veux que Marie reste ma petite mère.

— Tu vois bien qu'il le veut lui ! dit Germain à la jeune fille. Écoute, Petit-Pierre, ajouta-t-il, moi je le souhaite, qu'elle soit ta mère et qu'elle reste toujours avec toi : c'est elle qui ne le veut pas. Tâche qu'elle t'accorde ce qu'elle me refuse.

— Sois tranquille, mon père, je lui ferai dire oui : la petite Marie fait toujours ce que je veux.

Il s'éloigna avec la jeune fille. Germain resta seul, plus triste, plus irrésolu que jamais.

XII

LA LIONNE DU VILLAGE

Cependant, quand il eut réparé le désordre du voyage dans ses vêtements et dans l'équipage de son cheval, quand il fut monté sur la Grise et qu'on lui eut indiqué le chemin de Fourche, il pensa qu'il n'y avait plus à reculer, et qu'il fallait oublier cette nuit d'agitations comme un rêve dangereux.

Il trouva le père Léonard au seuil de sa maison blanche, assis sur un beau banc de bois peint en vert-épinard. Il y avait six marches de pierre disposées en perron, ce qui faisait voir que la maison avait une cave. Le mur du jardin et de la chenevière était crépi à chaux et à sable. C'était une belle habitation ; il s'en fallait de peu qu'on ne la prît pour une maison de bourgeois.

Le futur beau-père vint au-devant de Germain, et, après lui avoir demandé, pendant cinq minutes, des nouvelles de toute sa famille, il ajouta la phrase consacrée à questionner poliment ceux qu'on rencontre, sur le but de leur voyage : *Vous êtes donc venu pour vous promener par ici ?*

Et poussant Germain par les épaules avec une rude gaieté : Allons, Catherine, s'écria-t-il en entrant dans la maison, en voilà un de plus !

— Je suis venu vous voir, répondit le laboureur, et vous présenter ce petit cadeau de gibier de la part de mon beau-père, en vous disant aussi, de sa part, que vous devez savoir dans quelles intentions je viens chez vous.

— Ah! ah! dit le père Léonard en riant et en frappant sur son estomac rebondi, je vois, j'entends, j'y suis! Et, clignant de l'œil, il ajouta : Vous ne serez pas le seul à faire vos compliments, mon jeune homme. Il y en a déjà trois à la maison qui attendent comme vous. Moi, je ne renvoie personne, et je serais bien embarrassé de donner tort ou raison à quelqu'un, car ce sont tous de bons partis. Pourtant, à cause du père Maurice et de la qualité des terres que vous cultivez, j'aimerais mieux que ce fût vous. Mais ma fille est majeure et maîtresse de son bien; elle agira donc selon son idée. Entrez, faites-vous connaître; je souhaite que vous ayez le bon numéro!

— Pardon, excuse, répondit Germain, fort surpris de se trouver en surnuméraire là où il avait compté d'être seul. Je ne savais pas que votre fille fût déjà pourvue de prétendants, et je n'étais pas venu pour la disputer aux autres.

— Si vous avez cru que, parce que vous tardiez à venir, répondit, sans perdre sa bonne humeur, le père Léonard, ma fille se trouvait au dépourvu, vous vous êtes grandement trompé, mon garçon. La Catherine a de quoi attirer les épouseurs, et elle n'aura que l'embarras du choix. Mais, entrez à la maison, vous dis-je, et ne perdez pas courage. C'est une femme qui vaut la peine d'être disputée.

Et, poussant Germain par les épaules avec une rude gaieté :

— Allons, Catherine, s'écria-t-il en entrant dans la maison, en voilà un de plus!

Cette manière joviale, mais grossière, d'être présenté à la veuve, en présence de ses autres soupirants, acheva de troubler et de mécontenter le laboureur. Il se sentit gauche et resta quelques instants sans oser lever les yeux sur la belle et sur sa cour.

La veuve Guérin était bien faite et ne manquait pas de fraîcheur. Mais elle avait une expression de visage et une toilette qui déplurent tout d'abord à Germain. Elle avait l'air hardi et content d'elle-même, et ses cornettes garnies d'un triple rang de dentelle, son tablier de soie et son fichu de blonde noire étaient peu en rapport avec l'idée qu'il s'était faite d'une veuve sérieuse et rangée. Cette recherche d'habillements et ces manières dégagées la lui firent trouver vieille et laide, quoiqu'elle ne fût ni l'un ni l'autre. Il pensa qu'une si jolie parure et des manières si enjouées siéraient à l'âge et à l'esprit fin de la petite Marie, mais que cette veuve avait la plaisanterie lourde et hasardée, et qu'elle portait sans distinction ses beaux atours.

Les trois prétendants étaient assis à une table chargée de vins et de viandes, qui étaient là en permanence pour eux toute la matinée du dimanche; car le père Léonard aimait à faire montre de sa richesse, et la veuve n'était pas fâchée non plus d'étaler sa belle vaisselle, et de tenir table comme une rentière. Germain, tout simple et confiant qu'il était, observa les choses avec assez de pénétration, et pour la première fois de sa vie il se tint sur la défensive en trinquant. Le père Léonard l'avait forcé de prendre place avec ses rivaux, et, s'asseyant lui-même vis-à-vis de lui, il le traitait de son mieux, et s'occupait de lui avec prédilection. Le cadeau de gibier, malgré la brèche que Germain y avait faite pour son propre compte, était encore assez copieux pour produire de l'effet. La veuve y parut sensible, et les prétendants y jetèrent un coup d'œil de dédain.

Germain se sentait mal à l'aise en cette compagnie et ne mangeait pas de bon cœur. Le père Léonard l'en plaisanta.

— Vous voilà bien triste, lui dit-il, et vous boudez contre votre verre. Il ne faut pas que l'amour vous coupe l'appétit, car un galant à jeun ne sait point trouver de jolies paroles comme celui qui s'est éclairci les idées avec une petite pointe de vin. Germain fut mortifié qu'on le supposât déjà amoureux, et l'air maniéré de la veuve, qui baissa les yeux en souriant, comme une personne sûre de son fait, lui donna l'envie de protester contre sa prétendue défaite; mais il craignit de paraître incivil, sourit et prit patience.

Les galants de la veuve lui parurent trois rustres. Il fallait qu'ils fussent bien riches pour qu'elle admît leurs prétentions. L'un avait plus de quarante ans et était quasi aussi gros que le père Léonard ; un autre était borgne et buvait tant qu'il en était abruti ; le troisième était jeune et assez joli garçon ; mais il voulait faire de l'esprit et disait des choses si plates, que cela faisait pitié. Pourtant la veuve en riait comme si elle eût admiré toutes ces sottises, et, en cela, elle ne faisait pas preuve de goût. Germain crut d'abord qu'elle en était coiffée ; mais bientôt il s'aperçut qu'il était lui-même encouragé d'une manière particulière, et qu'on souhaitait qu'il se livrât davantage. Ce lui fut une raison pour se sentir et se montrer plus froid et plus grave.

L'heure de la messe arriva, et on se leva de table pour s'y rendre ensemble. Il fallait aller jusqu'à Mers, à une bonne demi-lieue de là, et Germain était si fatigué, qu'il eût fort souhaité avoir le temps de faire un somme auparavant ; mais il n'avait pas coutume de manquer la messe ; il se mit en route avec les autres.

Les chemins étaient couverts de monde et la veuve marchait d'un air fier, escortée de ses trois prétendants, donnant le bras tantôt à l'un, tantôt à l'autre, se rengorgeant et portant haut la tête. Elle eût fort souhaité produire le quatrième aux yeux des passants ; mais Germain trouva si ridicule d'être traîné ainsi de compagnie par un cotillon à la vue de tout le monde, qu'il se tint à distance convenable, causant avec le père Léonard, et trouvant moyen de le distraire et de l'occuper assez pour qu'ils n'eussent point l'air de faire partie de la bande.

XIII

LE MAITRE

Lorsqu'ils atteignirent le village, la veuve s'arrêta pour les attendre. Elle voulait absolument faire son entrée avec tout son monde ; mais Germain, lui refusant cette satisfaction, quitta le père Léonard, accosta plusieurs personnes de sa connaissance, et entra dans l'église par une autre porte. La veuve en eut du dépit.

Après la messe, elle se montra partout triomphante sur la pelouse où l'on dansait, et ouvrit la danse avec ses trois amoureux successivement. Germain la regarda faire et trouva qu'elle dansait bien, mais avec affectation.

— Eh bien, lui dit Léonard en lui frappant sur l'épaule, vous ne faites donc pas danser ma fille? Vous êtes aussi par trop timide!

— Je ne danse plus depuis que j'ai perdu ma femme, répondit le laboureur.

— Eh bien, puisque vous en recherchez une autre, le deuil est fini dans le cœur comme sur l'habit.

— Ce n'est pas une raison, père Léonard; d'ailleurs je me trouve trop vieux, je n'aime plus la danse.

— Écoutez, reprit Léonard en l'attirant dans un endroit isolé, vous avez pris du dépit, en entrant chez moi, de voir la place déjà entourée d'assiégeants, et je vois que vous êtes très-fier; mais ceci n'est pas raisonnable, mon garçon. Ma fille est habituée à être courtisée, surtout depuis deux ans qu'elle a fini son deuil, et ce n'est pas à elle à aller au-devant de vous.

— Il y a déjà deux ans que votre fille est à marier, et elle n'a pas encore pris son parti? dit Germain.

— Elle ne veut pas se presser, et elle a raison. Quoiqu'elle ait la mine éveillée et qu'elle vous paraisse peut-être ne pas beaucoup réfléchir, c'est une femme d'un grand sens, et qui sait fort bien ce qu'elle fait.

— Il ne me semble pas, dit Germain ingénument, car elle a trois galants à sa suite, et, si elle savait ce qu'elle veut, il y en aurait au moins deux qu'elle trouverait de trop et qu'elle prierait de rester chez eux.

— Pourquoi donc? vous n'y entendez rien, Germain. Elle ne veut ni du vieux, ni du borgne, ni du jeune, j'en suis quasi certain; mais, si elle les renvoyait, on penserait qu'elle veut rester veuve, et il n'en viendrait pas d'autre.

— Ah! oui, ceux-là servent d'enseigne!
— Comme vous dites. Où est le mal, si cela leur convient?
— Chacun son goût! dit Germain.
— Je vois que ce ne serait pas le vôtre. Mais voyons, on peut s'entendre : à supposer que vous soyez préféré, on pourrait vous laisser la place.
— Oui, à supposer! Et en attendant qu'on puisse le savoir, combien de temps faudrait-il rester le nez au vent?
— Ça dépend de vous, je crois, si vous savez parler et persuader. Jusqu'ici ma fille a très-bien compris que le meilleur temps de sa vie serait celui qu'elle passerait à se laisser courtiser, et elle ne se sent pas pressée de devenir la servante d'un homme, quand elle peut commander à plusieurs. Ainsi, tant que le jeu lui plaira, elle peut se divertir; mais, si vous plaisez plus que le jeu, le jeu pourra cesser. Vous n'avez qu'à ne pas vous rebuter. Revenez tous les dimanches, faites-la danser, donnez à connaître que vous vous mettez sur les rangs, et, si on vous trouve plus aimable et mieux appris que les autres, un beau jour on vous le dira sans doute.
— Pardon, père Léonard, votre fille a le droit d'agir comme elle l'entend, et je n'ai pas celui de la blâmer. A sa place, moi, j'agirais autrement; j'y mettrais plus de franchise et je ne ferais pas perdre du temps à des hommes qui ont sans doute quelque chose de mieux à faire qu'à tourner autour d'une femme qui se moque d'eux. Mais, enfin, si elle trouve son amusement et son bonheur à cela, cela ne me regarde point. Seulement, il faut que je vous dise une chose qui m'embarrasse un peu à vous avouer depuis ce matin, vu que vous avez commencé par vous tromper sur mes intentions, et que vous ne m'avez pas donné le temps de vous répondre : si bien que vous croyez ce qui n'est point. Sachez donc que je ne suis pas venu ici dans la vue de demander votre fille en mariage, mais dans celle de vous acheter une paire de bœufs que vous voulez conduire en foire la semaine prochaine, et que mon beau-père suppose lui convenir.
— J'entends, Germain, répondit Léonard fort tranquillement; vous avez changé d'idée en voyant ma fille avec ses amoureux. C'est comme il vous plaira. Il paraît que ce qui attire les uns rebute les

autres, et vous avez le droit de vous retirer, puisque aussi bien vous n'avez pas encore parlé. Si vous voulez sérieusement acheter mes bœufs, venez les voir au pâturage ; nous en causerons, et, que nous fassions ou non ce marché, vous viendrez dîner avec nous avant de vous en retourner.

— Je ne veux pas que vous vous dérangiez, reprit Germain ; vous avez peut-être affaire ici ; moi, je m'ennuie un peu de voir danser et de ne rien faire. Je vais voir vos bêtes, et je vous trouverai tantôt chez vous.

Là-dessus Germain s'esquiva et se dirigea vers les prés où Léonard lui avait, en effet, montré de loin une partie de son bétail. Il était vrai que le père Maurice en avait à acheter, et Germain pensa que, s'il lui ramenait une belle paire de bœufs d'un prix modéré, il se ferait mieux pardonner d'avoir manqué volontairement le but de son voyage.

Il marcha vite et se trouva bientôt à peu de distance des Ormeaux. Il éprouva alors le besoin d'aller embrasser son fils, et même de revoir la petite Marie, quoiqu'il eût perdu l'espoir et chassé la pensée de lui devoir son bonheur. Tout ce qu'il venait de voir et d'entendre, cette femme coquette et vaine, ce père à la fois rusé et borné, qui encourageait sa fille dans des habitudes d'orgueil et de déloyauté, ce luxe des villes, qui lui paraissait une infraction à la dignité des mœurs de la campagne, ce temps perdu à des paroles oiseuses et niaises, cet intérieur si différent du sien, et surtout ce malaise profond que l'homme des champs éprouve lorsqu'il sort de ses habitudes laborieuses, tout ce qu'il avait subi d'ennui et de confusion depuis quelques heures donnait à Germain l'envie de se retrouver avec son enfant et sa petite voisine. N'eût-il pas été amoureux de cette dernière, il l'aurait encore cherchée pour se distraire et remettre ses esprits dans leur assiette accoutumée.

Mais il regarda en vain dans les prairies environnantes, il n'y trouva ni la petite Marie ni le petit Pierre : il était pourtant l'heure où les pasteurs sont aux champs. Il y avait un grand troupeau dans une *chôme* ; il demanda à un jeune garçon, qui le gardait, si c'étaient les moutons de la métairie des Ormeaux.

— Oui, dit l'enfant.

— En êtes-vous le berger? est-ce que les garçons gardent les bêtes à laine de métairies dans votre endroit?

— Non. Je les garde aujourd'hui parce que la bergère est partie : elle était malade.

— Mais n'avez-vous pas une nouvelle bergère, arrivée de ce matin?

— Oh bien oui ! elle est déjà partie aussi.

— Comment, partie? n'avait-elle pas un enfant avec elle?

— Oui : un petit garçon qui a pleuré. Ils se sont en allés tous les deux au bout de deux heures.

— En allés, où?

— D'où ils venaient, apparemment. Je ne le leur ai pas demandé.

— Mais pourquoi donc s'en allaient-ils? dit Germain de plus en plus inquiet.

— Dame ! est-ce que je sais?

— On ne s'est pas entendu sur le prix? ce devait être pourtant une chose convenue d'avance.

— Je ne peux rien vous en dire. Je les ai vus entrer et sortir, voilà tout.

Germain se dirigea vers la ferme et questionna les métayers. Personne ne put lui expliquer le fait ; mais il était constant qu'après avoir causé avec le fermier la jeune fille était partie sans rien dire, emmenant l'enfant qui pleurait.

— Est-ce qu'on a maltraité mon fils? s'écria Germain, dont les yeux s'enflammèrent.

— C'était donc votre fils? Comment se trouvait-il avec cette petite? D'où êtes-vous donc, et comment vous appelle-t-on?

Germain, voyant que, selon l'habitude du pays, on allait répondre à ses questions par d'autres questions, frappa du pied avec impatience et demanda à parler au maître.

Le maître n'y était pas : il n'avait pas coutume de rester la journée entière quand il venait à la ferme. Il était monté à cheval, et il était parti on ne savait pour quelle autre de ses fermes.

— Mais enfin, dit Germain en proie à une vive anxiété, ne pouvez-vous savoir la raison du départ de cette jeune fille?

Le métayer échangea un sourire étrange avec sa femme, puis il répondit qu'il n'en savait rien, que cela ne le regardait pas. Tout ce que Germain put apprendre, c'est que la jeune fille et l'enfant étaient allés du côté de Fourche. Il courut à Fourche: la veuve et ses amoureux n'étaient pas de retour, non plus que le père Léonard. La servante lui dit qu'une jeune fille et un enfant étaient venus le demander, mais que, ne les connaissant pas, elle n'avait pas voulu les recevoir et leur avait conseillé d'aller à Mers.

— Et pourquoi avez-vous refusé de les recevoir? dit Germain avec humeur. On est donc bien méfiant dans ce pays-ci, qu'on n'ouvre pas la porte à son prochain?

— Ah! dame, répondit la servante, dans une maison riche comme celle-ci on a raison de faire bonne garde. Je réponds de tout quand les maîtres sont absents, et je ne peux pas ouvrir aux premiers venus.

— C'est une laide coutume, dit Germain, et j'aimerais mieux être pauvre que de vivre comme cela dans la crainte. Adieu, la fille, adieu à votre vilain pays!

Il s'enquit dans les maisons environnantes. On avait vu la bergère et l'enfant. Comme le petit était parti de Belair à l'improviste, sans toilette, avec sa blouse un peu déchirée et sa petite peau d'agneau sur le corps; comme aussi la petite Marie était, pour cause, fort pauvrement vêtue en tout temps, on les avait pris pour des mendiants. On leur avait offert du pain; la jeune fille en avait accepté un morceau pour l'enfant, qui avait faim, puis elle était partie très-vite avec lui, et avait gagné les bois.

Germain réfléchit un instant, puis il demanda si le fermier des Ormeaux n'était pas venu à Fourche.

— Oui, lui répondit-on; il a passé à cheval peu d'instants après cette petite.

— Est-ce qu'il a couru après elle?

— Ah! vous le connaissez donc? dit en riant le cabaretier de l'endroit, auquel il s'adressait. Oui, certes; c'est un gaillard endiablé pour courir après les filles. Mais je ne crois pas qu'il ait attrapé celle-là; quoique, après tout, s'il l'eût vue...

— C'est assez, merci!

Et il vola plutôt qu'il ne courut à l'écurie de Léonard. Il jeta la bâtine sur la Grise, sauta dessus, et partit au grand galop dans la direction des bois de Chanteloube.

Le cœur lui bondissait d'inquiétude et de colère, la sueur lui coulait du front. Il mettait en sang les flancs de la Grise, qui, en se voyant sur le chemin de son écurie, ne se faisait pourtant pas prier pour courir.

XIV

LA VIEILLE

Germain se retrouva bientôt à l'endroit où il avait passé la nuit au bord de la mare. Le feu fumait encore; une vieille femme ramassait le reste de la provision de bois mort que la petite Marie y avait entassée. Germain s'arrêta pour la questionner. Elle était sourde, et, se méprenant sur ses interrogations :

— Oui, mon garçon, dit-elle, c'est ici la Mare au Diable. C'est un mauvais endroit, et il ne faut pas en approcher sans jeter trois pierres dedans de la main gauche, en faisant le signe de la croix de la main droite : ça éloigne les esprits. Autrement il arrive des malheurs à ceux qui en ont fait le tour.

— Je ne vous parle pas de ça, dit Germain en s'approchant d'elle et en criant à tue-tête : N'avez-vous pas vu passer dans le bois une fille et un enfant?

— Oui, dit la vieille, il s'y est noyé un petit enfant!

Germain frémit de la tête aux pieds; mais heureusement la vieille ajouta :

— Il y a bien longtemps de ça : en mémoire de l'accident on y avait planté une belle croix; mais, par une nuit de grand orage, les mauvais esprits l'ont jetée dans l'eau. On peut en voir encore un bout. Si quelqu'un avait le malheur de s'arrêter ici la nuit, il serait bien sûr de ne pouvoir jamais en sortir avant le jour. Il aurait beau marcher, marcher, il pourrait faire deux cents lieues dans le bois et se retrouver toujours à la même place.

L'imagination du laboureur se frappa malgré lui de ce qu'il entendait, et l'idée du malheur qui devait arriver pour achever de justifier les assertions de la vieille femme s'empara si bien de sa tête, qu'il se sentit froid par tout le corps. Désespérant d'obtenir d'autres renseignements, il remonta à cheval et recommença à parcourir le bois en appelant Pierre de toutes ses forces, et en sifflant, faisant claquer son fouet, cassant les branches pour remplir la forêt du bruit de sa marche, écoutant ensuite si quelque voix lui répondait; mais il n'entendait que la cloche des vaches éparses dans les taillis, et le cri sauvage des porcs qui se disputaient la glandée.

Enfin Germain entendit derrière lui le bruit d'un cheval qui courait sur ses traces, et un homme entre deux âges, brun, robuste, habillé comme un demi-bourgeois, lui cria de s'arrêter. Germain n'avait jamais vu le fermier des Ormeaux; mais un instinct de rage lui fit juger tout de suite que c'était lui. Il se retourna, et, le toisant de la tête aux pieds, il attendit ce qu'il avait à lui dire.

— N'avez-vous pas vu passer par ici une jeune fille de quinze ou seize ans, avec un petit garçon? dit le fermier en affectant un air d'indifférence, quoiqu'il fût visiblement ému.

— Et que lui voulez-vous? répondit Germain sans chercher à déguiser sa colère.

— Je pourrais vous dire que ça ne vous regarde pas, mon camarade! mais, comme je n'ai pas de raisons pour le cacher, je vous dirai que c'est une bergère que j'avais louée pour l'année sans la connaître... Quand je l'ai vue arriver, elle m'a semblé trop jeune et trop faible pour l'ouvrage de la ferme. Je l'ai remerciée, mais je voulais lui payer les frais de son petit voyage, et elle est partie fâchée, pendant que j'avais le dos tourné... Elle s'est tant pressée, qu'elle a même oublié une partie de ses effets et de sa bourse, qui ne contient pas grand'chose, à coup sûr; quelques sous probablement !... mais enfin, comme j'avais à passer par ici, je pensais la rencontrer et lui remettre ce qu'elle a oublié et ce que je lui dois.

Germain avait l'âme trop honnête pour ne pas hésiter en entendant cette histoire, sinon très-vraisemblable, du moins possible. Il attachait un regard perçant sur le fermier, qui soutenait cette investigation avec beaucoup d'impudence ou de candeur.

— Je veux en avoir le cœur net, se dit Germain.

Et, contenant son indignation :

— C'est une fille de chez nous, dit-il; je la connais; elle doit être par ici... Avançons ensemble... nous la retrouverons sans doute.

— Vous avez raison, dit le fermier. Avançons... Et pourtant, si nous ne la trouvons pas au bout de l'avenue, j'y renonce... car il faut que je prenne le chemin d'Ardentes.

— Oh ! pensa le laboureur, je ne te quitte pas ! quand même je devrais tourner pendant vingt-quatre heures avec toi autour de la Mare au Diable. Attendez ! dit tout à coup Germain en fixant des yeux une touffe de genêts qui s'agitait singulièrement : Holà ! holà ! Petit-Pierre ! est-ce toi, mon enfant ?

L'enfant, reconnaissant la voix de son père, sortit des genêts en sautant comme un chevreuil; mais, quand il le vit dans la compagnie du fermier, il s'arrêta comme effrayé et resta incertain.

— Viens, mon Pierre ! viens, c'est moi ! s'écria le laboureur en courant après lui et en sautant à bas de son cheval pour le prendre dans ses bras : et où est la petite Marie ?

— Elle est là, qui se cache, parce qu'elle a peur de ce vilain homme noir, et moi aussi.

— Eh ! sois tranquille; je suis là... Marie ! Marie ! c'est moi !

Marie approcha en rampant, et, dès qu'elle vit Germain, que le fermier suivait de près, elle courut se jeter dans ses bras, et, s'attachant à lui comme une fille à son père :

— Ah ! mon brave Germain, lui dit-elle, vous me défendrez; je n'ai pas peur avec vous.

Germain eut le frisson. Il regarda Marie : elle était pâle, ses vêtements étaient déchirés par les épines où elle avait couru, cherchant le fourré, comme une biche traquée par les chasseurs. Mais il n'y avait ni honte ni désespoir sur sa figure.

— Ton maître veut te parler, lui dit-il en observant toujours ses traits.

— Mon maître? dit-elle fièrement; cet homme-là n'est pas mon maître et ne le sera jamais!... C'est vous, Germain, qui êtes mon maître. Je veux que vous me rameniez avec vous... Je vous servirai pour rien!

Le fermier s'était avancé, feignant un peu d'impatience.

— Eh! la petite, dit-il, vous avez oublié chez nous quelque chose que je vous rapporte.

— Nenni, monsieur, répondit la petite Marie, je n'ai rien oublié, et je n'ai rien à vous demander...

— Ecoutez un peu ici, reprit le fermier, j'ai quelque chose à vous dire, moi!... Allons!... n'ayez pas peur... deux mots seulement...

— Vous pouvez les dire tout haut... je n'ai pas de secrets avec vous.

— Venez prendre votre argent, au moins.

— Mon argent? Vous ne me devez rien, Dieu merci!

— Je m'en doutais bien, dit Germain à demi-voix; mais c'est égal, Marie... écoute ce qu'il a à te dire... car, moi, je suis curieux de le savoir. Tu me le diras après : j'ai mes raisons pour ça. Va auprès de son cheval... je ne te perds pas de vue.

Marie fit trois pas vers le fermier, qui lui dit, en se penchant sur le pommeau de sa selle et en baissant la voix.

— Petite, voilà un beau louis d'or pour toi! tu ne diras rien, entends-tu? Je dirai que je t'ai trouvée trop faible pour l'ouvrage de ma ferme... Et qu'il ne soit plus question de ça... Je repasserai par chez vous un de ces jours; et, si tu n'as rien dit, je te donnerai encore quelque chose... Et puis, et si tu es plus raisonnable, tu n'as qu'à parler : je te ramènerai chez moi, ou bien j'irai causer avec toi à la brune dans les prés... Quel cadeau veux-tu que je te porte?

C'est entendu, maintenant ! dit-il, et nous voyons assez de quoi il retourne... A terre, mon homme, à terre ! et causons tous les deux !

— Voilà, monsieur, le cadeau que je vous fais, moi! répondit à voix haute la petite Marie en lui jetant son louis d'or au visage, et même assez rudement. Je vous remercie beaucoup, et vous prie, quand vous repasserez par chez nous, de me faire avertir : tous les garçons de mon endroit iront vous recevoir, parce que chez nous, on aime fort les bourgeois qui veulent en conter aux pauvres filles! Vous verrez ça, on vous attendra.

— Vous êtes une menteuse et une sotte langue! dit le fermier courroucé en levant son bâton d'un air de menace. Vous voudriez faire croire ce qui n'est point; mais vous ne me tirerez pas d'argent : on connaît vos pareilles !

Marie s'était reculée effrayée; mais Germain s'était lancé à la bride du cheval du fermier, et, la secouant avec force.

— C'est entendu, maintenant! dit-il, et nous voyons assez de quoi il retourne... A terre! mon homme! à terre! et causons tous les deux!

Le fermier ne se souciait pas d'engager la partie : il éperonna son cheval pour se dégager, et voulut frapper de son bâton les mains du laboureur pour lui faire lâcher prise; mais Germain esquiva le coup, et, lui prenant la jambe, il le désarçonna et le fit tomber sur la fougère, où il le terrassa, quoique le fermier se fût remis sur ses pieds et se défendît vigoureusement. Quand il le tint sous lui :

— Homme de peu de cœur! lui dit Germain, je pourrais te rouer de coups si je voulais! Mais je n'aime pas à faire du mal, et d'ailleurs aucune correction n'amenderait ta conscience... Cependant tu ne bougeras pas d'ici que tu n'aies demandé pardon, à genoux, à cette jeune fille.

Le fermier, qui connaissait ces sortes d'affaires, voulut prendre la chose en plaisanterie. Il prétendit que son péché n'était pas si grave, puisqu'il ne consistait qu'en paroles, et qu'il voulait bien demander pardon, à condition qu'il embrasserait la fille, que l'on irait boire une pinte de vin au plus prochain cabaret et qu'on se quitterait bons amis.

— Tu me fais peine! lui répondit Germain en lui poussant la face contre terre, et j'ai hâte de ne plus voir ta méchante mine.

Tiens, rougis si tu peux, et tâche de prendre le chemin des *affronteux*[1] quand tu passeras par chez nous.

Il ramassa le bâton de houx du fermier, le brisa sur son genou pour lui montrer la force de ses poignets, et en jeta les morceaux au loin avec mépris.

Puis, prenant d'une main son fils, et de l'autre la petite Marie, il s'éloigna tout tremblant d'indignation.

XV

LE RETOUR À LA FERME

Au bout d'un quart d'heure ils avaient franchi les brandes. Ils trottaient sur la grand'route, et la Grise hennissait à chaque objet de sa connaissance. Petit-Pierre racontait à son père ce qu'il avait pu comprendre dans ce qui s'était passé.

— Quand nous sommes arrivés, dit-il, cet *homme-là* est venu pour parler à *ma Marie* dans la bergerie où nous avions été tout de suite, pour voir les beaux moutons. Moi, j'étais monté dans la crèche pour jouer, et cet *homme-là* ne me voyait pas. Alors il a dit bonjour à ma Marie, et il l'a embrassée.

— Tu t'es laissé embrasser, Marie? dit Germain tout tremblant de colère.

— J'ai cru que c'était une honnêteté, une coutume de l'endroit aux arrivées, comme, chez vous, la grand'mère embrasse les jeunes filles qui entrent à son service, pour leur faire voir qu'elle les adopte et qu'elle leur sera comme une mère.

— Et puis alors, reprit Petit-Pierre, qui était fier d'avoir à ra-

[1] C'est le chemin qui détourne de la rue principale à l'entrée des villages et les côtoie à l'extérieur. On suppose que les gens qui craignent de recevoir quelque affront mérité le prennent pour éviter d'être vus.

conter une aventure, cet *homme-là* t'a dit quelque chose de vilain, quelque chose que tu m'as dit de ne jamais répéter et de ne pas m'en souvenir : aussi je l'ai oublié bien vite. Cependant, si mon père veut que je lui dise ce que c'était…

— Non, mon Pierre, je ne veux pas l'entendre, et je veux que tu ne t'en souviennes jamais.

— En ce cas je vas l'oublier encore, reprit l'enfant. Et puis alors, cet *homme-là* a eu l'air de se fâcher, parce que Marie lui disait qu'elle s'en irait. Il lui a dit qu'il lui lui donnerait tout ce qu'elle voudrait, cent francs ! Et ma Marie s'est fâchée aussi. Alors il est venu contre elle, comme s'il voulait lui faire du mal. J'ai eu peur, et je me suis jeté contre Marie en criant. Alors cet *homme-là* a dit comme ça : « Qu'est-ce que c'est que ça ? d'où sort cet enfant-là ? Mettez-moi ça dehors. » Et il a levé son bâton pour me battre. Mais ma Marie l'a empêché, et elle lui a dit comme ça : « Nous causerons plus tard, monsieur ; à présent il faut que je conduise cet enfant-là à Fourche, et puis je reviendrai. » Et aussitôt qu'il a été sorti de la bergerie, ma Marie m'a dit comme ça : « Sauvons-nous, mon Pierre, allons-nous-en d'ici bien vite, car cet homme-là est méchant, et il ne nous ferait que du mal. » Alors nous avons passé derrière les granges, nous avons passé un petit pré, et nous avons été à Fourche pour te chercher. Mais tu n'y étais pas, et on n'a pas voulu nous laisser t'attendre. Et alors cet *homme-là*, qui était monté sur son cheval noir, est venu derrière nous, et nous nous sommes sauvés plus loin, et puis nous avons été nous cacher dans le bois. Et puis il y est venu aussi, et, quand nous l'entendions venir, nous nous cachions. Et puis, quand il avait passé, nous recommencions à courir pour nous en aller chez nous ; et puis enfin tu es venu, et tu nous as trouvés ; et voilà comme tout ça est arrivé. N'est-ce pas, ma Marie, que je n'ai rien oublié ?

— Non, mon Pierre, et ça est la vérité. A présent, Germain, vous rendrez témoignage pour moi, et vous direz à tout le monde de chez nous que, si je n'ai pas pu rester là-bas, ce n'est pas faute de courage et d'envie de travailler.

— Et toi, Marie, dit Germain, je te prierai de te demander à toi-même si, quand il s'agit de défendre une femme et de punir un insolent, un homme de vingt-huit ans n'est pas trop vieux? Je voudrais un peu savoir si Bastien, ou tout autre joli garçon, riche de dix ans moins que moi, n'aurait pas été écrasé par cet *homme-là*, comme dit Petit-Pierre. Qu'en penses-tu?

— Je pense, Germain, que vous m'avez rendu un grand service, et que je vous en remercierai toute ma vie.

— C'est là tout?

— Mon petit père, dit l'enfant, je n'ai pas pensé à dire à la petite Marie ce que je t'avais promis. Je n'ai pas eu le temps; mais je le lui dirai à la maison, et je le dirai aussi à ma grand'mère.

Cette promesse de son enfant donna enfin à réfléchir à Germain.

Il s'agissait maintenant de s'expliquer avec ses parents, et, en leur disant ses griefs contre la veuve Guérin, de ne pas leur dire quelles autres idées l'avaient disposé à tant de clairvoyance et de sévérité. Quand on est heureux et fier, le courage de faire accepter son bonheur aux autres paraît facile; mais être rebuté d'un côté, blâmé de l'autre, ne fait pas une situation fort agréable.

Heureusement, le petit Pierre dormait quand ils arrivèrent à la métairie, et Germain le déposa, sans l'éveiller, sur son lit. Puis il entra dans toutes les explications qu'il put donner. Le père Maurice, assis sur son escabeau à trois pieds, à l'entrée de la maison, l'écouta gravement, et, quoiqu'il fût mécontent du résultat de ce voyage, lorsque Germain, en racontant le système de coquetterie de la veuve, demanda à son beau-père s'il avait le temps d'aller les cinquante-deux dimanches de l'année faire sa cour, pour risquer d'être renvoyé au bout de l'an, le beau-père répondit en inclinant la tête en signe d'adhésion :

— Tu n'as pas tort, Germain; ça ne se pouvait pas.

Et ensuite, quand Germain raconta comme quoi il avait été forcé de ramener la petite Marie au plus vite pour la soustraire aux insultes, peut-être aux violences d'un indigne maître, le père Maurice approuva encore de la tête en disant :

— Tu n'as pas eu tort, Germain; ça se devait.

Quand Germain eut achevé son récit et donné toutes ses raisons, le beau-père et la belle-mère firent simultanément un gros soupir de résignation en se regardant. Puis le chef de famille se leva en disant :

— Allons ! que la volonté de Dieu soit faite ! l'amitié ne se commande pas !

— Venez souper, Germain, dit la belle-mère. Il est malheureux que ça ne se soit pas mieux arrangé ; mais, enfin, Dieu ne le voulait pas, à ce qu'il paraît. Il faudra voir ailleurs.

— Oui, ajouta le vieillard, comme dit ma femme, on verra ailleurs.

Il n'y eut pas d'autre bruit à la maison, et quand, le lendemain, le petit Pierre se leva avec les alouettes, au point du jour, n'étant plus excité par les événements extraordinaires des jours précédents, il retomba dans l'apathie des petits paysans de son âge, oublia tout ce qui lui avait trotté par la tête, et ne songea plus qu'à jouer avec ses frères et à *faire l'homme* avec les bœufs et les chevaux.

Germain essaya d'oublier aussi, en se replongeant dans le travail ; mais il devint si triste et si distrait, que tout le monde le remarqua. Il ne parlait pas à la petite Marie, il ne la regardait même pas ; et pourtant, si on lui eût demandé dans quel pré elle était et par quel chemin elle avait passé, il n'était point d'heure du jour où il n'eût pu le dire, s'il avait voulu répondre. Il n'avait pas osé demander à ses parents de la recueillir à la ferme pendant l'hiver, et pourtant il savait bien qu'elle devait souffrir de la misère. Mais elle n'en souffrit pas, et la mère Guillette ne put jamais comprendre comment sa petite provision de bois ne diminuait point, et comment son hangar se trouvait rempli le matin lorsqu'elle l'avait laissé presque vide le soir. Il en fut de même du blé et des pommes de terre. Quelqu'un passait par la lucarne du grenier, et vidait un sac sur le plancher sans réveiller personne et sans laisser de traces. La vieille en fut à la fois inquiète et réjouie ; elle engagea sa fille à n'en point parler, disant que, si on venait à savoir le miracle qui se faisait chez elle, on la tiendrait pour sorcière. Elle pensait bien que le diable s'en mêlait, mais elle n'était pas pressée de se brouiller avec lui en appelant les exorcismes du curé sur sa maison ; elle se disait qu'il serait temps, lorsque Satan viendrait lui demander son âme en retour de ses bienfaits.

La petite Marie comprenait mieux la vérité, mais elle n'osait en parler à Germain, de peur de le voir revenir à son idée de mariage, et elle feignait avec lui de ne s'apercevoir de rien.

XVI

LA MÈRE MAURICE

Un jour la mère Maurice, se trouvant seule dans le verger avec Germain, lui dit d'un air d'amitié :

— Mon pauvre gendre, je crois que vous n'êtes pas bien. Vous ne mangez pas aussi bien qu'à l'ordinaire, vous ne riez plus, vous causez de moins en moins. Est-ce que quelqu'un de chez nous, ou nous-mêmes, sans le savoir et sans le vouloir, vous avons fait de la peine ?

— Non, ma mère, répondit Germain, vous avez toujours été aussi bonne pour moi que la mère qui m'a mis au monde, et je serais un ingrat si je me plaignais de vous, ou de votre mari, ou de personne de la maison.

— En ce cas, mon enfant, c'est le chagrin de la mort de votre femme qui vous revient. Au lieu de s'en aller avec le temps, votre ennui empire, et il faut absolument faire ce que votre beau-père vous a dit fort sagement : il faut vous remarier.

— Oui, ma mère, ce serait aussi mon idée ; mais les femmes que vous m'avez conseillé de rechercher ne me conviennent pas. Quand je les vois, au lieu d'oublier ma Catherine, j'y pense davantage.

— C'est qu'apparemment, Germain, nous n'avons pas su deviner votre goût. Il faut donc que vous nous aidiez en nous disant la vérité. Sans doute il y a quelque part une femme qui est faite pour vous, car le bon Dieu ne fait personne sans lui réserver son bonheur dans une autre personne. Si donc vous savez où la prendre, cette femme qu'il vous faut, prenez-la; et, qu'elle soit belle ou laide, jeune ou vieille, riche ou pauvre, nous sommes décidés, mon vieux et moi, à vous donner consentement, car nous sommes fatigués de vous voir triste, et nous ne pouvons pas vivre tranquilles si vous ne l'êtes point.

— Ma mère, vous êtes aussi bonne que le bon Dieu, et mon père pareillement, répondit Germain; mais votre compassion ne peut pas porter remède à mes ennuis : la fille que je voudrais ne veut point de moi.

— C'est donc qu'elle est trop jeune? S'attacher à une jeunesse est déraison pour vous.

— Eh bien, oui, bonne mère, j'ai cette folie de m'être attaché à une jeunesse, et je m'en blâme. Je fais mon possible pour n'y plus penser; mais, que je travaille ou que je me repose, que je sois à la messe ou dans mon lit, avec mes enfants ou avec vous, j'y pense toujours, je ne peux penser à autre chose.

— Alors c'est comme un sort qu'on vous a jeté, Germain? Il n'y a à ça qu'un remède, c'est que cette fille change d'idée et vous écoute. Il faudra donc que je m'en mêle, et que je voie si c'est possible. Vous allez me dire où elle est et comment on l'appelle.

— Hélas! ma chère mère, je n'ose pas, dit Germain, parce que vous allez vous moquer de moi.

— Je ne me moquerai pas de vous, Germain, parce que vous êtes dans la peine et que je ne veux pas vous y mettre davantage. Serait-ce point la Fanchette?

— Non, ma mère, ça ne l'est point.

— Ou la Rosette?

— Non.

— Dites donc, car je n'en finirai pas, s'il faut que je nomme toutes les filles du pays.

Germain baissa la tête et ne put se décider à répondre.

— Allons! dit la mère Maurice, je vous laisse tranquille pour aujourd'hui, Germain; peut-être que demain vous serez plus confiant avec moi, ou bien que votre belle-sœur sera plus adroite à vous questionner.

Et elle ramassa sa corbeille pour aller étendre son linge sur les buissons.

Germain fit comme les enfants qui se décident quand ils voient qu'on ne s'occupera plus d'eux. Il suivit sa belle-mère, et lui nomma enfin en tremblant *la petite Marie à la Guillette*.

Grande fut la surprise de la mère Maurice : c'était la dernière à laquelle elle eût songé. Mais elle eut la délicatesse de ne point se récrier et de faire mentalement ses commentaires. Puis, voyant que son silence accablait Germain, elle lui tendit sa corbeille en lui disant :

— Alors est-ce une raison pour ne point m'aider dans mon travail? Portez donc cette charge, et venez parler avec moi. Avez-vous bien réfléchi, Germain? êtes-vous bien décidé?

— Hélas! ma chère mère, ce n'est pas comme cela qu'il faut parler : je serais décidé si je pouvais réussir; mais, comme je ne serais pas écouté, je ne suis décidé qu'à m'en guérir si je peux.

— Et si vous ne pouvez pas?

— Toute chose a son terme, mère Maurice : quand le cheval est trop chargé, il tombe; et, quand le bœuf n'a rien à manger, il meurt.

— C'est donc à dire que vous mourrez, si vous ne réussissez point? A Dieu ne plaise, Germain! Je n'aime pas qu'un homme comme vous dise de ces choses-là, parce que quand il les dit il les pense. Vous êtes d'un grand courage, et la faiblesse est dangereuse chez les gens forts. Allons, prenez de l'espérance. Je ne conçois pas qu'une fille dans la misère et à laquelle vous faites beaucoup d'honneur en la recherchant puisse vous refuser.

— C'est pourtant la vérité, elle me refuse.

— Et quelles raisons vous en donne-t-elle?

— Que vous lui avez toujours fait du bien, que sa famille doit beaucoup à la vôtre, et qu'elle ne veut point vous déplaire en me détournant d'un mariage riche.

— Si elle dit cela, elle prouve de bons sentiments, et c'est honnête de sa part. Mais, en vous disant cela, Germain, elle ne vous guérit point, car elle vous dit sans doute qu'elle vous aime, et qu'elle vous épouserait si nous le voulions?

— Voilà le pire! elle dit que son cœur n'est point porté vers moi.

— Si elle dit ce qu'elle ne pense pas, pour mieux vous éloigner d'elle, c'est une enfant qui mérite que nous l'aimions et que nous passions par-dessus sa jeunesse à cause de sa grande raison.

— Oui? dit Germain frappé d'une espérance qu'il n'avait pas encore conçue : ça serait bien sage et bien *comme il faut* de sa part! mais, si elle est si raisonnable, je crains bien que c'est à cause que je lui déplais.

— Germain, dit la mère Maurice, vous allez me promettre de vous tenir tranquille pendant toute la semaine, de ne vous point tourmenter, de manger, de dormir et d'être gai comme autrefois. Moi, je parlerai à mon vieux, et, si je le fais consentir, vous saurez alors le vrai sentiment de la fille à votre endroit.

Germain promit, et la semaine se passa sans que le père Maurice lui dît un mot en particulier et parût se douter de rien. Le laboureur s'efforça de paraître tranquille, mais il était toujours plus pâle et plus tourmenté.

XVII

LA PETITE MARIE

Enfin le dimanche matin, au sortir de la messe, sa belle-mère lui demanda ce qu'il avait obtenu de sa bonne amie depuis la conversation dans le verger.

— Mais rien du tout, répondit-il. Je ne lui ai pas parlé.

— Comment donc voulez-vous la persuader si vous ne lui parlez pas?

— Je ne lui ai parlé qu'une fois, répondit Germain. C'est quand nous avons été ensemble à Fourche; et, depuis ce temps-là, je ne lui ai pas dit un seul mot. Son refus m'a fait tant de peine, que j'aime mieux ne pas l'entendre recommencer à me dire qu'elle ne m'aime pas.

— Eh bien, mon fils, il faut lui parler maintenant; votre beau-père vous autorise à le faire. Allez, décidez-vous! je vous le dis, et, s'il le faut, je le veux; car vous ne pouvez pas rester dans ce doute-là.

Germain obéit. Il arriva chez la Guillette la tête basse et l'air accablé. La petite Marie était seule au coin du feu, si pensive, qu'elle n'entendit pas venir Germain. Quand elle le vit devant elle, elle sauta de surprise sur sa chaise et devint toute rouge.

— Petite Marie, lui dit-il en s'asseyant auprès d'elle, je viens te faire de la peine et t'ennuyer, je le sais bien; mais *l'homme et la femme de chez nous* (désignant ainsi, selon l'usage, les chefs de famille) veulent que je te parle et que je te demande de m'épouser. Tu ne le veux pas, toi, je m'y attends.

— Germain, répondit la petite Marie, c'est donc décidé que vous m'aimez?

— Ça te fâche, je le sais, mais ce n'est pas ma faute : si tu pouvais changer d'avis, je serais trop content, et sans doute je ne mérite pas que cela soit. Voyons, regarde-moi, Marie, je suis donc bien affreux?

— Non, Germain, répondit-elle en souriant, vous êtes plus beau que moi.

— Ne te moque pas; regarde-moi avec indulgence; il ne me manque encore ni un cheveu ni une dent. Mes yeux te disent que je t'aime. Regarde-moi donc dans les yeux, ça y est écrit, et toute fille sait lire dans cette écriture-là.

Marie regarda dans les yeux de Germain avec son assurance enjouée; puis tout à coup elle détourna la tête et se mit à trembler.

— Ah! mon Dieu! je te fais peur, dit Germain; tu me regardes

LA MARE AU DIABLE

Ah! Germain, lui dit-elle en sanglotant, vous n'avez donc pas deviné que je vous aime?

comme si j'étais le fermier des Ormeaux. Ne me crains pas, je t'en prie, cela me fait trop de mal. Je ne te dirai pas de mauvaises paroles, moi; je ne t'embrasserai pas malgré toi, et, quand tu voudras que je m'en aille, tu n'auras qu'à me montrer la porte. Voyons, faut-il que je sorte pour que tu finisses de trembler?

Marie tendit la main au laboureur, mais sans détourner sa tête penchée vers le foyer, et sans dire un mot.

— Je comprends, dit Germain: tu me plains, tu es bonne, tu es fâchée de me rendre malheureux; mais tu ne peux pas m'aimer.

— Pourquoi me dites-vous de ces choses-là, Germain? répondit enfin la petite Marie, vous voulez donc me faire pleurer?

— Pauvre petite fille, tu as bon cœur, je le sais; mais tu ne m'aimes pas, et tu me caches ta figure parce que tu crains de me laisser voir ton déplaisir et ta répugnance. Et moi, je n'ose pas seulement te serrer la main! Dans le bois, quand mon fils dormait et que tu dormais aussi, j'ai failli t'embrasser tout doucement. Mais je serais mort de honte plutôt que de te le demander, et j'ai autant souffert dans cette nuit-là qu'un homme qui brûlerait à petit feu. Depuis ce temps-là j'ai rêvé à toi toutes les nuits. Ah! comme je t'embrassais, Marie! Mais toi, pendant ce temps-là, tu dormais sans rêver. Et, à présent, sais-tu ce que je pense? c'est que si tu te retournais pour me regarder avec les yeux que j'ai pour toi, et si tu approchais ton visage du mien, je crois que j'en tomberais mort de joie. Et toi, tu penses que si pareille chose t'arrivait tu en mourrais de colère et de honte!

Germain parlait comme dans un rêve sans entendre ce qu'il disait. La petite Marie tremblait toujours; mais, comme il tremblait encore davantage, il ne s'en apercevait plus. Tout à coup elle se retourna; elle était toute en larmes et le regardait d'un air de reproche. Le pauvre laboureur crut que c'était le dernier coup, et, sans attendre son arrêt, il se leva pour partir; mais la jeune fille l'arrêta en l'entourant de ses deux bras, et, cachant sa tête dans son sein :

— Ah! Germain, lui dit-elle en sanglotant, vous n'avez donc pas deviné que je vous aime?

Germain serait devenu fou, si son fils, qui le cherchait et qui entra dans la chaumière au grand galop sur un bâton, avec sa petite sœur en croupe qui fouettait avec une branche d'osier ce coursier imaginaire, ne l'eût rappelé à lui-même. Il le souleva dans ses bras, et, le mettant dans ceux de sa fiancée :

— Tiens, lui dit-il, tu as fait plus d'un heureux en m'aimant!

APPENDICE

LES NOCES DE CAMPAGNE

I

Ici finit l'histoire du mariage de Germain, telle qu'il me l'a racontée lui-même, le fin laboureur qu'il est ! Je te demande pardon, lecteur ami, de n'avoir pas su te la traduire mieux ; car c'est une véritable traduction qu'il faut au langage antique et naïf des paysans de la contrée que *je chante* (comme on disait jadis). Ces gens-là parlent trop français pour nous, et, depuis Rabelais et Montaigne, les progrès de la langue nous ont fait perdre bien des vieilles richesses. Il en est ainsi de tous les progrès, il faut en prendre son parti. Mais c'est encore un plaisir d'entendre ces idiotismes pittoresques régner sur le vieux terroir du centre de la France ; d'autant plus que c'est la véritable expression du caractère moqueusement tranquille et plaisamment disert des gens qui s'en servent. La Touraine a conservé un certain nombre précieux de locutions patriarcales. Mais la Touraine s'est grandement civilisée avec et depuis la Renaissance. Elle s'est couverte de châteaux, de routes, d'étrangers et de mouvement. Le Berry est resté stationnaire, et je crois qu'après la Bretagne et quelques provinces de l'extrême midi de la France, c'est le pays le plus *conservé* qui se puisse trouver à l'heure qu'il est. Certaines coutumes sont si curieuses, que j'espère t'amuser encore un instant, cher lecteur, si tu permets que je te raconte en détail une noce de campagne, celle de Germain, par exemple, à laquelle j'eus le plaisir d'assister il y a quelques années.

Car, hélas! tout s'en va. Depuis seulement que j'existe il s'est fait plus de mouvement dans les idées et les coutumes de mon village qu'il ne s'en était vu durant des siècles avant la Révolution. Déjà la moitié des cérémonies celtiques, païennes ou moyen âge, que j'ai vues encore en pleine vigueur dans mon enfance, se sont effacées. Encore un ou deux ans peut-être, et les chemins de fer passeront leur niveau sur nos vallées profondes, emportant, avec la rapidité de la foudre, nos antiques traditions et nos merveilleuses légendes.

C'était en hiver, aux environs du carnaval, époque de l'année où il est séant et convenable chez nous de faire les noces. Dans l'été on n'a guère le temps, et les travaux d'une ferme ne peuvent souffrir trois jours de retard, sans parler des jours complémentaires affectés à la digestion plus ou moins laborieuse de l'ivresse morale et physique que laisse une fête. — J'étais assis sous le vaste manteau d'une antique cheminée de cuisine, lorsque des coups de pistolet, des hurlements de chiens, et les sons aigus de la cornemuse m'annoncèrent l'approche des fiancés. Bientôt le père et la mère Maurice, Germain et la petite Marie, suivis de Jacques et de sa femme, des principaux parents respectifs et des parrains et marraines des fiancés, firent leur entrée dans la cour.

La petite Marie, n'ayant pas encore reçu les cadeaux de noces, appelés *livrées*, était vêtue de ce qu'elle avait de mieux dans ses hardes modestes : une robe de gros drap sombre, un fichu blanc à grands ramages de couleurs voyantes, un tablier d'*incarnat*, indienne rouge fort à la mode alors et dédaignée aujourd'hui, une coiffe de mousseline très-blanche, et dans cette forme heureusement conservée qui rappelle la coiffure d'Anne Boleyn et d'Agnès Sorel. Elle était fraîche et souriante, point orgueilleuse du tout, quoiqu'il y eût bien de quoi. Germain était grave et attendri auprès d'elle, comme le jeune Jacob saluant Rachel aux citernes de Laban. Toute autre fille eût pris un air d'importance et une tenue de triomphe; car, dans tous les rangs, c'est quelque chose que d'être épousée pour ses beaux yeux. Mais les yeux de la jeune fille étaient humides et brillants d'amour; on voyait bien qu'elle était profondément éprise et qu'elle n'avait point le loisir de s'occuper de l'opinion des autres. Son petit air résolu ne l'avait point abandonnée; mais c'était toute franchise et tout bon vouloir chez elle; rien d'impertinent dans son succès, rien de personnel dans le sentiment de sa force. Je ne vis oncques si gentille fiancée, lorsqu'elle répondait nettement à ses jeunes amies qui lui demandaient si elle était contente :

— Dame! bien sûr! je ne me plains pas du bon Dieu.

Le père Maurice porta la parole; il venait faire les compliments et invitations d'usage. Il attacha d'abord au manteau de la cheminée une branche de laurier ornée de rubans; ceci s'appelle l'*exploit*, c'est-à-dire la lettre de faire part; puis il distribua à chacun des invités une petite croix faite d'un bout de ruban bleu traversé d'un autre bout de ruban rose; le rose pour la fiancée, le bleu pour l'épouseur; et les invités des deux sexes durent garder ce signe pour en orner les uns leur cornette, les autres leur boutonnière, le jour de la noce. C'est la lettre d'admission, la carte d'entrée.

Alors le père Maurice prononça son compliment. Il invitait le maître de la maison et toute *sa compagnie*, c'est-à-dire tous ses parents, tous ses amis et tous ses serviteurs, à la bénédiction, *au festin, à la divertissance, à la dansière et à tout ce qui en suit*. Il ne manqua pas de dire : — Je viens *vous faire l'honneur de vous semondre*. Locution très-juste, bien qu'elle nous paraisse un contre-sens, puisqu'elle exprime l'idée de rendre les honneurs à ceux qu'on en juge dignes.

Malgré la libéralité de l'invitation portée ainsi de maison en maison dans toute la paroisse, la politesse, qui est grandement discrète chez les paysans, veut que deux personnes seulement de chaque famille en profitent, un chef de famille sur le ménage, un de leurs enfants sur le nombre.

Ces invitations faites, les fiancés et leurs parents allèrent dîner ensemble à la métairie.

La petite Marie garda ses trois moutons sur le communal, et Germain travailla la terre, comme si de rien n'était.

La veille du jour marqué pour le mariage, vers deux heures de l'après-midi, la musique arriva, c'est-à-dire le *cornemuseux* et le *vielleux*, avec leurs instruments ornés de longs rubans flottants, et jouant une marche de circonstance, sur un rhythme un peu lent pour des pieds qui ne seraient pas indigènes, mais parfaitement combiné avec la nature du terrain gras et des chemins ondulés de a contrée. Des coups de pistolet, tirés par les jeunes gens et les enfants, annoncèrent le commencement de la noce. On se réunit peu à peu, et l'on dansa sur la pelouse devant la maison pour se mettre en train. Quand la nuit fut venue, on commença d'étranges préparatifs, on se sépara en deux bandes, et, quand la nuit fut close, on procéda à la cérémonie des *livrées*.

Ceci se passait au logis de la fiancée, la chaumière à la Guillette. La Guillette prit avec elle sa fille, une douzaine de jeunes et jolies *pastoures*, amies et parentes de sa fille, deux ou trois respectables matrones, voisines fortes en bec, promptes à la réplique et gardiennes rigides des anciens us. Puis elle choisit une douzaine de vigoureux champions, ses parents et amis; enfin le vieux *chanvreur* de la paroisse, homme discret et beau parleur s'il en fut.

Le rôle que joue en Bretagne le *bazvalan*, le tailleur du village, c'est le broyeur de chanvre ou le cardeur de laine (deux professions souvent réunies en une seule) qui le remplit dans nos campagnes. Il est de toutes les solennités, tristes ou gaies, parce qu'il est essentiellement érudit et beau diseur, et, dans ces occasions, il a toujours le soin de porter la parole pour accomplir dignement certaines formalités usitées de temps immémorial. Les professions errantes, qui introduisent l'homme au sein des familles sans lui permettre de se concentrer dans la sienne, sont propres à le rendre bavard, plaisant, conteur et chanteur.

Le broyeur de chanvre est particulièrement sceptique. Lui et un autre fonctionnaire rustique dont nous parlerons tout à l'heure, le fossoyeur, sont toujours les esprits forts du lieu. Il ont tant parlé de revenants et ils savent si bien tous les tours dont ces malins esprits sont capables, qu'ils ne les craignent guère. C'est particulièrement la nuit que tous, fossoyeurs, chanvreurs et revenants, exercent leur industrie. C'est aussi la nuit que le chanvreur raconte ses lamentables légendes. Qu'on me permette une digression.

Quand le chanvre est *arrivé* à point, c'est-à-dire suffisamment trempé dans les eaux courantes et à demi séché à la *rive,* on le rapporte dans la cour des habitations; on le place debout par petites gerbes qui, avec leurs tiges écartées du bas et leurs têtes liées en boules, ressemblent déjà passablement le soir à une longue procession de petits fantômes blancs, plantés sur leurs jambes grêles et marchant sans bruit le long des murs.

C'est à la fin de septembre, quand les nuits sont encore tièdes, qu'à la pâle clarté de la lune on commence à broyer. Dans la journée, le chanvre a été chauffé au four; on l'en retire, le soir, pour le broyer chaud. On se sert pour cela d'une sorte de chevalet surmonté d'un levier en bois, qui, retombant sur des rainures, hache la plante sans la couper. C'est alors qu'on entend, la nuit, dans les campagnes, ce bruit sec et saccadé de trois coups frappés rapidement. Puis, un silence se fait; c'est le mouvement du bras qui retire la poignée de chanvre pour la broyer sur une autre partie de sa longueur. Et les trois coups recommencent; c'est l'autre bras qui agit sur le levier; et toujours ainsi jusqu'à ce que la lune soit voilée par les premières lueurs de l'aube. Comme ce travail ne dure que quelques jours dans l'année, les chiens ne s'y habituent pas et poussent des hurlements plaintifs vers tous les points de l'horizon.

C'est le temps des bruits insolites et mystérieux dans la campagne. Les grues émigrantes passent dans des régions où, en plein jour, l'œil les distingue à peine. La nuit, on les entend seulement; et ces voix rauques et gémissantes, perdues dans les nuages, semblent l'appel et l'adieu d'âmes tourmentées qui s'efforcent de trouver le chemin du ciel, et qu'une invincible fatalité force à planer non loin de la terre, autour de la demeure des hommes; car ces oiseaux voyageurs ont d'étranges incertitudes et de mystérieuses anxiétés dans le cours de leur traversée aérienne. Il leur arrive parfois de perdre le vent, lorsque des brises capricieuses se combattent ou se succèdent dans les hautes régions. Alors on voit, lorsque ces déroutes arrivent durant le jour, le chef de file flotter à l'aventure dans les airs, puis faire volte-face, revenir se placer à la queue de la phalange triangulaire, tandis qu'une savante manœuvre de ses compagnons les ramène bientôt en bon ordre derrière lui. Souvent, après de vains efforts, le guide épuisé renonce à conduire la caravane; un autre se présente, essaye à son tour, et cède la place à un troisième, qui retrouve le courant et engage victorieusement la marche. Mais que de cris, que de reproches, que de remontrances, que de malédictions sauvages ou de questions inquiètes sont échangés, dans une langue inconnue, entre ces pèlerins ailés !

Dans la nuit sonore, on entend ces clameurs sinistres tournoyer parfois assez longtemps au-dessus des maisons, et, comme on ne peut rien voir, on ressent malgré soi une sorte de crainte et de malaise sympathique, jusqu'à ce que cette nuée sanglotante se soit perdue dans l'immensité.

Il y a d'autres bruits encore qui sont propres à ce moment de l'année, et qui se passent principalement dans les vergers. La cueille des fruits n'est pas encore faite, et mille crépitations inusitées font ressembler les arbres à des êtres animés. Une branche grince, en se courbant, sous un poids arrivé tout à coup à son dernier degré de développement; ou bien, une pomme se détache et tombe à vos pieds avec un son mat sur la terre humide. Alors vous entendez fuir, en frôlant les branches et les herbes, un être que vous ne voyez pas : c'est le chien du paysan, ce rôdeur curieux, inquiet, à la fois insolent poltron, qui se glisse partout, qui ne dort jamais, qui cherche toujours on ne sait quoi, qui vous épie, caché dans les broussailles, et prend la fuite au bruit de la pomme tombée, croyant que vous lui lancez une pierre.

C'est durant ces nuits-là, nuits voilées et grisâtres, que le chanvreur raconte ses étranges aventures de follets et de lièvres blancs, d'âmes en peine et de sorciers transformés en loups, de sabbat au carrefour et de chouettes prophétesses au cimetière. Je me souviens d'avoir passé ainsi les premières heures de la nuit autour des *broyes* en mouvement, dont la percussion impitoyable, interrompant le récit du chanvreur à l'endroit le plus terrible, nous faisait passer un frisson glacé dans les veines. Et souvent aussi le bonhomme continuait à parler en broyant; et il y avait quatre à cinq mots perdus : mots effrayants, sans doute, que nous n'osions pas lui faire répéter et dont l'omission ajoutait un mystère plus affreux aux mystères déjà si sombres de son histoire. C'est en vain que les servantes nous avertissaient qu'il était bien tard pour rester dehors, et que l'heure de dormir était depuis longtemps sonnée pour nous : elles-mêmes mouraient d'envie d'écouter encore; et avec quelle terreur ensuite nous traversions le hameau pour rentrer chez nous ! comme le porche de l'église nous paraissait profond, et l'ombre des vieux arbres épaisse et noire ! Quant au cimetière, on ne le voyait point; on fermait les yeux en le côtoyant.

Mais le chanvreur n'est pas plus que le sacristain adonné exclusivement au plaisir de faire peur; il aime à faire rire, il est moqueur et sentimental au besoin, quand il faut chanter l'amour et l'hyménée; c'est lui qui recueille et conserve dans sa mémoire ces chansons les plus anciennes, et qui les transmet à la postérité. C'est donc lui qui est chargé, dans les noces, du personnage que nous allons lui voir jouer à la présentation des livrées de la petite Marie.

II

LES LIVRÉES

Quand tout ce monde fut réuni dans la maison, on ferma, avec le plus grand soin, les portes et les fenêtres; on alla même barricader la lucarne du grenier; on mit des planches, des tréteaux, des souches et des tables en travers de toutes les issues, comme si on se préparait à soutenir un siége, et il se fit dans cet intérieur fortifié un silence d'attente assez solennel, jusqu'à ce qu'on entendit au loin des chants, des rires et le son des instruments rustiques. C'était la bande de l'épouseur, Germain en tête, accompagné de ses plus hardis compagnons, du fossoyeur, des parents, amis et serviteurs, qui formaient un joyeux et solide cortége.

Cependant, à mesure qu'ils approchèrent de la maison, ils se ralentirent, se concertèrent, et firent silence. Les jeunes filles, enfermées dans le logis, s'étaient ménagé aux fenêtres de petites fentes, par lesquelles elles les virent arriver et se développer en ordre de bataille. Il tombait une pluie fine et froide, qui ajoutait au piquant de la situation, tandis qu'un grand feu pétillait dans l'âtre de la maison. Marie eût voulu abréger les lenteurs inévitables de ce siége en règle : elle n'aimait pas à voir ainsi se morfondre son fiancé, mais elle n'avait pas voix au chapitre dans la circonstance, et même elle devait partager ostensiblement la mutine cruauté de ses compagnes.

Quand les deux camps furent ainsi en présence, une décharge d'armes à feu, partie du dehors, mit en grande rumeur tous les chiens des environs. Ceux de la maison se précipitèrent vers la porte en aboyant, croyant qu'il s'agissait d'une attaque réelle, et les petits enfants, que leurs mères s'efforçaient en vain de rassurer, se mirent à pleurer et à trembler. Toute cette scène fut si bien jouée, qu'un étranger y eût été pris et eût songé peut-être à se mettre en état de défense contre une bande de chauffeurs.

Alors le fossoyeur, barde et orateur du fiancé, se plaça devant la porte, et, d'une voix lamentable, engagea avec le chanvreur, placé à la lucarne qui était située au-dessus de la même porte, le dialogue suivant :

LE FOSSOYEUR.

Hélas! mes bonnes gens, mes chers paroissiens, pour l'amour de Dieu, ouvrez-moi la porte.

LE CHANVREUR.

Qui êtes vous donc? et pourquoi prenez-vous la licence de nous appeler vos chers paroissiens? Nous ne vous connaissons pas.

LA MARE AU DIABLE.

LE FOSSOYEUR.

Nous sommes d'honnêtes gens bien en peine. N'ayez peur de nous, mes amis! donnez-nous l'hospitalité. Il tombe du verglas, nos pauvres pieds sont gelés, et nous revenons de si loin, que nos sabots en sont fendus.

LE CHANVREUR.

Si vos sabots sont fendus, vous pouvez chercher par terre, vous trouverez bien un brin d'oisil (d'osier) pour vous faire des *arcelets* (petites lames de fer en forme d'arcs qu'on place sur les sabots fendus pour les consolider).

LE FOSSOYEUR.

Des arcelets d'oisil, ce n'est guère solide. Vous vous moquez de nous, bonnes gens, et vous feriez mieux de nous ouvrir. On voit luire une belle flamme dans votre logis; sans doute vous avez mis la broche, et on se réjouit chez vous le cœur et le ventre. Ouvrez donc à de pauvres pèlerins qui mourront à votre porte si vous ne leur faites merci.

LE CHANVREUR.

Ah! ah! vous êtes des pèlerins? vous ne nous disiez pas cela. Et de quel pèlerinage arrivez-vous, s'il vous plaît?

LE FOSSOYEUR.

Nous vous dirons cela quand vous nous aurez ouvert la porte, car nous venons de si loin, que vous ne voudriez pas le croire.

LE CHANVREUR.

Vous ouvrir la porte? oui-da! nous ne saurions nous fier à vous. Voyons : est-ce de Saint-Sylvain de Pouligny que vous arrivez?

LE FOSSOYEUR.

Nous avons été à Saint-Sylvain de Pouligny, mais nous avons été bien plus loin encore.

LE CHANVREUR.

Alors vous avez été jusqu'à Sainte-Solange?

LE FOSSOYEUR.

A Sainte-Solange nous avons été, pour sûr; mais nous avons été plus loin encore.

LE CHANVREUR.

Vous mentez; vous n'avez même jamais été jusqu'à Sainte-Solange.

LE FOSSOYEUR.

Nous avons été plus loin, car, à cette heure, nous arrivons de Saint-Jacques de Compostelle.

LE CHANVREUR.

Quelle bêtise nous contez-vous? Nous ne connaissons pas cette paroisse-là. Nous voyons bien que vous êtes de mauvaises gens, des brigands, des *rien du tout* et des menteurs. Allez plus loin chanter vos sornettes; nous sommes sur nos gardes, et vous n'entrerez point céans.

LE FOSSOYEUR.

Hélas! mon pauvre homme, ayez pitié de nous! Nous ne sommes pas des pèlerins, vous l'avez deviné; mais nous sommes de malheureux braconniers poursuivis par les gardes. Mêmement les gendarmes sont après nous, et, si vous ne nous faites point cacher dans votre fenil, nous allons être pris et conduits en prison.

LE CHANVREUR.

Et qui nous prouvera que, cette fois-ci, vous soyez ce que vous dites? car voilà déjà un mensonge que vous n'avez pas pu soutenir.

LE FOSSOYEUR.

Si vous voulez nous ouvrir, nous vous montrerons une belle pièce de gibier que nous avons tuée.

LE CHANVREUR.

Montrez-la tout de suite, car nous sommes en méfiance.

LE FOSSOYEUR.

Eh bien, ouvrez une porte ou une fenêtre, qu'on vous passe la bête.

LE CHANVREUR.

Oh! que nenni! pas si sot! Je vous regarde par un petit pertuis, et je ne vois parmi vous ni chasseurs ni gibier.

Ici un garçon bouvier, trapu et d'une force herculéenne, se détacha du groupe, où il se tenait inaperçu, éleva vers la lucarne une oie plumée, passée dans une forte broche de fer, ornée de bouquets de paille et de rubans.

— Oui-da! s'écria le chanvreur après avoir passé avec précaution un bras dehors pour tâter le rôt; ceci n'est point une caille ni une perdrix; ce n'est ni un lièvre ni un lapin; c'est quelque chose comme une oie ou un dindon. Vraiment, vous êtes de beaux chasseurs! et ce gibier-là ne vous a guère fait courir. Allez plus loin, mes drôles! toutes vos menteries sont connues, et vous pouvez bien aller chez vous faire cuire votre souper. Vous ne mangerez pas le nôtre.

LE FOSSOYEUR.

Hélas! mon Dieu, où irions-nous faire cuire notre gibier? C'est bien peu de chose pour tant de monde que nous sommes; et, d'ailleurs, nous n'avons ni feu ni lieu. A cette heure-ci toutes les portes sont fermées, tout le monde est couché; il n'y a que vous qui fassiez la noce dans votre maison, et il faut que vous ayez le cœur bien dur pour nous laisser transir dehors. Ouvrez-nous, braves gens, encore une fois; nous ne vous occasionnerons pas de dépenses. Vous voyez bien que nous apportons le rôti; seulement un peu de place à votre foyer, un peu de flamme pour le faire cuire, et nous nous en irons contents.

LE CHANVREUR.

Croyez-vous qu'il y ait trop de place chez nous et que le bois ne nous coûte rien?

LE FOSSOYEUR.

Nous avons là une petite botte de paille pour faire le feu, nous nous en contenterons; donnez-nous seulement la permission de mettre la broche en travers à votre cheminée.

LE CHANVREUR.

Cela ne sera point; vous nous faites dégoût et point du tout pitié. M'est avis que vous êtes ivres, que vous n'avez besoin de rien, et que vous voulez entrer chez nous pour nous voler notre feu et nos filles.

LE FOSSOYEUR.

Puisque vous ne voulez entendre à aucune bonne raison, nous allons entrer chez vous par force.

LE CHANVREUR.

Essayez, si vous voulez. Nous sommes assez bien renfermés pour ne pas vous craindre. Et, puisque vous êtes insolents, nous ne vous répondrons pas davantage.

Là-dessus le chanvreur ferma à grand bruit l'huis de la lucarne, et redescendit dans la chambre au-dessous, par une échelle. Puis il reprit la fiancée par la main, et, les jeunes gens des deux sexes se joignant à eux, tous se mirent à danser et à crier joyeusement, tandis que les matrones chantaient d'une voix perçante et poussaient de grands éclats de rire en signe de mépris et de bravade contre ceux du dehors qui tentaient l'assaut.

Les assiégeants, de leur côté, faisaient rage : ils déchargeaient leurs pistolets dans les portes, faisaient gronder les chiens, frappaient de grands coups sur les murs, secouaient les volets, poussaient des cris effroyables ; enfin c'était un vacarme à ne pas s'entendre, une poussière et une fumée à ne point se voir.

Pourtant cette attaque était simulée : le moment n'était pas venu de violer l'étiquette. Si l'on parvenait, en rôdant, à trouver un passage non gardé, une ouverture quelconque, on pouvait chercher à s'introduire par surprise, et alors, si le porteur de la broche arrivait à mettre son rôti au feu, la prise de possession du foyer ainsi constatée, la comédie finissait et le fiancé était vainqueur.

Mais les issues de la maison n'étaient pas assez nombreuses pour qu'on eût négligé les précautions d'usage, et nul ne se fût arrogé le droit d'employer la violence avant le moment fixé pour la lutte.

Quand on fut las de sauter et de crier, le chanvreur songea à capituler. Il remonta à sa lucarne, l'ouvrit avec précaution, et salua les assiégeants désappointés par un éclat de rire.

— Eh bien, mes gars, dit-il, vous voilà bien penauds ! Vous pensiez que rien n'était plus facile que d'entrer céans, et vous voyez que notre défense est bonne. Mais nous commençons à avoir pitié de vous, si vous voulez vous soumettre et accepter nos conditions.

LE FOSSOYEUR.

Parlez, mes braves gens ; dites ce qu'il faut faire pour approcher de votre foyer.

LE CHANVREUR.

Il faut chanter, mes amis, mais chanter une chanson que nous ne connaissions pas, et à laquelle nous ne puissions pas répondre par une meilleure.

— Qu'à cela ne tienne! répondit le fossoyeur.

Et il entonna d'une voix puissante :

Voilà six mois que c'était le printemps.

— *Me promenais sur l'herbette naissante*, répondit le chanvreur d'une voix un peu enrouée, mais terrible. Vous moquez-vous, mes pauvres gens, de nous chanter une pareille vieillerie? vous voyez bien que nous vous arrêtons au premier mot!

— *C'était la fille d'un prince...*

— *Qui voulait se marier*, répondit le chanvreur. Passez, passez à une autre! nous connaisons celle-là un peu trop.

LE FOSSOYEUR.

Voulez-vous celle-ci?

— *En revenant de Nantes...*

LE CHANVREUR.

— *J'étais bien fatigué, voyez! J'étais bien fatigué.*

Celle-là est du temps de ma grand'mère. Voyons-en une autre!

LE FOSSOYEUR.

— *L'autre jour, en me promenant...*

LE CHANVREUR.

— *Le long de ce bois charmant!* En voilà une qui est bête! Nos petits enfants ne voudraient pas se donner la peine de vous répondre. Quoi! voilà tout ce que vous savez?

LE FOSSOYEUR.

Oh! nous vous en dirons tant, que vous finirez par rester court.

Il se passa bien une heure à combattre ainsi. Comme les deux antagonistes étaient les deux plus forts du pays sur la chanson et que leur répertoire semblait inépuisable, cela eût pu durer toute la nuit, d'autant plus que le chanvreur mit un peu de malice à laisser chanter certaines complaintes en dix, vingt ou trente couplets, feignant, par son silence, de se déclarer vaincu. Alors on triomphait dans le camp du fiancé, on chantait en chœur à pleine voix, et on croyait que cette fois la partie adverse ferait défaut ; mais, à la moitié du couplet final, on entendait la voix rude et enrhumée du vieux chanvreur beugler les derniers vers ; après quoi il s'écriait : « Vous n'aviez pas besoin de vous fatiguer à en dire une si longue, mes enfants ! Nous la savions sur le bout du doigt ! »

Une ou deux fois pourtant le chanvreur fit la grimace, fronça le sourcil et se retourna d'un air désappointé vers les matrones attentives. Le fossoyeur chantait quelque chose de si vieux, que son adversaire l'avait oublié, ou peut-être qu'il ne l'avait jamais su ; mais aussitôt les bonnes commères nasillaient, d'une voix aigre comme celle de la mouette, le refrain victorieux ; et le fossoyeur, sommé de se rendre, passait à d'autres essais.

Il eût été trop long d'attendre de quel côté resterait la victoire. Le parti de la fiancée déclara qu'il faisait grâce à condition qu'on offrirait à celle-ci un présent digne d'elle.

Alors commença le chant des livrées sur un air solennel comme un chant d'église.

Les hommes du dehors dirent en basse-taille à l'unisson :

> Ouvrez la porte, ouvrez,
> Marie, ma mignonne,
> J'ons de beaux cadeaux à vous présenter.
> Hélas ! ma mie, laissez-nous entrer.

A quoi les femmes répondirent de l'intérieur, et en fausset, d'un ton dolent :

> Mon père est en chagrin, ma mère en grand' tristesse,
> Et moi je suis fille de trop grand' merci
> Pour ouvrir ma porte à *cette heure-ci*.

Les hommes reprirent le premier couplet jusqu'au quatrième vers, qu'ils modifièrent de la sorte :

> *J'ons un beau mouchoir à vous présenter.*

Mais, au nom de la fiancée, les femmes répondirent de même que la première fois.

Pendant vingt couplets au moins, les hommes énumérèrent tous les cadeaux de la livrée, mentionnant toujours un objet nouveau dans le dernier vers : un beau *devanteau* (tablier), de beaux rubans, un habit de drap, de la dentelle, une croix d'or, et jusqu'à *un cent d'épingles* pour compléter la modeste corbeille de la mariée. Le refus des matrones était irrévocable; mais enfin les garçons se décidèrent à parler *d'un beau mari à leur présenter*, et elles répondirent, en s'adressant à la mariée, et en lui chantant avec les hommes :

> Ouvrez la porte, ouvrez,
> Marie, ma mignonne;
> C'est un beau mari qui vient vous chercher.
> Allons, ma mie, laissons-les entrer.

III

LE MARIAGE

Aussitôt le chanvreur tira la cheville de bois qui fermait la porte à l'intérieur : c'était encore, à cette époque, la seule serrure connue dans la plupart des habitations de notre hameau. La bande du fiancé fit irruption dans la demeure de la fiancée, mais non sans combat; car les garçons cantonnés dans la maison, même le vieux chanvreur et les vieilles commères, se mirent en devoir de garder le foyer. Le porteur de la broche, soutenu par les siens, devait arriver à planter le rôti dans l'âtre. Ce fut une véritable bataille, quoiqu'on s'abstînt de se frapper et qu'il n'y eût point de colère dans cette lutte. Mais on se poussait et on se pressait si étroitement, et il y avait tant d'amour-propre en jeu dans cet essai de forces musculaires, que les résultats pouvaient être plus sérieux qu'ils ne le paraissaient à travers les rires et les chansons. Le pauvre vieux chanvreur, qui se débattait comme un lion, fut collé à la muraille et serré par la foule, jusqu'à perdre la respiration. Plus d'un champion renversé fut foulé aux pieds involontairement, plus d'une main cramponnée à la broche fut ensanglantée. Ces jeux sont dangereux, et les accidents ont été assez graves dans les derniers temps pour que nos paysans aient résolu de laisser tomber en désuétude la cérémonie des livrées. Je crois que nous avons vu la dernière à la noce de Françoise Meillant, et encore la lutte ne fut-elle que simulée.

Cette lutte fut encore assez passionnée à la noce de Germain. Il y avait une question de point d'honneur de part et d'autre à envahir et à défendre le foyer de la Guillette. L'énorme broche de fer fut tordue comme une vis sous les vigoureux poignets qui se la disputaient. Un coup de pistolet mit le feu à une petite provision de chanvre en *poupées*, placée sur une claie, au plafond. Cet incident fit diversion, et, tandis que les uns s'empressaient d'étouffer ce germe d'incendie, le fossoyeur, qui était grimpé au grenier sans qu'on s'en aperçût, descendit par la cheminée et saisit la broche au moment où le bouvier, qui la défendait auprès de l'âtre, l'élevait au-dessus de sa tête pour empêcher qu'elle ne lui fût arrachée. Quelque temps avant la prise d'assaut, les matrones avaient eu le soin d'éteindre le feu, de crainte qu'en se débattant auprès quelqu'un ne vînt à y tomber et à se brûler. Le facétieux fossoyeur, d'accord avec le bouvier, s'empara donc du trophée sans difficulté et le jeta en travers sur les *landiers*. C'en était fait! il n'était plus permis d'y toucher. Il sauta au milieu de la chambre et alluma un reste de paille qui entourait la broche, pour faire le simulacre de la cuisson du rôti, car l'oie était en pièces et jonchait le plancher de ses membres épars.

Il y eut alors beaucoup de rires et de discussions fanfaronnes. Chacun montrait les horions qu'il avait reçus, et, comme c'était souvent la main d'un ami qui avait frappé, personne ne se plaignit ni se querella. Le chanvreur, à demi aplati, se frottait les reins, disant qu'il s'en souciait fort peu, mais qu'il protestait contre la ruse de son compère le fossoyeur, et que, s'il n'eût été à demi mort, le foyer n'eût pas été conquis si facilement. Les matrones balayaient le pavé, et l'ordre se faisait. La table se couvrait de brocs de vin nouveau. Quand on eut trinqué ensemble et repris haleine, le fiancé fut amené au milieu de la chambre, et, armé d'une baguette, il dut se soumettre à une nouvelle épreuve.

Pendant la lutte, la fiancée avait été cachée avec trois de ses compagnes par sa mère, sa marraine et ses tantes, qui avaient fait asseoir les quatre jeunes filles sur un banc, dans un coin reculé de la salle, et les avaient couvertes d'un grand drap blanc. Les trois compagnes avaient été choisies de la même taille que Marie, et leurs cornettes de hauteur identique, de sorte que, le drap leur couvrant la tête et les enveloppant jusque par-dessous les pieds, il était impossible de les distinguer l'une de l'autre.

Le fiancé ne devait les toucher qu'avec le bout de sa baguette, et seulement pour désigner celle qu'il jugeait être sa femme. On lui donnait le temps d'examiner, mais avec les yeux seulement, et les matrones, placées à ses côtés, veillaient rigoureusement à ce qu'il n'y eût point de supercherie. S'il se trompait, il ne pouvait danser de la soirée avec sa fiancée, mais seulement avec celle qu'il avait choisie par erreur.

Germain, se voyant en présence de ces fantômes enveloppés sous le même suaire, craignait fort de se tromper; et, de fait, cela était arrivé à bien d'autres, car les précautions étaient toujours prises avec un soin consciencieux. Le cœur lui battait. La petite Marie essayait bien de respirer fort et d'agiter un peu le drap, mais ses malignes rivales en faisaient autant, poussaient le drap avec leurs doigts, et il y avait autant de signes mystérieux que de jeunes filles sous le voile. Les cornettes carrées maintenaient ce voile si également, qu'il était impossible de voir la forme d'un front dessiné par ses plis.

Germain, après dix minutes d'hésitation, ferma les yeux, recommanda son âme à Dieu, et tendit la baguette au hasard. Il toucha le front de la petite Marie, qui jeta le drap loin d'elle en criant victoire. Il eut alors la permission de l'embrasser, et, l'enlevant dans ses bras robustes, il la porta au milieu de la chambre et ouvrit avec elle le bal, qui dura jusqu'à deux heures du matin.

Alors on se sépara pour se réunir à huit heures. Comme il y avait un certain nombre de jeunes gens venus des environs et qu'on n'avait pas des lits pour tout le monde, chaque invitée du village reçut dans son lit deux ou trois jeunes compagnes, tandis que les garçons allèrent pêle-mêle s'étendre sur le fourrage du grenier de la métairie. Vous pouvez bien penser que là ils ne dormirent guère, car ils ne songèrent qu'à se lutiner les uns les autres, à échanger des lazzi et à se conter de folles histoires. Dans les noces il y a de rigueur trois nuits blanches, qu'on ne regrette point.

A l'heure marquée pour le départ, après qu'on eut mangé la soupe au lait relevée d'une forte dose de poivre, pour se mettre en appétit, car le repas de noces promettait d'être copieux, on se rassembla dans la cour de la ferme. Notre paroisse étant supprimée, c'est à une demi-lieue de chez nous qu'il fallait aller chercher la bénédiction nuptiale. Il faisait un beau temps frais; mais, les chemins étant fort gâtés, chacun s'était muni d'un cheval, et chaque homme prit en croupe une compagne jeune ou vieille. Germain partit sur la *Grise*, qui, bien pansée, ferrée à neuf et ornée de rubans, piaffait et jetait le feu par les naseaux. Il alla chercher sa fiancée à la chaumière avec son beau-frère Jacques, lequel, monté sur la vieille *Grise*, prit la bonne mère Guillette en croupe, tandis que Germain rentra dans la cour de la ferme, amenant sa chère petite femme d'un air de triomphe.

Puis la joyeuse cavalcade se mit en route, escortée par les enfants à pied, qui couraient en tirant des coups de pistolet et faisaient bondir les chevaux. La mère Maurice était montée sur une petite charrette avec les trois enfants de Germain et les ménétriers. Ils ouvraient la marche au son des instruments. Petit-Pierre était si beau, que la vieille grand'mère en était tout orgueilleuse. Mais l'impétueux enfant ne tint pas longtemps à ses côtés. A un temps d'arrêt qu'il fallut faire à mi-chemin pour s'engager dans un passage difficile, il s'esquiva et alla supplier son père de l'asseoir devant lui sur la *Grise*.

— Oui-da, répondit Germain, cela va nous attirer de mauvaises plaisanteries! il ne faut point.

— Je ne me soucie guère de ce que diront les gens de Saint-Chartier, dit la petite Marie. Prenez-le, Germain, je vous en prie :

je serai encore plus fière de lui que de ma toilette de noces.

Germain céda, et le beau trio s'élança dans les rangs au galop triomphant de la *Grise*.

Et, de fait, les gens de Saint-Chartier, quoique très-railleurs et un peu taquins à l'endroit des paroisses environnantes réunies à la leur, ne songèrent point à rire en voyant un si beau marié, une si jolie mariée, et un enfant qui eût fait envie à la femme d'un roi. Petit-Pierre avait un habit complet de drap bleu barbeau, un gilet rouge si coquet et si court, qu'il ne lui descendait guère au-dessous du menton. Le tailleur du village lui avait si bien serré les entournures, qu'il ne pouvait rapprocher ses deux petits bras. Aussi comme il était fier! Il avait un chapeau rond avec une ganse noir et or, et une plume de paon sortant crânement d'une touffe de plumes de pintade. Un bouquet de fleurs plus gros que sa tête lui couvrait l'épaule, et les rubans lui flottaient jusqu'aux pieds. Le chanvreur, qui était aussi le barbier et le perruquier de l'endroit, lui avait coupé les cheveux en rond, en lui couvrant la tête d'une écuelle et retranchant tout ce qui passait, méthode infaillible pour assurer le coup de ciseau. Ainsi accoutré, le pauvre enfant était moins poétique, à coup sûr, qu'avec ses longs cheveux au vent et sa peau de mouton à la Saint-Jean-Baptiste; mais il n'en croyait rien, et tout le monde l'admirait, disant qu'il avait l'air d'un petit homme. Sa beauté triomphait de tout; et de quoi ne triompherait pas, en effet, l'incomparable beauté de l'enfance?

Sa petite sœur Solange avait, pour la première fois de sa vie, une cornette à la place du béguin d'indienne que portent les petites filles jusqu'à l'âge de deux ou trois ans. Et quelle cornette! plus haute et plus large que tout le corps de la pauvrette. Aussi comme elle se trouvait belle! Elle n'osait pas tourner la tête, et se tenait toute roide, pensant qu'on la prendrait pour la mariée.

Quant au petit Sylvain, il était encore en robe, et, endormi sur les genoux de la grand'mère, il ne se doutait guère de ce que c'est qu'une noce.

Germain regardait ses enfants avec amour, et, en arrivant à la mairie, il dit à sa fiancée :

— Tiens, Marie, j'arrive là un peu plus content que le jour où je t'ai ramenée chez nous, des bois de Chanteloube, croyant que tu ne m'aimerais jamais; je te pris dans mes bras pour te mettre à terre comme à présent; mais je pensais que nous ne nous retrouverions plus jamais sur la pauvre bonne Grise avec cet enfant sur nos genoux. Tiens, je t'aime tant, j'aime tant ces pauvres petits, je suis si heureux que tu m'aimes, et que tu les aimes, et que mes parents t'aiment, et j'aime tant ta mère et mes amis, et tout le monde aujourd'hui, que je voudrais avoir trois ou quatre cœurs pour y suffire. Vrai, c'est trop peu d'un pour y loger tant d'amitiés et tant de contentements! J'en ai comme mal à l'estomac.

Il y eut une foule à la porte de la mairie et de l'église pour regarder la jolie mariée. Pourquoi ne dirions-nous pas son costume? Il lui allait si bien! Sa cornette de mousseline claire et brodée partout avait les barbes garnies de dentelle. Dans ce temps-là les paysannes ne se permettaient pas de montrer un seul cheveu; et, quoiqu'elles cachent sous leurs cornettes de magnifiques chevelures roulées dans des rubans de fil blanc pour soutenir la coiffe, encore aujourd'hui ce serait une action indécente et honteuse que de se montrer aux hommes la tête nue. Cependant elles se permettent à présent de laisser passer sur le front un mince bandeau qui les embellit beaucoup. Mais je regrette la coiffure classique de mon temps : ces dentelles blanches à cru sur la peau avaient un caractère d'antique chasteté qui me semblait plus solennel, et, quand une figure était belle ainsi, c'était d'une beauté dont rien ne peut exprimer le charme et la majesté naïve.

La petite Marie portait encore cette coiffure, et son front était si blanc et si pur, qu'il défiait le blanc du linge de l'assombrir. Quoiqu'elle n'eût pas fermé l'œil de la nuit, l'air du matin et surtout la joie intérieure d'une âme aussi limpide que le ciel, et puis encore un peu de flamme secrète, contenue par la pudeur de l'adolescence, lui faisaient monter aux joues un éclat aussi suave que la fleur du pêcher aux premiers rayons d'avril.

Son fichu blanc, chastement croisé sur son sein, ne laissait voir que les contours délicats d'un cou arrondi comme celui d'une tourterelle; son déshabillé de drap fin vert-myrte dessinait sa petite taille, qui semblait parfaite, mais qui devait grandir et se développer encore, car elle n'avait pas dix-sept ans. Elle portait un tablier de soie violet-pensée, avec la bavette, que nos villageoises ont eu le tort de supprimer et qui donnait tant d'élégance et de modestie à la poitrine. Aujourd'hui elles étalent leur fichu avec plus d'orgueil, mais il n'y a plus dans leur toilette cette fine fleur d'antique pudicité qui les faisait ressembler à des vierges d'Holbein. Elles sont plus coquettes, plus gracieuses. Le bon genre autrefois était une sorte de roideur sévère qui rendait leur rare sourire plus profond et plus idéal.

A l'offrande, Germain mit, selon l'usage, le *treizain*, c'est-à-dire treize pièces d'argent, dans la main de sa fiancée. Il lui passa au doigt une bague d'argent d'une forme invariable depuis des siècles, mais que l'*alliance d'or* a remplacée désormais. Au sortir de l'église, Marie lui dit tout bas :

— Est-ce bien la bague que je souhaitais? celle que je vous ai demandée, Germain?

— Oui, répondit-il, celle que ma Catherine avait au doigt lorsqu'elle est morte. C'est la même bague pour mes deux mariages.

— Je vous remercie, Germain, dit la jeune femme d'un ton sérieux et pénétré. Je mourrai avec, et, si c'est avant vous, vous la garderez pour le mariage de votre petite Solange.

IV

LE CHOU

On remonta à cheval et on revint très-vite à Bel-Air. Le repas fut splendide, et dura, entremêlé de danses et de chants, jusqu'à minuit. Les vieux ne quittèrent point la table pendant quatorze heures.

Le fossoyeur fit la cuisine et la fit fort bien. Il était renommé pour cela, et il quittait ses fourneaux pour venir danser et chanter entre chaque service. Il était épileptique pourtant, ce pauvre père Bontemps! Qui s'en serait douté? Il était frais, fort, et gai comme un jeune homme. Un jour nous le trouvâmes comme mort, tordu par son mal dans un fossé, à l'entrée de la nuit. Nous le rapportâmes chez nous dans une brouette, et nous passâmes la nuit à le soigner. Trois jours après il était de noce, chantait comme une grive et sautait comme un cabri, se trémoussant à l'ancienne mode. En sortant d'un mariage, il allait creuser une fosse et clouer une bière. Il s'en acquittait pieusement, et, quoiqu'il n'y parût point ensuite à sa belle humeur, il en conservait une impression sinistre qui hâtait le retour de son accès. Sa femme, paralytique, ne bougeait de sa chaise depuis vingt ans. Sa mère en a cent quarante et vit encore. Mais lui, le pauvre homme, si gai, si bon, si amusant, il s'est tué l'an dernier en tombant de son grenier sur le pavé. Sans doute, il était en proie au fatal accès de son mal, et, comme d'habitude, il s'était caché dans le foin pour ne pas effrayer et affliger sa famille. Il termina ainsi, d'une manière tragique, une vie étrange comme lui-même, un mélange de choses lugubres et folles, terribles et riantes, au milieu desquelles son cœur était toujours resté bon et son caractère aimable.

Mais nous arrivons à la troisième journée des noces, qui est la plus curieuse, et qui s'est maintenue dans toute sa rigueur jusqu'à nos jours. Nous ne parlerons pas de la rôtie que l'on porte au lit nuptial : c'est un assez sot usage qui fait souffrir la pudeur de la mariée et tend à détruire celle des jeunes filles qui y assistent. D'ailleurs, je crois que c'est un usage de toutes les provinces et qui n'a chez nous rien de particulier.

De même que la cérémonie des *livrées* est le symbole de la prise de possession du cœur et du domicile de la mariée, celle du *chou* est le symbole de la fécondité de l'hymen. Après le déjeuner du lendemain de noces commence cette bizarre représentation d'origine gauloise, mais qui, en passant par le christianisme primitif, est devenue peu à peu une sorte de *mystère*, ou de moralité bouffonne du moyen âge.

Deux garçons (les plus enjoués et les mieux disposés de la bande) disparaissent pendant le déjeuner, vont se costumer, et enfin reviennent escortés de la musique, des chiens, des enfants et des coups de pistolet. Ils représentent un couple de gueux, mari et femme, couverts des haillons les plus misérables. Le mari est le plus sale des deux : c'est le vice qui l'a ainsi dégradé; la femme n'est que malheureuse et avilie par les désordres de son époux.

Ils s'intitulent le *jardinier* et la *jardinière* et se disent préposés à la garde et à la culture du chou sacré. Mais le mari porte diverses qualifications qui toutes ont un sens. On l'appelle indifféremment le *peilloux*, parce qu'il est coiffé d'une perruque de paille ou de chanvre, et que, pour cacher sa nudité mal garantie par ses guenilles, il s'entoure les jambes et une partie du corps de paille. Il se fait aussi un gros ventre ou une bosse avec de la paille ou du foin cachés sous sa blouse. Le *peilloux*, parce qu'il est couvert de *peille* (de guenilles). Enfin, le *païen*, ce qui est plus significatif encore, parce qu'il est censé, par son cynisme et ses débauches, résumer en lui l'antipode de toutes les vertus chrétiennes.

Il arrive, le visage barbouillé de suie et de lie de vin, quelquefois affublé d'un masque grotesque. Une mauvaise tasse de terre ébréchée, ou un vieux sabot, pendu à sa ceinture par une ficelle, lui sert à demander l'aumône du vin. Personne ne lui refuse, et il feint de boire, puis il répand le vin par terre, en signe de libation. A chaque pas, il tombe, il se roule dans la boue, il affecte d'être en proie à l'ivresse la plus honteuse. Sa pauvre femme court après lui, le ramasse, appelle au secours, arrache les cheveux de chanvre qui sortent en mèches hérissées de sa cornette immonde, pleure sur l'abjection de son mari et lui fait des reproches pathétiques.

— Malheureux, lui dit-elle, vois où nous a réduits ta mauvaise conduite! J'ai beau filer, travailler pour toi, raccommoder tes habits! tu te déchires, tu te souilles sans cesse. Tu m'as mangé mon pauvre bien, nos six enfants sont sur la paille, nous vivons dans une étable avec les animaux; nous voilà réduits à demander l'aumône, et encore tu es si laid, si dégoûtant, si méprisé, que bientôt on nous jettera le pain comme à des chiens. Hélas! mes pauvres *mondes* (mes pauvres gens), ayez pitié de nous! ayez pitié de moi! Je n'ai pas mérité mon sort, et jamais femme n'a eu un mari plus malpropre et plus détestable. Aidez-moi à le ramasser, autrement les voitures l'écraseront comme un vieux tesson de bouteille, et je serai veuve, ce qui achèverait de me faire mourir de chagrin, quoique tout le monde dise que ce serait un grand bonheur pour moi.

Tel est le rôle de la jardinière et ses lamentations continuelles durant toute la pièce. Car c'est une véritable comédie libre, improvisée, jouée en plein air, sur les chemins, à travers champs, alimentée par tous les accidents fortuits qui se présentent, et à laquelle tout le monde prend part, gens de la noce et du dehors, hôtes des maisons et passants des chemins, pendant trois ou quatre heures de la journée, ainsi qu'on va le voir. Le thème est invariable, mais on brode à l'infini sur ce thème, et c'est là qu'il faut voir l'instinct mimique, l'abondance d'idées bouffonnes, la faconde, l'esprit de repartie, et même l'éloquence naturelle de nos paysans.

Le rôle de la jardinière est ordinairement confié à un homme mince, imberbe et à teint frais, qui sait donner une grande vérité à son personnage et jouer le désespoir burlesque avec assez de naturel pour qu'on en soit égayé et attristé en même temps comme d'un fait réel. Ces hommes maigres et imberbes ne sont pas rares dans nos campagnes, et, chose étrange, ce sont parfois les plus remarquables pour la force musculaire.

Après que le malheur de la femme est constaté, les jeunes gens de la noce l'engagent à laisser là son ivrogne de mari et à se divertir avec eux. Ils lui offrent le bras et l'entraînent. Peu à peu elle s'abandonne, s'égaye et se met à courir, tantôt avec l'un, tantôt avec l'autre, prenant des allures dévergondées : nouvelle *moralité*, l'inconduite du mari provoque et amène celle de la femme.

Le païen se réveille alors de son ivresse, il cherche des yeux sa compagne, s'arme d'une corde et d'un bâton et court après elle. On le fait courir, on se cache, on passe la femme de l'un à l'autre, on essaye de la distraire et de tromper le jaloux. Ses *amis* s'efforcent de l'enivrer. Enfin il rejoint son infidèle et veut la battre. Ce qu'il y a de plus réel et de mieux observé dans cette parodie des misères de la vie conjugale, c'est que le jaloux ne s'attaque jamais à ceux qui lui enlèvent sa femme. Il est fort poli et prudent avec eux, il ne veut s'en prendre qu'à la coupable, parce qu'elle est censée ne pouvoir lui résister.

Mais, au moment où il lève son bâton et apprête sa corde pour attacher la délinquante, tous les hommes de la noce s'interposent et se jettent entre les deux époux. « *Ne la battez pas! ne battez jamais votre femme!* » est la formule qui se répète à satiété dans ces scènes. On désarme le mari, on le force à pardonner, à embrasser sa femme, et bientôt il affecte de l'aimer plus que jamais. Il s'en va bras dessus, bras dessous, avec elle, en chantant et en dansant, jusqu'à ce qu'un nouvel accès d'ivresse le fasse rouler par terre : et alors recommencent les lamentations de la femme, son découragement, ses égarements simulés : la jalousie du mari, l'intervention des voisins et le raccommodement. Il y a dans tout cela un enseignement naïf, grossier même, qui sent fort son origine moyen âge, mais qui fait toujours impression, sinon sur les mariés, trop amoureux ou trop raisonnables aujourd'hui pour en avoir besoin, du moins sur les enfants et les adolescents. Le païen effraye et dégoûte tellement les jeunes filles, en courant après elles et en feignant de vouloir les embrasser, qu'elles fuient avec une émotion qui n'a rien de joué. Sa face barbouillée et son grand bâton (inoffensif pourtant) font jeter les hauts cris aux marmots. C'est de la comédie de mœurs à l'état le plus élémentaire, mais aussi le plus frappant.

Quand cette farce est bien mise en train, on se dispose à aller chercher le chou. On apporte une civière sur laquelle on place le païen armé d'une bêche, d'une corde et d'une grande corbeille. Quatre hommes vigoureux l'enlèvent sur leurs épaules. Sa femme le suit à pied, les *anciens* viennent en groupe après lui d'un air grave et pensif; puis la noce marche par couples au pas réglé par la musique. Les coups de pistolet recommencent, les chiens hurlent plus que jamais à la vue du païen immonde, ainsi porté en triomphe. Les enfants l'encensent dérisoirement avec des sabots au bout d'une ficelle.

Mais pourquoi cette ovation à un personnage si repoussant? On marche à la conquête du chou sacré, emblème de la fécondité matrimoniale, et c'est cet ivrogne abruti qui seul peut porter la main sur la plante symbolique. Sans doute il y a là un mystère antérieur au christianisme, et qui rappelle la fête des Saturnales, ou quelque bacchanale antique. Peut-être ce païen, qui est en même temps le jardinier par excellence, n'est-il rien moins que Priape en personne, le dieu des jardins et de la débauche, divinité qui dut être pourtant chaste et sérieuse dans son origine, comme le mystère de la reproduction, mais que la licence des mœurs et l'égarement des idées ont dégradée insensiblement.

Quoi qu'il en soit, la marche triomphale arrive au logis de la mariée et s'introduit dans son jardin. Là on choisit le plus beau chou, ce qui ne se fait pas vite, car les anciens tiennent conseil et discutent à perte de vue, chacun plaidant pour le chou qui lui paraît le plus convenable. On va aux voix, et, quand le choix est fixé, le *jardinier* attache sa corde autour de la tige, et s'éloigne autant que le permet l'étendue du jardin. La jardinière veille à ce que, dans sa chute, le légume sacré ne soit point endommagé. Les *plaisants* de la noce, le chanvreur, le fossoyeur, le charpentier, ou le sabotier (tous ceux enfin qui ne travaillent pas la terre, et qui, passant leur vie chez les autres, sont réputés avoir et ont réellement plus d'esprit et de babil que les simples ouvriers agriculteurs), se rangent autour du chou. L'un ouvre une tranchée à la bêche, si profonde qu'on dirait qu'il s'agit d'abattre un chêne. L'autre met sur son nez une *drogue* en bois ou en carton qui simule une paire de lunettes : il fait l'office d'*ingénieur*, s'approche, s'éloigne, lève un plan, lorgne les travailleurs, tire des lignes, fait le pédant, s'écrie qu'on va tout gâter, fait abandonner et reprendre le travail selon sa fantaisie, et le plus longuement, le plus ridiculement possible, dirige la besogne. Ceci est-il une addition au formulaire antique de la cérémonie, en moquerie des théoriciens en général que le paysan coutumier méprise souverainement, ou en haine des arpenteurs qui règlent le cadastre et répartissent l'impôt, ou enfin des employés aux ponts et chaussées qui convertissent des communaux en routes, et font supprimer de vieux abus chers au paysan? Tant il y a que ce personnage de la comédie s'appelle le *géomètre*, et qu'il fait son possible pour se rendre insupportable à ceux qui tiennent la pioche et la pelle.

Enfin, après un quart d'heure de difficultés et de momeries, pour ne pas couper les racines du chou et le déplanter sans dommage, tandis que des pelletées de terre sont lancées au nez des assistants (tant pis pour qui ne se range pas assez vite : fût-il évêque ou prince, il faut qu'il reçoive le baptême de la terre), le *païen* tire la corde, la *païenne* tend son tablier, et le chou tombe majestueusement aux *vivat* des spectateurs. Alors on apporte la corbeille, et le couple païen y plante le chou avec toutes sortes de soins et de précautions. On l'entoure de terre fraîche, on le soutient avec des baguettes et des liens, comme font les bouquetières des villes pour leurs splendides camellias en pot; on pique des pommes rouges au bout des baguettes, des branches de thym, de sauge et de laurier tout autour; on chamarre le tout de rubans et de banderoles; on recharge le trophée sur la civière avec le païen, qui doit le maintenir en équilibre et le préserver d'accident, et enfin on sort du jardin en bon ordre et au pas de marche.

Mais là, quand il s'agit de franchir la porte, de même que lorsque ensuite il s'agit d'entrer dans la cour de la maison du marié, un obstacle imaginaire s'oppose au passage. Les porteurs du fardeau trébuchent, poussent de grandes exclamations, reculent, avancent encore, et, comme repoussés par une force invincible, feignent de succomber sous le poids. Pendant cela, les assistants crient, excitent et calment l'attelage humain. « Bellement, bellement, enfant! Là, là, courage! Prenez garde! Patience! Baissez-vous. La porte est trop basse! Serrez-vous, elle est trop étroite! un peu à gauche, à droite à présent! allons du cœur, vous y êtes! »

C'est ainsi que, dans les années de récolte abondante, le char à bœufs, chargé outre mesure, de fourrage ou de moissons, se trouve trop large ou trop haut pour entrer sous le porche de la grange. C'est ainsi qu'on crie après les robustes animaux pour les retenir ou les exciter; c'est ainsi qu'avec de l'adresse et de vigoureux efforts on fait passer la montagne des richesses sans l'écrouler sous l'arc de triomphe rustique. C'est surtout le dernier charroi, appelé la *gerbaude*, qui demande ces précautions, car c'est aussi une fête champêtre, et la dernière gerbe enlevée au dernier sillon est placée au sommet du char, ornée de rubans et de fleurs, de même que le front des bœufs et l'aiguillon du bouvier. Ainsi l'entrée triomphale et pénible du chou dans la maison est un simulacre de la prospérité et de la fécondité qu'il représente.

Arrivé dans la cour du marié, le chou est enlevé et porté au plus haut de la maison ou de la grange. S'il est une cheminée, un pignon, un pigeonnier plus élevé que les autres faîtes, il faut, à tout risque, porter ce fardeau au point culminant de l'habitation. Le païen l'accompagne jusque-là, le fixe et l'arrose d'un grand broc de vin, tandis qu'une salve de coups de pistolet et les contorsions joyeuses de la païenne signalent son inauguration.

La même cérémonie recommence immédiatement. On va déterrer un autre chou dans le jardin du marié pour le porter avec les mêmes formalités sur le toit que sa femme vient d'abandonner pour le suivre. Ces trophées restent là jusqu'à ce que le vent et la pluie détruisent les corbeilles et emportent le chou. Mais ils y vivent assez longtemps pour donner quelque chance de succès à la prédiction que font les anciens et les matrones en le saluant. « Beau chou, disent-ils, vis et fleuris, afin que notre jeune mariée ait un beau petit enfant avant la fin de l'année; car, si tu mourais trop vite, ce serait signe de stérilité, et tu serais là-haut sur sa maison comme un mauvais présage. »

La journée est déjà avancée quand toutes ces choses sont accomplies. Il ne reste plus qu'à faire la conduite aux parrains et marraines des conjoints. Quand ces parents putatifs demeurent au loin, on les accompagne avec la musique et toute la noce jusqu'aux limites de la paroisse. Là, on danse encore sur le chemin et on les embrasse en se séparant d'eux. Le païen et sa femme sont alors débarbouillés et rhabillés proprement, quand la fatigue de leur rôle ne les a pas forcés à aller faire un somme.

On dansait, on chantait et on mangeait encore à la métairie de Bel-Air, ce troisième jour de noce, à minuit, lors du mariage de

Germain. Les anciens, attablés, ne pouvaient s'en aller, et pour cause. Ils ne retrouvèrent leurs jambes et leurs esprits que le lendemain au petit jour. Alors, tandis que ceux-là regagnaient leurs demeures, silencieux et trébuchants, Germain, fier et dispos, sortit pour aller lier ses bœufs, laissant sommeiller sa jeune compagne jusqu'au lever du soleil. L'alouette, qui chantait en montant vers les cieux, lui semblait être la voix de son cœur rendant grâce à la Providence. Le givre, qui brillait aux buissons décharnés, lui semblait la blancheur des fleurs d'avril précédant l'apparition des feuilles. Tout était riant et serein pour lui dans la nature. Le petit Pierre avait tant ri et tant sauté la veille, qu'il ne vint pas l'aider à conduire ses bœufs; mais Germain était content d'être seul. Il se mit à genoux dans le sillon qu'il allait refendre, et fit sa prière du matin avec une effusion si grande, que deux larmes coulèrent sur ses joues encore humides de sueur.

On entendait au loin les chants des jeunes garçons des paroisses voisines, qui partaient pour retourner chez eux, et qui redisaient d'une voix un peu enrouée les refrains joyeux de la veille.

FIN DE LA MARE AU DIABLE.

FRANÇOIS LE CHAMPI

NOTICE

François le Champi a paru pour la première fois dans le feuilleton du *Journal des Débats*. Au moment où le roman arrivait à son dénoûment, un autre dénoûment plus sérieux trouvait sa place dans le *premier Paris* dudit journal. C'était la catastrophe finale de la monarchie de Juillet, aux derniers jours de février 1848.

Ce dénoûment fit naturellement beaucoup de tort au mien, dont la publication, interrompue et retardée, ne se compléta, s'il m'en souvient, qu'au bout d'un mois. Pour ceux des lecteurs qui, artistes de profession ou d'instinct, s'intéressent aux procédés de fabrication des œuvres d'art, j'ajouterai à ma préface que, quelques jours avant la causerie dont cette préface est le résumé, je passais par le *chemin aux Napes*. Le mot *nape*, qui dans le langage figuré du pays désigne la belle plante appelée *nénuphar, nymphéa*, décrit fort bien ces larges feuilles qui s'étendent sur l'eau comme des nappes sur une table; mais j'aime mieux croire qu'il faut l'écrire avec un seul *p*, et le faire dériver de *napée*, ce qui n'altère en rien son origine mythologique.

Le chemin aux napes, où aucun de vous, chers lecteurs, ne passera probablement jamais, car il ne conduit à rien qui vaille la peine de s'y embourber, est un casse-cou bordé d'un fossé, où, dans l'eau vaseuse, croissent les plus beaux nymphéas du monde, plus blancs que les camellias, plus parfumés que les lis, plus purs que des robes de vierge, au milieu des salamandres et des couleuvres qui vivent là dans la fange et dans les fleurs; tandis que le martin-pêcheur, ce vivant éclair des rivages, rase d'un trait de feu l'admirable végétation sauvage du cloaque.

Un enfant de six ou sept ans, monté à poil sur un cheval nu, sauta avec sa monture le buisson qui était derrière moi, se laissa glisser à terre, abandonna le poulain échevelé au pâturage et revint pour sauter lui-même l'obstacle qu'il avait si lestement franchi à cheval un moment auparavant. Ce n'était plus aussi facile pour ses petites jambes; je l'aidai, et j'eus avec lui une conversation assez semblable à celle rapportée au commencement du *Champi*, entre la meunière et l'enfant trouvé. Quand je l'interrogeai sur son âge, qu'il ne savait pas, il accoucha textuellement de cette belle repartie: *deux ans*. Il ne savait ni son nom, ni celui de ses parents, ni celui de sa demeure; tout ce qu'il savait, c'était se tenir sur un cheval indompté, comme un oiseau sur une branche secouée par l'orage.

J'ai fait élever plusieurs champis des deux sexes qui sont venus à bien au physique et au moral. Il n'en est pas moins certain que ces pauvres enfants sont généralement disposés, par l'absence d'éducation, dans les campagnes, à devenir des bandits. Confiés aux gens les plus pauvres, à cause du secours insuffisant qui leur est attribué, ils servent souvent à exercer, au profit de leurs parents putatifs, le honteux métier de la mendicité. Ne serait-il pas possible d'augmenter ce secours, et d'y mettre pour condition que les champis ne mendieront pas, même à la porte des voisins et des amis?

J'ai fait aussi cette expérience, que rien n'est plus difficile que d'inspirer le sentiment de la dignité et l'amour du travail aux enfants qui ont commencé par vivre sciemment de l'aumône.

GEORGE SAND.

Nohant, 20 mai 1852.

AVANT-PROPOS

Nous revenions de la promenade, R*** et moi, au clair de la lune, qui argentait faiblement les sentiers dans la campagne assombrie. C'était une soirée d'automne tiède et doucement voilée; nous remarquions la sonorité de l'air dans cette saison et ce je ne sais quoi de mystérieux qui règne alors dans la nature. On dirait qu'à l'approche du lourd sommeil de l'hiver chaque être et chaque chose s'arrangent furtivement pour jouir d'un reste de vie et d'animation avant l'engourdissement fatal de la gelée : et, comme s'ils voulaient tromper la marche du temps, comme s'ils craignaient d'être surpris et interrompus dans les derniers ébats de leur fête, les êtres et les choses de la nature procèdent sans bruit et sans activité apparente à leurs ivresses nocturnes. Les oiseaux font entendre des cris étouffés au lieu des joyeuses fanfares de l'été. L'insecte des sillons laisse échapper parfois une exclamation indiscrète; mais tout aussitôt il s'interrompt et va rapidement porter son chant ou sa plainte à un autre point de rappel. Les plantes se hâtent d'exhaler un dernier parfum, d'autant plus suave qu'il est plus subtil et comme contenu. Les feuilles jaunissantes n'osent frémir au souffle de l'air, et les troupeaux paissent en silence sans cris d'amour ou de combat.

Nous-mêmes, mon ami et moi, nous marchions avec une certaine précaution, et un recueillement instinctif nous rendait muets et comme attentifs à la beauté adoucie de la nature, à l'harmonie enchanteresse de ses derniers accords, qui s'éteignaient dans un *pianissimo* insaisissable. L'automne est un *andante* mélancolique et gracieux qui prépare admirablement le solennel *adagio* de l'hiver.

— Tout cela est si calme, me dit enfin mon ami, qui, malgré notre silence, avait suivi mes pensées comme je suivais les siennes; tout cela paraît absorbé dans une rêverie si étrangère et si indifférente aux travaux, aux prévoyances et aux soucis de l'homme, que je me demande quelle expression, quelle couleur, quelle manifestation d'art et de poésie l'intelligence humaine pourrait donner en ce moment à la physionomie de la nature. Et, pour mieux te définir le but de ma recherche, je compare cette soirée, ce ciel, ce paysage, éteints et cependant harmonieux et complets, à l'âme d'un paysan religieux et sage qui travaille et profite de son labeur, qui jouit de la vie qui lui est propre, sans besoin, sans désir et sans moyen de manifester et d'exprimer sa vie intérieure. J'essaye de me placer au sein de ce mystère de la vie rustique et naturelle, moi civilisé, qui ne sais pas jouir par l'instinct seul, et qui suis toujours tourmenté du désir de rendre compte aux autres et à moi-même de ma contemplation ou de ma méditation.

Et alors, continua mon ami, je cherche avec peine quel rapport peut s'établir entre mon intelligence qui agit trop et celle de ce paysan qui n'agit pas assez; de même que je me demandais tout à l'heure ce que la peinture, la musique, la description, la traduction de l'art, en un mot, pourrait ajouter à la beauté de cette nuit d'automne qui se révèle à moi par une réticence mystérieuse, et qui me pénètre sans que je sache par quelle magique communication.

— Voyons, répondis-je, si je comprends bien comment la question est posée : Cette nuit d'octobre, ce ciel incolore, cette musique sans mélodie marquée ou suivie, ce calme de la nature, ce paysan qui se trouve plus près de nous, par sa simplicité, pour en jouir et la comprendre sans la décrire, mettons tout cela ensemble, et appelons-le la *vie primitive*, relativement à notre vie développée et compliquée, que j'appellerai la *vie factice*. Tu demandes quel est le rapport possible, le lien direct entre ces deux états opposés de l'existence des choses et des êtres, entre le palais et la chaumière, entre l'artiste et la création, entre le poëte et le laboureur ?

— Oui, reprit-il, et précisons : entre la langue que parlent cette nature, cette vie primitive, ces instincts, et celle que parlent l'art, la science, la *connaissance*, en un mot?

— Pour parler le langage que tu adoptes, je te répondrai qu'entre la *connaissance* et la *sensation*, le rapport, c'est le *sentiment*.

— Et c'est sur la définition de ce sentiment que précisément je t'interroge en m'interrogeant moi-même. C'est lui qui est chargé de la manifestation qui m'embarrasse; c'est lui qui est l'art, l'artiste, si tu veux, chargé de traduire cette candeur, cette grâce, ce charme de la vie primitive, à ceux qui ne vivent que de la vie factice, et qui sont, permets-moi de le dire en face de la nature et de ses secrets divins, les plus grands crétins du monde.

— Tu ne me demandes rien moins que le secret de l'art : cherche-le dans le sein de Dieu, car aucun artiste ne pourra te le révéler. Il ne sait pas lui-même, et ne pourrait rendre compte des causes de son inspiration ou de son impuissance. Comment faut-il s'y prendre pour exprimer le beau, le simple et le vrai? Est-ce que je le sais? Et qui pourrait nous l'apprendre? les plus grands artistes ne le pourraient pas non plus, parce que, s'ils cherchaient à le faire, ils cesseraient d'être artistes, ils deviendraient critiques; et la critique!...

— Et la critique, reprit mon ami, tourne depuis des siècles autour du mystère sans y rien comprendre. Mais pardonne-moi, ce n'est pas là précisément ce que je demandais. Je suis plus sauvage que cela dans ce moment-ci; je révoque en doute la puissance de l'art. Je la méprise, je l'anéantis, je prétends que l'art n'est pas né, qu'il n'existe pas, ou bien que, s'il a vécu, son temps est fait. Il est usé, il n'a plus de formes, il n'a plus de souffle, il n'a plus de moyens pour chanter la beauté du vrai. La nature est une œuvre d'art, mais Dieu est le seul artiste qui existe, et l'homme n'est qu'un arrangeur de mauvais goût. La nature est belle, le sentiment s'exhale de tous ses pores; l'amour, la jeunesse, la beauté, y sont impérissables. Mais l'homme n'a pour les sentir et les exprimer que des moyens absurdes et des facultés misérables. Il vaudrait mieux qu'il ne s'en mêlât pas, qu'il fût muet et se renfermât dans la contemplation. Voyons, qu'en dis-tu?

— Cela me va, et je ne demanderais pas mieux, répondis-je.

— Ah! s'écria-t-il, tu vas trop loin, et tu entres trop dans mon paradoxe. Je plaide; réplique.

— Je répliquerai donc qu'un sonnet de Pétrarque a sa beauté relative, qui équivaut à la beauté de l'eau de Vaucluse; qu'un beau paysage de Ruysdaël a son charme qui équivaut à celui de la soirée que voici; que Mozart chante dans la langue des hommes aussi bien que Philomèle dans celle des oiseaux; que Shakspeare fait parler les passions, les sentiments et les instincts, comme l'homme le plus primitif et le plus vrai peut les ressentir. Voilà l'art, le rapport, le sentiment, en un mot.

— Oui, c'est une œuvre de transformation! mais si elle ne me satisfait pas? quand même tu aurais mille fois raison de par les arrêts du goût et de l'esthétique, si je trouve les vers de Pétrarque moins harmonieux que le bruit de la cascade; et ainsi du reste? Si je soutiens qu'il y a dans la soirée que voici un charme que personne ne pourrait me révéler si je n'en avais joui par moi-même; et que toute la passion de Shakspeare est froide au prix de celle que je vois briller dans les yeux du paysan jaloux qui bat sa femme, qu'auras-tu à me répondre? Il s'agit de persuader mon sentiment. Et s'il échappe à tes exemples, s'il résiste à tes preuves? L'art n'est donc pas un démonstrateur invincible, et le sentiment n'est pas toujours satisfait par la meilleure des définitions.

— Je n'y vois rien à répondre, en effet, sinon que l'art est une démonstration dont la nature est la preuve; que le fait préexistant de cette preuve est toujours là pour justifier et contredire la démonstration, et qu'on n'en peut pas faire de bonne si on n'examine pas la preuve avec amour et religion.

— Ainsi la démonstration ne pourrait se passer de la preuve; mais la preuve ne pourrait-elle se passer de la démonstration?

— Dieu pourrait s'en passer sans doute; mais toi qui parles comme si tu n'étais pas des nôtres, je parie bien que tu ne comprendrais rien à la preuve si tu n'avais trouvé dans la tradition de l'art la démonstration sous mille formes, et si tu n'étais toi-même une démonstration toujours agissant sur la preuve.

— Eh! voilà ce dont je me plains. Je voudrais me débarrasser de cette éternelle démonstration qui m'irrite; anéantir dans ma mémoire les enseignements et les formes de l'art; ne jamais penser à la peinture quand je regarde le paysage, à la musique quand j'écoute le vent, à la poésie quand j'admire et goûte l'ensemble. Je voudrais jouir de tout par l'instinct, parce que ce grillon qui chante me paraît plus joyeux et plus enivré que moi.

— Tu te plains d'être homme, en un mot?

— Non; je me plains de n'être plus l'homme primitif.

— Reste à savoir si, ne comprenant pas, il jouissait.

— Je ne le suppose pas semblable à la brute. Du moment qu'il fut homme, il comprit et sentit autrement. Mais je ne peux pas me faire une idée nette de ses émotions, et c'est là ce qui me tourmente. Je voudrais être du moins ce que la société actuelle permet à un grand nombre d'hommes d'être, du berceau à la tombe, je voudrais être paysan; le paysan qui ne sait pas lire, celui à qui Dieu a donné de bons instincts, une organisation paisible, une conscience droite; et je m'imagine que, dans cet engourdissement des facultés inutiles, dans cette ignorance des goûts dépravés, je serais aussi heureux que l'homme primitif rêvé par Jean-Jacques.

— Et moi aussi, je fais souvent ce rêve; qui ne l'a fait? Mais il ne donnerait pas la victoire à ton raisonnement, car le paysan le plus simple et le plus naïf est encore artiste; et moi, je prétends même que leur art est supérieur au nôtre. C'est une autre forme, mais elle parle plus à mon âme que toutes celles de notre civilisation. Les chansons, les récits, les contes rustiques, peignent en peu de mots ce que notre littérature ne sait qu'amplifier et déguiser.

— Donc, je triomphe? reprit mon ami. Cet art-là est le plus pur et le meilleur, parce qu'il s'inspire davantage de la nature, qu'il est en contact plus direct avec elle. Je veux bien avoir poussé les choses à l'extrême en disant que l'art n'était bon à rien; mais j'ai dit aussi que je voudrais sentir à la manière du paysan, et je ne m'en dédis pas. Il y a certaines complaintes bretonnes, faites par des mendiants, qui valent tout Gœthe et tout Byron, en trois couplets, et qui prouvent que l'appréciation du vrai et du beau a été plus spontanée et plus complète dans ces âmes simples que dans celles des plus illustres poëtes. Et la musique donc! N'avons-nous pas dans notre pays des mélodies admirables? Quant à la peinture, ils n'ont pas cela; mais ils le possèdent dans leur langage, qui est plus expressif, plus énergique et plus logique cent fois que notre langue littéraire.

— J'en conviens, répondis-je; et, quant à ce dernier point surtout, c'est pour moi une cause de désespoir que d'être forcé d'écrire la langue de l'Académie, quand j'en sais beaucoup mieux une autre qui est si supérieure pour rendre tout un ordre d'émotions, de sentiments et de pensées.

— Oui, oui, le monde naïf! dit-il, le monde inconnu, fermé à notre art moderne, et que nulle étude ne te fera exprimer à toi-même, paysan de nature, si tu veux l'introduire dans le domaine de l'art civilisé, dans le commerce intellectuel de la vie factice.

— Hélas! répondis-je, je me suis beaucoup préoccupé de cela. J'ai vu et j'ai senti par moi-même, avec tous les êtres civilisés, que la vie primitive était le rêve, l'idéal de tous les hommes et de tous les temps. Depuis les bergers de Longus jusqu'à ceux de Trianon, la vie pastorale est un Éden parfumé où les âmes tourmentées et lassées du tumulte du monde ont essayé de se réfugier. L'art, ce grand flatteur, ce chercheur complaisant de consolations pour les gens trop heureux, a traversé une suite ininterrompue de *bergeries*. Et sous ce titre : *Histoire des bergeries*, j'ai souvent désiré de faire un livre d'érudition et de critique où j'aurais passé en revue tous ces différents rêves champêtres dont les hautes classes se sont nourries avec passion.

J'aurais suivi leurs modifications toujours en rapport inverse de la dépravation des mœurs, et se faisant pures et sentimentales d'autant plus que la société était corrompue et impudente. Je voudrais pouvoir *commander* ce livre à un écrivain plus capable que moi de le faire, et je le lirais ensuite avec plaisir. Ce serait un traité d'art complet, car la musique, la peinture, l'architecture, la littérature dans toutes ses formes ; théâtre, poëme, roman, églogue, chanson : les modes, les jardins, les costumes même, tout a subi l'engouement du rêve pastoral. Tous ces types de l'âge d'or, ces bergères, qui sont des nymphes et puis des marquises, ces bergères de l'*Astrée* qui passent par le Lignon de Florian, qui portent de la poudre et du satin sous Louis XV, et auxquels Sedaine commence, à la fin de la monarchie, à donner des sabots, sont tous plus ou moins faux, et aujourd'hui ils nous paraissent niais et ridicules. Nous en avons fini avec eux, nous n'en voyons plus guère que sous forme de fantômes à l'Opéra, et pourtant ils ont régné sur les cours et ont fait les délices des rois qui leur empruntaient la houlette et la panetière.

Je me suis demandé souvent pourquoi il n'y avait plus de bergers, car nous ne nous sommes pas tellement passionnés pour le vrai dans ces derniers temps, que nos arts et notre littérature soient en droit de mépriser ces types de convention plutôt que ceux que la mode inaugure. Nous sommes aujourd'hui à l'énergie et à l'atrocité, et nous brodons sur le canevas de ces passions des ornements qui seraient d'un terrible à faire dresser les cheveux sur la tête, si nous pouvions les prendre au sérieux.

— Si nous n'avons plus de bergers, reprit mon ami, si la littérature n'a plus cet idéal faux qui valait bien celui d'aujourd'hui, ne serait-ce pas une tentative que l'art fait, à son insu, pour se niveler, pour se mettre à la portée de toutes les classes d'intelligences ? Le rêve de l'égalité jeté dans la société ne pousse-t-il pas l'art à se faire brutal et fougueux, pour réveiller les instincts et les passions qui sont communs à tous les hommes, de quelque rang qu'ils soient ? On n'arrive pas au vrai encore. Il n'est pas plus dans le réel enlaidi que dans l'idéal pomponné; mais on le cherche, cela est évident, et, si on le cherche mal, on n'en est que plus avide de le trouver. Voyons : le théâtre, la poésie et le roman ont quitté la houlette pour prendre le poignard, et quand, ils mettent en scène la vie rustique, ils lui donnent un certain caractère de réalité qui manquait aux bergeries du temps passé. Mais la poésie n'y est guère, et je m'en plains; et je ne vois pas encore le moyen de relever l'idéal champêtre sans le farder ou le noircir. Tu y as souvent songé, je le sais; mais peux-tu réussir?

— Je ne l'espère point, répondis-je, car la forme me manque, et le sentiment que j'ai de la simplicité rustique ne trouve pas de langage pour s'exprimer. Si je fais parler l'homme des champs comme il parle, il faut une traduction en regard pour le lecteur civilisé, et, si je le fais parler comme nous parlons, j'en fais un être impossible, auquel il faut supposer un ordre d'idées qu'il n'a pas.

— Et puis quand même tu le ferais parler comme il parle, ton langage à toi ferait à chaque instant un contraste désagréable; tu n'es pas pour moi à l'abri de ce reproche. Tu peins une fille des champs, tu l'appelles *Jeanne*, et tu mets dans sa bouche des paroles qu'à la rigueur elle peut dire. Mais toi, romancier, qui veux faire partager à tes lecteurs l'attrait que tu éprouves à peindre ce type, tu la compares à une druidesse, à Jeanne d'Arc, que sais-je? Ton sentiment et ton langage font avec les siens un effet disparate, comme la rencontre de tons criards dans un tableau; et ce n'est pas ainsi que je peux entrer tout à fait dans la nature, même en l'idéalisant. Tu as fait depuis une meilleure étude du vrai dans la *Mare au Diable*. Mais je ne suis pas encore content; l'*auteur* y montre encore de temps en temps le bout de l'oreille; il s'y trouve des *mots d'auteur*, comme dit Henri Monnier, artiste qui a réussi à être *vrai* dans la *charge* et qui, par conséquent a résolu le problème qu'il s'était posé. Je sais que ton problème à toi n'est pas plus facile à résoudre. Mais il faut encore essayer, sauf à ne pas réussir; les chefs-d'œuvre ne sont jamais que des tentatives heureuses. Console-toi de ne pas faire de chefs-d'œuvre, pourvu que tu fasses des tentatives consciencieuses.

— J'en suis consolé d'avance, répondis-je, et je recommencerai quand tu voudras; conseille-moi.

— Par exemple, dit-il, nous avons assisté hier à une veillée rustique à la ferme. Le chanvreur a conté des histoires jusqu'à deux heures du matin. La servante du curé l'aidait ou le reprenait; c'était une paysanne un peu cultivée; lui, un paysan inculte, mais heureusement doué et fort éloquent à sa manière. A eux deux, ils nous ont raconté une histoire vraie, assez longue, et qui avait l'air d'un roman intime. L'as-tu retenue?

— Parfaitement, et je pourrais la redire mot à mot dans leur langage.

— Mais leur langage exige une traduction; il faut écrire en français et ne pas se permettre un mot qui ne le soit pas, à moins qu'il ne soit si intelligible, qu'une note devienne inutile pour le lecteur.

— Je le vois, tu m'imposes un travail à perdre l'esprit, et dans lequel je ne me suis jamais plongé que pour en sortir mécontent de moi-même et pénétré de mon impuissance.

— N'importe! tu t'y plongeras encore, car je vous connais, vous autres artistes; vous ne vous passionnez que devant les obstacles, et vous faites mal ce que vous faites sans souffrir. Tiens, commence, raconte-moi l'histoire du *Champi*, non pas telle que je l'ai entendue avec toi. C'était un chef-d'œuvre de narration pour nos esprits et pour nos oreilles du terroir. Mais raconte-la-moi comme si tu avais à ta droite un Parisien parlant la langue moderne, et à ta gauche un paysan devant lequel tu ne voudrais pas dire une phrase, un mot où il ne pourrait pas pénétrer. Ainsi tu dois parler clairement pour le Parisien, naïvement pour le paysan. L'un te reprochera de manquer de couleur, l'autre d'élégance. Mais je serai là aussi, moi qui cherche par quel rapport l'art, sans cesser d'être l'art pour tous, peut entrer dans le mystère de la simplicité primitive, et communiquer à l'esprit le charme répandu dans la nature.

— C'est donc une *étude* que nous allons faire à nous deux?

— Oui, car je t'arrêterai où tu broncheras.

— Allons, asseyons-nous sur ce tertre jonché de serpolet. Je commence; mais auparavant permets que, pour m'éclaircir la voix, je fasse quelques gammes.

— Qu'est-ce à dire? je ne te savais pas chanteur.

— C'est une métaphore. Avant de commencer un travail d'art, je crois qu'il faut se remettre en mémoire un thème quelconque qui puisse vous servir de type et faire entrer votre esprit dans la disposition voulue. Ainsi, pour me préparer à ce que tu demandes, j'ai besoin de réciter l'histoire du chien de Brisquet, qui est courte, et que je sais par cœur.

— Qu'est-ce que cela? Je ne m'en souviens pas.

— C'est un trait pour ma voix, écrit par Charles Nodier, qui essayait la sienne sur tous les modes possibles; un grand artiste, à mon sens, qui n'a pas eu toute la gloire qu'il méritait, parce que, dans le nombre varié de ses

AVANT-PROPOS.

tentatives, il en a fait plus de mauvaises que de bonnes : mais, quand un homme a fait deux ou trois chefs-d'œuvre, si courts qu'ils soient, on doit le couronner et lui pardonner ses erreurs. Voici le chien de Brisquet. Écoute.

Et je récitai à mon ami l'histoire de la *Bichonne*, qui l'émut jusqu'aux larmes, et qu'il déclara être un chef-d'œuvre de genre.

— Je devrais être découragé de ce que je vais tenter, lui dis-je ; car cette odyssée du *Pauvre chien à Brisquet*, qui n'a pas duré cinq minutes à réciter, n'a pas une tache, pas une ombre ; c'est un pur diamant taillé par le premier lapidaire du monde : car Nodier était essentiellement lapidaire en littérature. Moi, je n'ai pas de science, et il faut que j'invoque le sentiment. Et puis, je ne peux promettre d'être bref, et d'avance je sais que la première des qualités, celle de faire bien et court, manquera à mon étude.

— Va toujours, dit mon ami ennuyé de mes préliminaires.

— C'est donc l'histoire de François *le Champi*, repris-je, et je tâcherai de me rappeler le commencement sans altération. C'était Monique, la vieille servante du curé, qui entra en matière.

— Un instant, dit mon auditeur sévère, je t'arrête au titre. *Champi* n'est pas français.

— Je demande bien pardon, répondis-je. Le dictionnaire le déclare *vieux*, mais Montaigne l'emploie, et je ne prétends pas être plus Français que les grands écrivains qui font la langue. Je n'intitulerai donc pas mon conte François l'Enfant-Trouvé, François le Bâtard, mais François *le Champi*, c'est-à-dire l'enfant abandonné dans les champs, comme on disait autrefois dans le monde, et comme on dit encore aujourd'hui chez nous.

FRANÇOIS LE CHAMPI

I

Un matin que Madeleine Blanchet, la jeune meunière du Cormouer, s'en allait au bout de son pré pour laver à la fontaine, elle trouva un petit enfant assis devant sa planchette, et jouant avec la paille qui sert de coussinet aux genoux des lavandières. Madeleine Blanchet, ayant avisé cet enfant, fut étonnée de ne pas le connaître, car il n'y a pas de route bien achalandée de passants de ce côté-là, et on n'y rencontre que des gens de l'endroit.

— Qui es-tu, mon enfant? dit-elle au petit garçon, qui la regardait d'un air de confiance, mais qui ne parut pas comprendre sa question. Comment t'appelles-tu? reprit Madeleine Blanchet en le faisant asseoir à côté d'elle et en s'agenouillant pour laver.

— François, répondit l'enfant.
— François qui?
— Qui? dit l'enfant d'un air simple.

— A qui es-tu fils?

— Je ne sais pas, allez!

— Tu ne sais pas le nom de ton père!

— Je n'en ai pas.

— Il est donc mort?

— Je ne sais pas.

— Et ta mère?

— Elle est par là, dit l'enfant en montrant une maisonnette fort pauvre qui était à deux portées de fusil du moulin et dont on voyait le chaume à travers les saules.

— Ah! je sais, reprit Madeleine, c'est la femme qui est venue demeurer ici, qui est emménagée d'hier soir?

— Oui, répondit l'enfant.

— Et vous demeuriez à Mers!

— Je ne sais pas.

— Tu es un garçon peu savant. Sais-tu le nom de ta mère, au moins.

— Oui, c'est la Zabelle.

— Isabelle qui? tu ne lui connais pas d'autre nom?

— Ma foi, non, allez!

— Ce que tu sais ne te fatiguera pas la cervelle, dit Madeleine en souriant et en commençant à battre son linge.

— Comment dites-vous? reprit le petit François.

Madeleine le regarda encore; c'était un bel enfant, il avait des yeux magnifiques. « C'est dommage, pensa-t-elle, qu'il ait l'air si niais!

— Quel âge as-tu? reprit-elle. Peut-être que tu ne le sais pas non plus.

La vérité est qu'il n'en savait pas plus long là-dessus que sur le reste. Il fit ce qu'il put pour répondre, honteux peut-être de ce que la meunière lui reprochait d'être si borné, et il accoucha de cette belle repartie : « Deux ans! »

— Oui-da! reprit Madeleine en tordant son linge sans le regarder davantage, tu es un véritable oison, et on n'a guère pris soin de t'instruire, mon pauvre petit. Tu as au moins six ans pour la taille, mais tu n'as pas deux ans pour le raisonnement.

— Peut-être bien ! répliqua François. Puis, faisant un autre effort sur lui-même, comme pour secouer l'engourdissement de sa pauvre âme, il dit : Vous demandiez comment je m'appelle? On m'appelle François le Champi.

— Ah! ah! je comprends, dit Madeleine en tournant vers lui un œil de compassion. Et Madeleine ne s'étonna plus de voir ce bel enfant si malpropre, si déguenillé et si abandonné à l'hébétement de son âge.

— Tu n'es guère couvert, lui dit-elle, et le temps n'est pas chaud. Je gage que tu as froid!

— Je ne sais pas, répondit le pauvre champi, qui était si habitué à souffrir, qu'il ne s'en apercevait plus.

Madeleine soupira. Elle pensa à son petit Jeannie qui n'avait qu'un an et qui dormait bien chaudement dans son berceau, gardé par sa grand'mère, pendant que ce pauvre champi grelottait tout seul au bord de la fontaine, préservé de s'y noyer par la seule bonté de la Providence, car il était assez simple pour ne pas se douter qu'on meurt en tombant dans l'eau.

Madeleine, qui avait le cœur très-charitable, prit le bras de l'enfant et le trouva chaud, quoiqu'il eût par instants le frisson et que sa jolie figure fût très-pâle.

— Tu as la fièvre! lui dit-elle.

— Je ne sais pas, allez! répondit l'enfant qui l'avait toujours.

Madeleine Blanchet détacha le chéret de laine qui lui couvrait les épaules et en enveloppa le champi, qui se laissa faire et ne témoigna ni étonnement ni contentement. Elle ôta toute la paille qu'elle avait sous ses genoux et lui en fit un lit où il ne chôma pas de s'endormir, et Madeleine acheva de laver les nippes de son petit Jeannie, ce qu'elle fit lestement, car elle le nourrissait, et avait hâte d'aller le retrouver.

Quand tout fut lavé, le linge mouillé était devenu plus lourd de moitié, et elle ne put emporter le tout. Elle laissa son battoir et une partie de sa provision au bord de l'eau, se promettant de réveiller le champi lorsqu'elle reviendrait de la maison, où elle porta de suite tout ce qu'elle put prendre avec elle. Madeleine Blanchet n'était ni grande ni forte. C'était une très-jolie femme, d'un fier courage, et renommée pour sa douceur et son bon sens.

Quand elle ouvrit la porte de sa maison, elle entendit sur le petit pont de l'écluse un bruit de sabots qui courait après elle, et, en se virant, elle vit le champi qui l'avait rattrapée et qui lui apportait son battoir, son savon, le reste de son linge et son chéret de laine.

— Oh! oh! dit-elle, en lui mettant la main sur l'épaule, tu n'es pas si bête que je croyais, toi, car tu es serviable, et celui qui a bon cœur n'est jamais sot. Entre, mon enfant, viens te reposer. Voyez ce pauvre petit! il porte plus lourd que lui-même!

— Tenez, mère, dit-elle à la vieille meunière qui lui présentait son enfant bien frais et tout souriant, voilà un pauvre champi qui a l'air malade. Vous qui vous connaissez à la fièvre, il faudrait tâcher de le guérir.

— Ah! c'est la fièvre de misère! répondit la vieille en regardant François; ça se guérirait avec de la bonne soupe; mais ça n'en a pas. C'est le champi à cette femme qui a emménagé d'hier. C'est la locataire à ton homme, Madeleine. Ça paraît bien malheureux, et je crains que ça ne paye pas souvent.

Madeleine ne répondit rien. Elle savait que sa belle-mère et son mari avaient peu de pitié, et qu'ils aimaient l'argent plus que le prochain. Elle allaita son enfant, et, quand la vieille fut sortie pour aller chercher ses oies, elle prit François par la main, Jeannie sur son autre bras, et s'en fut avec eux chez la Zabelle.

La Zabelle, qui se nommait en effet Isabelle Bigot, était une vieille fille de cinquante ans, aussi bonne qu'on peut l'être pour les autres quand on n'a rien à soi et qu'il faut toujours trembler pour sa pauvre vie. Elle avait pris François, au sortir de nourrice, d'une femme qui était morte à ce moment-là, et elle l'avait élevé depuis, pour avoir tous les mois quelques pièces d'argent blanc et pour faire de lui son petit serviteur; mais elle avait perdu ses bêtes et elle devait en acheter d'autres à crédit, dès qu'elle pourrait, car elle ne vivait pas d'autre chose que d'un petit lot de brebiage et d'une douzaines de poules qui, de leur côté, vivaient sur le communal. L'emploi de François, jusqu'à ce qu'il eût gagné l'âge de la première communion, devait être de garder ce pauvre troupeau sur le bord des chemins ; après quoi on le louerait comme on pourrait, pour être porcher ou petit valet de charrue, et, s'il avait de bons sentiments, il donnerait à sa mère par adoption une partie de son gage.

On était au lendemain de la Saint-Martin, et la Zabelle avait quitté Mers, laissant sa dernière chèvre en payement d'un reste dû sur son loyer. Elle venait habiter la petite locature dépendante du moulin du Cormouer, sans autre objet de garantie qu'un grabat, deux chaises, un bahut et quelques vaisseaux de terre. Mais la maison était si mauvaise, si mal close et de si chétive valeur, qu'il fallait la laisser déserte ou courir les risques attachés à la pauvreté des locataires.

Madeleine causa avec la Zabelle, et vit bientôt que ce n'était pas une mauvaise femme, qu'elle ferait en conscience tout son possible pour payer, et qu'elle ne manquait pas d'affection pour son champi. Mais elle avait pris l'habitude de le voir souffrir en souffrant elle-même, et la compassion que la riche meunière témoignait à ce pauvre enfant lui causa d'abord plus d'étonnement que de plaisir.

Enfin, quand elle fut revenue de sa surprise et qu'elle comprit que Madeleine ne venait pas pour lui demander, mais pour lui rendre service, elle prit confiance, lui conta longuement toute son histoire, qui ressemblait à celle de tous les malheureux, et lui fit grand remercîment de son intérêt. Madeleine l'avertit qu'elle ferait tout son possible pour la secourir; mais elle la pria de n'en jamais parler à personne, avouant qu'elle ne pourrait l'assister qu'en cachette, et qu'elle n'était pas sa maîtresse à la maison.

Elle commença par laisser à la Zabelle son chéret de laine, en lui faisant donner promesse de le couper dès le même soir pour en faire un habillement au champi, et de n'en pas montrer les morceaux avant qu'il fût cousu. Elle vit bien que la Zabelle s'y engageait à contre-cœur, et qu'elle trouvait le chéret bien bon et bien utile pour elle-même. Elle fut obligée de lui dire qu'elle l'abandonnerait si, dans trois jours, elle ne voyait pas le champi chaudement vêtu. — Croyez-vous donc, ajouta-t-elle, que ma belle-mère, qui a l'œil à tout, ne reconnaîtrait pas mon chéret sur vos épaules? Vous voudriez donc me faire avoir des ennuis? Comptez que je vous assisterai autrement encore, si vous êtes un peu secrète dans ces choses-là. Et puis, écoutez : votre champi a la fièvre, et, si vous ne le soignez pas bien, il mourra.

— Croyez-vous? dit la Zabelle; ça serait une peine pour moi, car cet enfant-là, voyez-vous, est d'un cœur comme on n'en trouve guère; ça ne se plaint jamais, et c'est aussi soumis qu'un enfant de famille; c'est tout le contraire des autres champis, qui sont terribles et tabâtres, et qui ont toujours l'esprit tourné à la malice.

— Parce qu'on les rebute et parce qu'on les maltraite. Si celui-là est bon, c'est que vous êtes bonne pour lui, soyez-en assurée.

— C'est la vérité, reprit la Zabelle; les enfants ont plus de connaissance qu'on ne croit. Tenez, celui-là n'est pas malin, et pourtant il sait très-bien se rendre utile. Une fois que j'étais malade, l'an passé (il n'avait que cinq ans), il m'a soignée comme ferait une personne.

— Écoutez, dit la meunière : vous me l'enverrez tous les matins et tous les soirs, à l'heure où je donnerai la soupe à mon petit. J'en ferai trop, et il mangera le reste ; on n'y prendra pas garde.

— Oh! c'est que je n'oserai pas vous le conduire, et, de lui-même, il n'aura jamais l'esprit de savoir l'heure.

— Faisons une chose. Quand la soupe sera prête, je poserai ma quenouille sur le pont de l'écluse. Tenez, d'ici, ça se verra très-bien. Alors, vous enverrez l'enfant avec un sabot dans la main, comme pour chercher du feu, et puisqu'il mangera ma soupe, toute la vôtre vous restera. Vous serez mieux nourris tous les deux.

— C'est juste, répondit la Zabelle. Je vois que vous êtes une femme d'esprit, et j'ai du bonheur d'être venue ici. On m'avait fait grand'peur de votre mari, qui passe pour être un rude homme, et si j'avais pu trouver ailleurs, je n'aurais pas pris sa maison, d'autant plus qu'elle est mauvaise, et qu'il en demande beaucoup d'argent. Mais je vois que vous êtes bonne au pauvre monde, et que vous m'aiderez à élever mon champi. Ah! si la soupe pouvait lui couper sa fièvre! Il ne me manquerait plus que de perdre cet enfant-là!

C'est un pauvre profit, et tout ce que je reçois de l'hospice passe à son entretien. Mais je l'aime comme mon enfant, parce que je vois qu'il est bon, et qu'il m'assistera plus tard. Savez-vous qu'il est beau pour son âge, et qu'il sera de bonne heure en état de travailler?

C'est ainsi que François le Champi fut élevé par les soins et le bon cœur de Madeleine la meunière. Il retrouva la santé très-vite, car il était bâti, comme on dit chez nous, à chaux et à sable, et il n'y avait point de richard dans le pays qui n'eût souhaité d'avoir un fils aussi joli de figure et aussi bien construit de ses membres. Avec cela, il était courageux comme un homme ; il allait à la rivière comme un poisson, et plongeait jusque sous la pelle du moulin, ne craignant pas plus l'eau que le feu ; il sautait sur les poulains les plus folâtres, et les conduisait au pré sans même leur passer une corde autour du nez, jouant des talons pour les faire marcher droit et les tenant aux crins pour sauter les fossés avec eux. Et ce qu'il y avait de singulier, c'est qu'il faisait tout cela d'une manière fort tranquille, sans embarras, sans rien dire, et sans quitter son air simple et un peu endormi.

Cet air-là était cause qu'il passait pour sot ; mais il n'en est pas moins vrai que, s'il fallait dénicher des pies à la pointe du plus haut peuplier, ou retrouver une vache perdue bien loin de la maison, ou encore abattre une grive d'un coup de pierre, il n'y avait pas d'enfant plus hardi, plus adroit et plus sûr de son fait. Les autres enfants attribuaient cela au *bonheur du sort* qui passe pour être le lot du champi dans ce bas monde. Aussi le laissaient-ils toujours passer le premier dans les amusettes dangereuses.

— Celui-là, disaient-ils, n'attrapera jamais de mal, parce qu'il est champi. Froment de semence craint la vimère du temps ; mais folle graine ne périt point.

Tout alla bien pendant deux ans. La Zabelle se trouva avoir le moyen d'acheter quelques bêtes, on ne sut trop comment. Elle rendit beaucoup de petits services au moulin, et obtint que maître Cadet Blanchet le meunier fit réparer un petit le toit de sa maison, qui faisait l'eau de tous côtés. Elle put s'habiller un peu mieux, ainsi que son champi, et elle parut peu à peu moins misérable que quand elle était arrivée. La belle-mère de Madeleine fit bien quelques réflexions assez dures sur la perte de quelques effets et sur la quantité de pain qui se mangeait à la maison. Une fois même, Madeleine fut obligée de s'accuser pour ne pas laisser soupçonner la Zabelle ; mais, contre l'attente de la belle-mère, Cadet Blanchet ne se fâcha presque point, et parut même vouloir fermer les yeux.

Le secret de cette complaisance, c'est que Cadet Blanchet était encore très-amoureux de sa femme. Madeleine était jolie et nullement coquette; on lui en faisait compliments en tous endroits, et ses affaires allaient fort bien d'ailleurs ; comme il était de ces hommes qui ne sont méchants que par crainte d'être malheureux, il avait pour Madeleine plus d'égards qu'on ne l'en aurait cru capable. Cela causait un peu de jalousie à la mère Blanchet, et elle s'en vengeait par de petites tracasseries que Madeleine supportait en silence et sans jamais s'en plaindre à son mari.

C'était bien la meilleure manière de les faire finir plus vite, et jamais on ne vit à cet égard de femme plus patiente et plus raisonnable que Madeleine. Mais on dit chez nous que le profit de la bonté est plus vite usé que celui de la malice, et un jour vint où Madeleine fut questionnée et tancée tout de bon pour ses charités.

C'était une année où les blés avaient grêlé et où la rivière, en débordant, avait gâté les foins. Cadet Blanchet n'était pas de bonne humeur. Un jour qu'il revenait du marché avec un sien confrère qui venait d'épouser une fort belle fille, ce dernier lui dit :

— Au reste, tu n'as pas été à plaindre non plus, *dans ton temps*, car ta Madelon était aussi une fille très-agréable.

— Qu'est-ce que tu veux dire avec *mon temps* et ta *Madelon était*? Dirait-on pas que nous sommes vieux elle et moi? Madeleine n'a encore que vingt ans et je ne sache pas qu'elle soit devenue laide.

— Non, non, je ne dis pas ça, reprit l'autre. Certainement Madeleine est encore bien ; mais enfin, quand une femme se marie si jeune, elle n'en a pas pour longtemps à être regardée. Quand ça a nourri un enfant, c'est déjà fatigué ; et ta femme n'était pas forte, à preuve que la voilà bien maigre et qu'elle a perdu sa bonne mine. Est-ce qu'elle est malade, cette pauvre Madelon ?

— Pas que je sache. Pourquoi donc me demandes-tu ça?

— Dame! je ne sais pas. Je lui trouve un air triste comme quelqu'un qui souffrirait ou qui aurait de l'ennui. Ah! les femmes, ça n'a qu'un moment, c'est comme la vigne en fleur. Il faut que je m'attende aussi à voir la mienne prendre une mine allongée et un air sérieux. Voilà comme nous sommes, nous autres! Tant que nos femmes nous donnent de la jalousie, nous en sommes amoureux. Ça nous fâche, nous crions, nous battons même quelquefois; ça les chagrine, elles pleurent; elles restent à la maison, elles nous craignent, elles s'ennuient, elles ne nous aiment plus. Nous voilà bien contents, nous sommes les maîtres!... Mais voilà aussi qu'un beau matin nous avisons que, si personne n'a plus envie de notre femme, c'est parce qu'elle est devenue laide, et alors, voyez le sort! nous ne les aimons plus et nous avons envie de celles des autres. Bonsoir, Cadet Blanchet; tu as embrassé ma femme un peu trop fort à ce soir; je l'ai bien vu et je n'ai rien dit. C'est pour te dire à présent que nous n'en serons pas moins bons amis et que je tâcherai de ne pas la rendre triste comme la tienne, parce que je me connais : si je suis jaloux, je serai méchant, et, quand je n'aurai plus sujet d'être jaloux, je serai peut-être encore pire...

Une bonne leçon profite à un bon esprit; mais Cadet Blanchet, quoique intelligent et actif, avait trop d'orgueil pour avoir une bonne tête. Il rentra l'œil rouge et l'épaule haute. Il regarda Madeleine comme s'il ne l'avait pas vue depuis longtemps. Il s'aperçut qu'elle était pâle et changée. Il lui demanda si elle était malade, d'un ton si rude, qu'elle devint encore plus pâle et répondit qu'elle se portait bien, d'une voix très-faible. Il s'en fâcha, Dieu sait pourquoi, et se mit à table avec l'envie de chercher querelle à quelqu'un. L'occasion ne se fit pas longtemps attendre. On parla de la cherté du blé, et la mère Blanchet remarqua, comme elle le faisait tous les soirs, qu'on mangeait trop de pain. Madeleine ne dit mot. Cadet Blanchet voulut la rendre responsable du gaspillage. La vieille déclara qu'elle avait surpris, le matin même, le champi emportant une demi-tourte... Madeleine aurait dû se fâcher et leur tenir tête, mais elle ne sut que pleurer. Blanchet pensa à ce que lui avait dit son compère et n'en fut que plus âcreté ; si bien que, de ce jour-là, expliquez comment cela se fit, si vous pouvez, il n'aima plus sa femme et la rendit malheureuse.

II

Il la rendit malheureuse ; et, comme jamais bien heureuse il ne l'avait rendue, elle eut doublement mauvaise chance dans le mariage. Elle s'était laissé marier, à seize ans, à ce rougeot qui n'était pas tendre, qui buvait beaucoup le dimanche, qui était en colère tout le lundi, chagrin le mardi, et qui, les jours suivants, travaillant comme un cheval pour réparer le temps perdu, car il était avare, n'avait pas le loisir de songer à sa femme. Il était moins malgracieux le samedi, parce qu'il avait fait sa besogne et pensait à se divertir le lendemain. Mais un jour par semaine de bonne humeur, ce n'est pas assez, et Madeleine n'aimait pas le voir guilleret, parce qu'elle savait que le lendemain soir il rentrerait tout enflammé de colère.

Mais, comme elle était jeune et gentille, et si douce qu'il n'y avait pas moyen d'être longtemps fâché contre elle, il avait encore des moments de justice et d'amitié, où il lui prenait les deux mains, en lui disant : — Madeleine, il n'y a pas de meilleure femme que vous, et je crois qu'on vous a faite exprès pour moi. Si j'avais épousé une coquette comme j'en vois tant, je l'aurais tuée, ou je me serais jeté sous la roue de mon moulin. Mais je reconnais que tu es sage, laborieuse, et que tu vaux ton pesant d'or.

Mais, quand son amour fut passé, ce qui arriva au bout de quatre ans de ménage, il n'eut plus de bonne parole à lui dire, et il eut du dépit de ce qu'elle ne répondait rien à ses mauvaisetés. Qu'eût-elle répondu ! Elle sentait que son mari était injuste, et elle ne voulait pas lui en faire de reproches, car elle mettait tout son devoir à respecter le maître qu'elle n'avait jamais pu chérir.

La belle-mère fut contente de voir que son fils redevenait l'homme de chez lui ; c'est ainsi qu'elle disait, comme s'il avait jamais oublié de l'être et de le faire sentir ! Elle haïssait sa bru, parce qu'elle la voyait meilleure qu'elle. Ne sachant quoi lui reprocher, elle lui tenait à méfait de n'être pas forte, de tousser tout l'hiver, et de n'avoir encore qu'un enfant? Elle la méprisait pour cela et aussi pour ce qu'elle savait lire et écrire, et que le dimanche elle lisait des prières dans un coin du verger au lieu de venir caqueter et marmotter avec elle et les commères d'alentour.

Madeleine avait remis son âme à Dieu, et, trouvant inutile de se plaindre, elle souffrait comme si cela lui était dû. Elle avait retiré son cœur de la terre, et rêvait souvent au paradis comme une personne qui serait bien aise de mourir. Pourtant elle soignait sa santé et s'ordonnait le courage, parce qu'elle sentait que son enfant ne serait heureux que par elle, et qu'elle acceptait tout en vue de l'amour qu'elle lui portait.

Elle n'avait pas grande amitié pour la Zabelle, mais elle en avait un peu, parce que cette femme, moitié bonne, moitié intéressée, continuait à soigner de son mieux le pauvre champi ; et Madeleine, voyant combien deviennent mauvais ceux qui ne songent qu'à eux-mêmes, était portée à n'estimer que ceux qui pensaient un peu aux autres. Mais, comme elle était la seule, dans son endroit, qui n'eût pas du tout souci d'elle-même, elle se trouvait bien esseulée et s'ennuyait beaucoup, sans trop connaître la cause de son ennui.

Peu à peu cependant elle remarqua que le champi, qui avait alors dix ans, commençait à penser comme elle. Quand je dis penser, il faut croire qu'elle le jugea à sa manière d'agir ; car le pauvre enfant ne montrait guère plus son raisonnement dans ses paroles que le jour où elle l'avait questionné pour la première fois. Il ne savait dire mot, et, quand on voulait le faire causer, il était arrêté tout de suite parce qu'il ne savait rien de rien. Mais, s'il fallait courir pour rendre service, il était toujours prêt ; et même, quand c'était pour le service de Madeleine, il courait avant qu'elle eût parlé. A son air on eût dit qu'il n'avait pas compris de quoi il s'agissait, mais il faisait la chose commandée si vite et si bien, qu'elle-même en était émerveillée.

Un jour qu'il portait le petit Jeannie dans ses bras et qu'il se laissait tirer les cheveux par lui pour le faire rire, Madeleine lui reprit l'enfant avec un brin de mécontentement, disant comme malgré elle : — François, si tu commences déjà à tout souffrir des autres, tu ne sais pas où ils s'arrêteront. Et à son grand ébahissement, François lui répondit : — J'aime mieux souffrir le mal que de le rendre.

Madeleine, étonnée, regarda dans les yeux du champi. Il y avait dans les yeux de cet enfant-là quelque chose qu'elle n'avait jamais trouvé, même dans ceux des personnes les plus raisonnables ; quelque chose de si bon et de si décidé en même temps, qu'elle en fut comme étourdie dans ses esprits ; et, s'étant assise sur le gazon avec son petit sur ses genoux, elle fit asseoir le champi sur le bord de sa robe, sans oser lui parler. Elle ne pouvait pas s'expliquer à elle-même pourquoi elle avait comme de la crainte et de la honte d'avoir souvent plaisanté cet enfant sur sa simplicité. Elle l'avait toujours fait avec douceur, il est vrai, et peut-être que sa niaiserie le lui avait fait plaindre et aimer d'autant plus. Mais dans ce moment-là elle s'imagina qu'il avait toujours compris ses moqueries et qu'il en avait souffert, sans pouvoir y répondre.

Et puis elle oublia cette petite aventure, car ce fut peu de temps après que son mari, s'étant coiffé d'une drôlesse des environs, se mit à la détester tout à fait et à lui défendre de laisser la Zabelle et son gars remettre les pieds dans le moulin. Alors Madeleine ne songea plus qu'aux moyens de les secourir encore plus secrètement. Elle en avertit la Zabelle, en lui disant que pendant quelque temps elle aurait l'air de l'oublier.

Mais la Zabelle avait grand'peur du meunier, et elle n'était pas femme, comme Madeleine, à tout souffrir pour l'amour d'autrui. Elle raisonna à part soi, et se dit que le meunier, étant le maître, pouvait bien la mettre à la porte ou augmenter son loyer, ce à quoi Madeleine ne pourrait porter remède. Elle songea aussi qu'en faisant soumission à la mère Blanchet elle se remettrait bien avec

Et, à son grand ébahissement, François lui répondit : J'aime mieux souffrir le mal que de le rendre.

elle, et que sa protection lui serait plus utile que celle de la jeune femme. Elle alla donc trouver la vieille meunière, et s'accusa d'avoir accepté des secours de sa belle-fille, disant que c'était bien malgré elle, et seulement par commisération pour le champi, qu'elle n'avait pas le moyen de nourrir. La vieille haïssait le champi, tant seulement parce que Madeleine s'intéressait à lui. Elle conseilla à la Zabelle de s'en débarrasser, lui promettant, à tel prix, d'obtenir six mois de crédit pour son loyer. On était encore, cette fois-là, au lendemain de la Saint-Martin, et la Zabelle n'avait pas d'argent, vu que l'année était mauvaise. On surveillait Madeleine de si près depuis quelque temps, qu'elle ne pouvait lui en donner. La Zabelle prit bravement son parti, et promit que dès le lendemain elle reconduirait le champi à l'hospice.

Elle n'eut pas plutôt fait cette promesse qu'elle s'en repentit, et qu'à la vue du petit François qui dormait sur son grabat elle se sentit le cœur aussi gros que si elle allait commettre un péché mortel. Elle ne dormit guère; mais, dès avant le jour, la mère Blanchet entra dans son logis et lui dit :

— Allons, debout, Zabeau ! vous avez promis, il faut tenir. Si vous attendez que ma bru vous ait parlé, je sais que vous n'en ferez rien. Mais dans son intérêt, voyez-vous, tout aussi bien que dans le vôtre, il faut faire partir ce gars. Mon fils l'a pris en malintention à cause de sa bêtise et de sa gourmandise ; ma bru l'a trop affriandé, et je suis sûre qu'il est déjà voleur. Tous les champis le sont de naissance, et c'est une folie que de compter sur ces canailles-là. En voilà un qui vous fera chasser d'ici, qui vous donnera mauvaise réputation, qui sera cause que mon fils battra sa femme quelque jour, et qui, en fin de compte, quand il sera grand et fort, deviendra bandit sur les chemins, et vous fera honte. Allons, allons, en route ! Conduisez-le-moi jusqu'à Corlay par les prés. A huit heures, la diligence passe. Vous y monterez avec lui, et sur le midi au plus tard vous serez à Châteauroux. Vous pouvez revenir ce soir, voilà une pistole pour faire le voyage, et vous aurez encore là-dessus de quoi goûter à la ville.

La Zabelle réveilla l'enfant, lui mit ses meilleurs habits, fit un paquet du reste de ses hardes, et, le prenant par la main, elle partit avec lui au clair de lune.

Mais, à mesure qu'elle marchait et que le jour montait, le cœur lui manquait; elle ne pouvait aller vite, elle ne pouvait parler, et, quand elle arriva au bord de la route, elle s'assit sur la berge du fossé, plus morte que vive. La diligence approchait. Il n'était que temps de se trouver là.

Le champi n'avait coutume de se tourmenter, et jusque-là il avait suivi sa mère sans se douter de rien. Mais, quand il vit, pour la première fois de sa vie, rouler vers lui une grosse voiture, il eut peur du bruit qu'elle faisait, et se mit à tirer la Zabelle vers le pré d'où ils venaient de déboucher sur la route. La Zabelle crut qu'il comprenait son sort, et lui dit :

— Allons, mon pauvre François, il le faut!

Ce mot fit encore plus de peur à François. Il crut que la diligence était un gros animal toujours courant qui allait l'avaler et le dévorer. Lui qui était si hardi dans les dangers qu'il connaissait, il perdit la tête et s'enfuit dans le pré en criant. La Zabelle courut après lui; mais le voyant pâle comme un enfant qui va mourir, le courage lui manqua tout à fait. Elle le suivit jusqu'au bout du pré et laissa passer la diligence.

III

Ils revinrent par où ils étaient venus, jusqu'à mi-chemin du moulin, et là, de fatigue, ils s'arrêtèrent. La Zabelle était inquiète de voir l'enfant trembler de la tête aux pieds, et son cœur sauter si fort, qu'il soulevait sa pauvre chemise. Elle le fit asseoir et tâcha de le consoler. Mais elle ne savait ce qu'elle disait, et François n'était pas en état de le deviner. Elle tira un morceau de pain de son panier, et voulut lui persuader de manger; mais il n'en avait nulle envie, et ils restèrent là longtemps sans se rien dire.

Enfin, la Zabeau, qui revenait toujours à ses raisonnements, eut honte de sa faiblesse et se dit que, si elle reparaissait au moulin avec l'enfant, elle était perdue. Une autre diligence passait vers le midi; elle décida de se reposer là jusqu'au moment à propos pour retourner à la route; mais, comme François était épeuré jusqu'à en perdre le peu d'esprit qu'il avait, comme, pour la première fois de sa vie, il était capable de faire de la résistance, elle essaya de le rapprivoiser avec les grelots des chevaux, le bruit des roues et la vitesse de la grosse voiture.

Mais, tout en essayant de lui donner confiance, elle en dit plus qu'elle ne voulait; peut-être que le repentir la faisait parler malgré elle : ou bien François avait entendu en s'éveillant, le matin, certaines paroles de la mère Blanchet qui lui revenait à l'esprit; ou bien encore ses pauvres idées s'éclaircissaient tout d'un coup à l'approche du malheur : tant il y a qu'il se mit à dire, en regardant la Zabelle avec les mêmes yeux qui avaient tant étonné et presque effarouché Madeleine :

— Mère, tu veux me renvoyer d'avec toi ! tu veux me conduire bien loin d'ici et me laisser.

Puis le mot d'*hospice*, qu'on avait plus d'une fois lâché devant lui, lui revint à la mémoire. Il ne savait ce que c'était que l'hospice, mais cela lui parut encore plus épouvantable que la diligence, et il s'écria en frissonnant : Tu veux me mettre dans l'hospice !

La Zabelle s'était portée trop avant pour reculer. Elle croyait l'enfant plus instruit de son sort qu'il ne l'était, et, sans songer qu'il n'eût guère été malaisé de le tromper et de se débarrasser de lui par surprise, elle se mit à lui expliquer la vérité et à vouloir lui faire comprendre qu'il serait plus heureux à l'hospice qu'avec elle, qu'on y prendrait plus de soin de lui, qu'on lui enseignerait à travailler, qu'on le placerait pour un temps chez quelque femme moins pauvre qu'elle, qui lui servirait encore de mère.

Ces consolations achevèrent de désoler le champi. L'inconnaissance du temps à venir lui fit plus de peur que tout ce que la Zabelle essayait de lui montrer pour le dégoûter de vivre avec elle. Il aimait d'ailleurs, il aimait de toutes ses forces cette mère ingrate qui ne tenait pas à lui autant qu'à elle-même. Il aimait quelqu'un encore, et presque autant que la Zabelle, c'était Madeleine; mais il ne savait pas qu'il l'aimait et il n'en parla pas. Seulement il se coucha par terre en sanglotant, en arrachant l'herbe avec ses mains et s'en couvrant la figure, comme s'il fût tombé du gros mal. Et quand la Zabelle, tourmentée et impatientée de le voir ainsi, voulut le relever de force en le menaçant, il se frappa la tête si fort sur les pierres, qu'il se mit tout en sang et qu'elle vit l'heure où il allait se tuer.

Le bon Dieu voulut que dans ce moment-là Madeleine Blanchet vînt à passer. Elle ne savait rien du départ de la Zabelle et de l'enfant. Elle avait été chez la bourgeoise de Presles pour lui remettre de la laine qu'on lui avait donnée à filer très-menu, parce qu'elle était la meilleure filandière du pays. Elle en avait touché l'argent, et elle s'en revenait au moulin avec dix écus dans sa poche. Elle allait traverser la rivière sur un de ces petits ponts de planche à fleur d'eau, comme il y en a dans les prés de ce côté-là, lorsqu'elle entendit des cris à fendre l'âme et reconnut tout d'un coup la voix du pauvre champi. Elle courut du côté, et vit l'enfant tout sanguifié qui se débattait dans les bras de la Zabelle. Elle ne comprit pas d'abord; car, à voir cela, on eût dit que la Zabelle l'avait frappé mauvaisement et voulait se défaire de lui. Elle le crut d'autant que François, en l'apercevant, se prit à courir vers elle, se roula autour de ses jambes comme un petit serpent, et s'attacha à ses cotillons en criant :

— Madame Blanchet, madame Blanchet, sauvez-moi !

La Zabelle était grande et forte, et Madeleine était petite et mince comme un brin de jonc. Elle n'eût cependant pas peur, et, dans l'idée que cette femme, devenue folle, voulait assassiner l'enfant, elle se mit au-devant de lui, bien déterminée à le défendre ou à se laisser tuer pendant qu'il se sauverait.

Mais il ne fallut pas beaucoup de paroles pour s'expliquer. La Zabelle, qui avait plus de chagrin que de colère, raconta les choses comme elles étaient. Cela fit que François comprit enfin tout le malheur de son état, et, cette fois, il fit son profit de ce qu'il entendait avec plus de raison qu'on ne lui en eût jamais supposé. Quand la Zabelle eut tout dit, il commença à s'attacher aux jambes et aux jupons de la meunière, en disant :

— Ne me renvoyez pas, ne me laissez pas renvoyer ! Et il allait de la Zabeau qui pleurait, à la meunière qui pleurait encore plus fort, disant toutes sortes de mots et de prières qui n'avaient pas l'air de sa bouche, car c'était la première fois qu'il trouvait moyen de dire ce qu'il voulait :

— O ma mère, ma mère mignonne ! disait-il à la Zabelle, pourquoi veux-tu me quitter ? Tu veux donc que je meure de chagrin de ne plus te voir ? Qu'est-ce que je t'ai fait pour que tu ne m'aimes plus ? Est-ce que je ne t'ai pas toujours obéi dans tout ce que tu m'as commandé ? Est-ce que j'ai fait du mal ? J'ai toujours eu bien soin de nos bêtes, tu le disais toi-même, tu m'embrassais tous les soirs, tu me disais que j'étais ton enfant, tu ne m'as jamais dit que tu n'étais pas ma mère ? Ma mère, garde-moi, garde-moi, je t'en prie comme on prie le bon Dieu ! j'aurai toujours soin de toi ; je travaillerai toujours pour toi ; si tu n'es pas contente de moi, tu me battras et je ne dirai rien ; mais attends pour me renvoyer que j'aie fait quelque chose de mal.

Et il allait à Madeleine en lui disant :

— Madame la meunière, ayez pitié de moi. Dites à ma mère de me garder. Je n'irai plus jamais chez vous, puisqu'on ne le veut pas, et, quand vous voudrez me donner quelque chose, je saurai que je ne dois pas le prendre. J'irai parler à M. Cadet Blanchet, je lui dirai de me battre et de ne pas vous gronder pour moi. Et quand vous irez aux champs, j'irai toujours avec vous, je porterai votre petit, je l'amuserai encore toute la journée. Je ferai tout ce que vous me direz, et, si je fais quelque chose de mal, vous ne m'aimerez plus. Mais ne me laissez pas renvoyer, je ne veux pas m'en aller, j'aime mieux me jeter dans la rivière.

Et le pauvre François regardait la rivière en s'approchant si près, qu'on voyait bien que sa vie ne tenait qu'à un fil, et qu'il n'eût fallu qu'un mot de refus pour le faire noyer. Madeleine parlait pour l'enfant, et la Zabelle mourait d'envie de l'écouter ; mais elle se voyait près du moulin, et ce n'était plus comme lorsqu'elle était auprès de la route.

— Va, méchant enfant, disait-elle, je te garderai; mais tu seras cause que demain je serai sur les chemins demandant mon pain. Toi, tu es trop bête pour comprendre que c'est par ta faute que j'en serai réduite là, et voilà à quoi m'aura servi de me mettre sur le corps l'embarras d'un enfant qui ne m'est rien, et qui ne me rapporte pas le pain qu'il mange.

— En voilà assez, Zabelle, dit la meunière en prenant le champi dans ses bras et en l'enlevant de terre pour l'emporter, quoiqu'il fût déjà bien lourd. Tenez, voilà dix écus pour payer votre ferme ou pour emménager ailleurs, si on s'obstine à vous chasser de chez nous. C'est de l'argent à moi, de l'argent que j'ai gagné; je sais bien qu'on me le redemandera, mais ça m'est égal. On me tuera si l'on veut, j'achète cet enfant-là, il est à moi, il n'est plus à vous. Vous ne méritez pas de garder un enfant d'un aussi grand cœur, et qui vous aimait tant. C'est moi qui serai sa mère, et il faudra bien qu'on me le souffre. On peut tout souffrir pour ses enfants. Je me ferais couper par morceaux pour mon Jeannie; eh bien! j'en endurerai autant pour celui-là. Viens, mon pauvre François. Tu n'es plus champi, entends-tu? Tu as une mère, et tu peux l'aimer à ton aise; elle te le rendra de tout son cœur.

Madeleine disait ces paroles-là sans trop savoir ce qu'elle disait. Elle qui était la tranquillité même, elle avait dans ce moment la tête tout en feu. Son bon cœur s'était regimbé, et elle était vraiment en colère contre la Zabelle. François avait jeté ses deux bras autour du cou de la meunière, et il la serrait si fort, qu'elle en perdit la respiration, en même temps qu'il remplissait de sang sa coiffe et son mouchoir, car il s'était fait plusieurs trous à la tête.

Tout cela fit un tel effet sur Madeleine, elle eut à la fois tant de pitié, tant d'effroi, tant de chagrin et tant de résolution, qu'elle se mit à marcher vers le moulin avec autant de courage qu'un soldat qui va au feu. Et, sans songer que l'enfant était lourd et qu'elle était si faible, qu'à peine pouvait-elle porter son petit Jeannie, elle traversa le petit pont, qui n'était guère bien assis et qui enfonçait sous ses pieds.

Quand elle fut au milieu, elle s'arrêta. L'enfant devenait si pesant

... Et s'attacha à ses cotillons en criant : Madame Blanchet, madame Blanchet, sauvez-moi !

qu'elle fléchissait, et que la sueur lui coulait du front. Elle se sentit comme si elle allait tomber en faiblesse, et tout d'un coup il lui revint à l'esprit une belle et merveilleuse histoire qu'elle avait lue, la veille, dans son vieux livre de la *Vie des Saints :* c'était l'histoire de saint Christophe portant l'enfant Jésus pour lui faire traverser la rivière, et le trouvant si lourd, que la crainte l'arrêtait. Elle se retourna pour regarder le champi. Il avait les yeux tout retournés. Il ne la serrait plus avec ses bras; il avait eu trop de chagrin, ou il avait perdu trop de sang. Le pauvre enfant s'était pâmé.

IV

Quand la Zabelle le vit ainsi, elle le crut mort. Son amitié lui revint dans le cœur, et, ne songeant plus ni au meunier ni à la méchante vieille, elle reprit l'enfant à Madeleine et se mit à l'embrasser en criant et en pleurant. Elles le couchèrent sur leurs genoux, au bord de l'eau, lavèrent ses blessures et en arrêtèrent le sang avec leurs mouchoirs; mais elles n'avaient rien pour le faire revenir. Madeleine, réchauffant sa tête contre son cœur, lui soufflait sur le visage et dans la bouche comme on fait aux noyés. Cela le réconforta, et, dès qu'il ouvrit les yeux et qu'il vit le soin qu'on prenait de lui, il embrassa Madeleine et la Zabelle l'une après l'autre avec tant de cœur, qu'elles furent obligées de l'arrêter, craignant qu'il ne retombât en pâmoison.

— Allons, allons, dit la Zabelle, il faut retourner chez nous. Non, jamais, jamais je ne pourrai quitter cet enfant-là, je le vois bien, et je n'y veux plus songer. Je garde vos dix écus, Madeleine, pour payer ce soir si on m'y force. Mais n'en dites rien ; j'irai trouver demain la bourgeoise de Presles pour qu'elle ne nous démente pas, et elle dira, au besoin, qu'elle ne vous a pas encore payé le prix de votre filage ; ça nous fera gagner du temps, et je ferai si bien, quand je devrais mendier, que je m'acquitterai envers vous pour que vous ne soyez pas molestée à cause de moi. Vous ne pouvez pas prendre cet enfant au moulin, votre mari le tuerait. Laissez-le-moi, je jure d'en avoir autant de soin qu'à l'ordinaire, et, si on nous tourmente encore, nous aviserons.

Le sort voulut que la rentrée du champi se fît sans bruit et sans que personne y prît garde ; car il se trouva que la mère Blanchet venait de tomber bien malade d'un coup de sang, avant d'avoir pu avertir son fils de ce qu'elle avait exigé de la Zabelle à l'endroit du champi ; et maître Blanchet n'eut rien de plus pressé que d'appeler cette femme pour venir en aide au ménage, pendant que Madeleine et la servante soignaient sa mère. Pendant trois jours, on fut sens dessus dessous au moulin. Madeleine ne s'épargna pas, et passa trois nuits debout au chevet de sa belle-mère, qui rendit l'esprit entre ses bras.

Ce coup du sort abattit pendant quelque temps l'humeur malplaisante du meunier. Il aimait sa mère autant qu'il pouvait aimer, et il mit de l'amour-propre à la faire enterrer selon ses moyens. Il oublia sa maîtresse pendant le temps voulu, et il s'avisa même de faire le généreux en donnant les vieilles nippes de la défunte aux pauvres voisines. La Zabelle eut sa part dans ces aumônes, et le champi lui-même eut une pièce de vingt sous, parce que Blanchet se souvint que, dans un moment où l'on était fort pressé d'avoir des sangsues pour la malade, tout le monde ayant couru inutilement pour s'en procurer, le champi avait été en pêcher, sans rien dire, dans une mare où il en savait, et en avait rapporté, en moins de temps qu'il n'en avait fallu aux autres pour se mettre en route.

Si bien que Cadet Blanchet avait à peu près oublié son rancœur, et que personne ne sut au moulin l'équipée de la Zabelle pour remettre son champi à l'hospice. L'affaire des dix écus de la Madeleine revint plus tard, car le meunier n'avait pas oublié de faire payer la ferme de sa chétive maison à la Zabelle. Mais Madeleine prétendit les avoir perdus dans les prés en se mettant à courir, à la nouvelle de l'accident de sa belle-mère. Blanchet les chercha longtemps et gronda fort, mais ne sut pas l'emploi de cet argent, et la Zabelle ne fut pas soupçonnée.

A partir de la mort de sa mère, le caractère de Blanchet changea peu à peu, sans pourtant s'amender. Il s'ennuya davantage à la maison, devint moins regardant à ce qui s'y passait et moins avare dans ses dépenses. Il n'en fut que plus étranger aux profits d'argent, et, comme il engraissait, qu'il devenait dérangé et n'aimait plus le travail, il chercha son aubaine dans des marchés de peu de foi et dans un petit maquignonnage d'affaires qui l'aurait enrichi s'il ne se fût mis à dépenser d'un côté ce qu'il gagnait de l'autre. Sa concubine prit chaque jour plus de maîtrise sur lui. Elle l'emmenait dans les foires et assemblées pour tripoter dans des briganderies et mener la vie de cabaret. Il apprit à jouer et fut souvent heureux; mais il eût mieux valu pour lui perdre toujours, afin de s'en dégoûter ; car ce déréglement acheva de le faire sortir de son assiette, et, à la moindre perte qu'il essuyait, il devenait furieux contre lui-même et méchant envers tout le monde.

Pendant qu'il menait cette vilaine vie, sa femme, toujours sage et douce, gardait la maison et élevait avec amour leur unique enfant. Mais elle se regardait comme doublement mère, car elle avait pris pour le champi une amitié très-grande et veillait sur lui presque autant que sur son propre fils. A mesure que son mari devenait plus débauché, elle devenait moins servante et moins malheureuse. Dans les premiers temps de son libertinage il se montra encore très-rude, parce qu'il craignait les reproches et voulait tenir sa femme en état de peur et de soumission. Quand il vit que par nature elle haïssait les querelles et qu'elle ne montrait pas de jalousie, il prit le parti de la laisser tranquille. Sa mère n'étant plus là pour l'exciter contre elle, force lui était bien de reconnaître qu'aucune femme n'était plus économe pour elle-même que Madeleine. Il s'accoutuma à passer des semaines entières hors de chez lui, et, quand il y revenait un jour en humeur de faire du train, il y était désencoléré par un silence si patient, qu'il s'en étonnait d'abord et finissait par s'endormir. Si bien qu'on ne le revoyait plus que lorsqu'il était fatigué et qu'il avait besoin de se reposer.

Il fallait que Madeleine fût une femme bien chrétienne pour vivre ainsi seule avec une vieille fille et deux enfants. Mais c'est qu'en fait elle était meilleure chrétienne peut-être qu'une religieuse ; Dieu lui avait fait une grande grâce en lui ayant permis d'apprendre à lire et de comprendre ce qu'elle lisait. C'était pourtant toujours la même chose, car elle n'avait possession que de deux livres, le saint Évangile et un accourci de la vie des Saints. L'Évangile la sanctifiait et la faisait pleurer toute seule lorsqu'elle le lisait le soir auprès du lit de son fils. La Vie des Saints lui faisait un autre effet : c'était, sans comparaison, comme quand les gens qui n'ont rien à faire lisent des contes et se montent la tête pour des rêvasseries et des mensonges. Toutes ces belles histoires lui donnaient des idées de courage et même de gaieté. Et quelquefois, aux champs, le champi la vit sourire et devenir rouge, quand elle avait son livre sur ses genoux. Cela l'étonnait beaucoup, et il eut bien du mal à comprendre comment les histoires qu'elle prenait la peine de lui raconter en les arrangeant un peu pour les lui faire entendre (et aussi parce qu'elle ne les entendait peut-être pas toutes très-bien d'un bout jusqu'à l'autre) pouvaient sortir de cette chose qu'elle appelait son livre. L'envie lui vint d'apprendre à lire aussi, et il apprit si vite et si bien avec elle, qu'elle en fut étonnée, et qu'à son tour il fut capable d'enseigner au petit Jeannie. Quand François fut en âge de faire sa première communion, Madeleine l'aida à s'instruire dans le catéchisme, et le curé de leur paroisse fut tout réjoui de l'esprit et de la bonne mémoire de cet enfant, qui pourtant passait toujours pour un nigaud, parce qu'il n'avait point de conversation et n'était hardi avec personne.

Quand il eut communié, comme il était en âge d'être loué, la Zabelle le vit de bon cœur entrer domestique au moulin, et maître Blanchet ne s'y opposa point, car il était devenu clair pour tout le monde que le champi était un bon sujet, très-laborieux, très-serviable, plus fort, plus dispos et plus raisonnable que tous les enfants de son âge. Et puis, il se contentait de dix écus de gage, et il y avait toute économie à le prendre. Quand François se vit tout à fait au service de Madeleine et du petit Jeannie, qu'il aimait tant, il se trouva bien heureux, et, quand il comprit qu'avec l'argent qu'il gagnait la Zabelle pourrait payer sa ferme et avoir de moins le plus gros de ses soucis, il se trouva aussi riche que le roi.

Malheureusement la pauvre Zabelle ne jouit pas longtemps de cette récompense. A l'entré de l'hiver, elle fit une grosse maladie, et, malgré tous les soins du champi et de Madeleine, elle mourut le jour de la Chandeleur, après avoir été si mieux, qu'on la croyait guérie. Madeleine la regretta et la pleura beaucoup, mais elle tâcha de consoler le pauvre champi, qui, sans elle, n'aurait jamais surmonté son chagrin.

Un an après, il y pensait encore tous les jours et quasi à chaque instant, et une fois il dit à la meunière :

— J'ai comme un repentir quand je prie pour l'âme de ma pauvre mère : c'est de ne l'avoir pas assez aimée. Je suis bien sûr d'avoir toujours fait mon possible pour la contenter, de ne lui avoir jamais dit que de bonnes paroles, et de l'avoir servie en toutes choses comme je vous sers vous-même ; mais il faut, madame Blanchet, que je vous avoue une chose qui me peine et dont je demande pardon à Dieu bien souvent : c'est que, depuis le jour où ma pauvre mère a voulu me reconduire à l'hospice, et où vous avez pris mon parti pour l'en empêcher, l'amitié que j'avais pour elle avait, bien malgré moi, diminué dans mon cœur. Je ne lui en voulais pas, je ne me permettais pas même de penser qu'elle avait mal fait en voulant m'abandonner. Elle était dans son droit ; je lui faisais du tort, elle avait crainte de votre belle-mère, et enfin elle le faisait bien à contre-cœur ; car j'ai bien vu là qu'elle m'aimait grandement. Mais je ne sais comment la chose s'est retournée dans mon esprit, ç'a été plus fort que moi. Du moment où vous avez dit des paroles que je n'oublierai jamais, je vous ai aimée plus qu'elle, et, j'ai eu beau faire, je pensais à vous plus souvent qu'à elle. Enfin, elle est morte, et je ne suis pas mort de chagrin comme je mourrais si vous mouriez.

— Et quelles paroles est-ce que j'ai dites, mon pauvre enfant, pour que tu m'aies donné comme cela toute ton amitié ? Je ne m'en souviens pas.

— Vous ne vous en souvenez pas? dit le champi en s'asseyant aux pieds de la Madeleine qui filait son rouet en l'écoutant. Eh bien, vous avez dit en donnant des écus à ma mère : « Tenez, je vous achète cet enfant-là ; il est à moi. » Et vous m'avez dit en m'embrassant : « A présent, tu n'es plus champi, tu as une mère qui t'aimera comme si elle t'avait mis au monde. » N'avez-vous pas dit comme cela, madame Blanchet?

— C'est possible, et j'ai dit ce que je pensais, ce que je pense encore. Est-ce que tu trouves que je t'ai manqué de parole?

— Oh non ! seulement...

— Seulement, quoi ?

— Non, je ne le dirai pas, car c'est mal de se plaindre, et je ne veux pas faire l'ingrat et le méconnaissant.

— Je sais que tu ne peux pas être ingrat, et je veux que tu dises ce que tu as sur le cœur. Voyons, qu'as-tu qui te manque pour n'être pas mon enfant? Dis, je te commande comme je commanderais à Jeannie.

— Eh bien, c'est que... c'est que vous embrassez Jeannie bien souvent, et que vous ne m'avez jamais embrassé depuis le jour que nous disions tout à l'heure. J'ai pourtant grand soin d'avoir toujours la figure et les mains bien lavées, parce que je sais que vous n'aimez pas les enfants malpropres et que vous êtes toujours après laver et peigner Jeannie. Mais vous ne m'embrassez pas davantage pour ça, et ma mère Zabelle ne m'embrassait guère non plus. Je vois bien pourtant que toutes les mères caressent leurs enfants, et c'est à quoi je vois que je suis toujours un champi et que vous ne pouvez pas l'oublier.

— Viens m'embrasser, François, dit la meunière en asseyant l'enfant sur ses genoux et en l'embrassant au front avec beaucoup de sentiment. J'ai eu tort, en effet, de ne jamais songer à cela, et tu méritais mieux de moi. Tiens, tu vois, je t'embrasse de bon cœur, et tu es bien sûr à présent que tu n'es plus champi, n'est-ce pas ?

L'enfant se jeta au cou de Madeleine et devint si pâle, qu'elle en fut étonnée et l'ôta doucement de dessus ses genoux en essayant de

FRANÇOIS LE CHAMPI

L'enfant se jeta au cou de Madeleine, et devint si pâle, qu'elle en fut étonnée et l'ôta doucement de dessus ses genoux en essayant de le distraire.

le distraire. Mais il la quitta au bout d'un moment, et s'enfuit tout seul comme pour se cacher, ce qui donna de l'inquiétude à la meunière. Elle le chercha et le trouva à genoux dans un coin de la grange et tout en larmes.

— Allons, allons, François, lui dit-elle en le relevant, je ne sais pas ce que tu as. Si c'est que tu penses à ta pauvre mère Zabelle, il faut faire une prière pour elle, et tu te sentiras plus tranquille.

— Non, non, dit l'enfant en tortillant le bord du tablier de Madeleine, et en le baisant de toutes ses forces, je ne pensais pas à ma pauvre mère. Est-ce que ce n'est pas vous qui êtes ma mère?

— Et pourquoi pleures-tu donc? Tu me fais de la peine.

— Oh non! oh non! je ne pleure pas, répondit François en essuyant vitement ses yeux et en prenant un air gai; c'est-à-dire je ne sais pas pourquoi je pleurais. Vrai, je n'en sais rien, car je suis content comme si j'étais en paradis.

V

Depuis ce jour-là Madeleine embrassa cet enfant matin et soir, ni plus ni moins que s'il eût été à elle, et la seule différence qu'elle fît entre Jeannie et François, c'est que le plus jeune était le plus gâté et le plus cajolé, comme son âge le comportait. Il n'avait que sept ans lorsque le champi en avait douze, et François comprenait fort bien qu'un grand garçon comme lui ne pouvait être amijolé comme un petit. D'ailleurs ils étaient encore plus différents d'apparence que d'âge. François était si grand et si fort, qu'il paraissait un garçon de quinze ans, et Jeannie était mince et petit comme sa mère, dont il avait toute la retirance.

En sorte qu'il arriva qu'un matin qu'elle recevait son bonjour sur le pas de sa porte, et qu'elle l'embrassait comme de coutume, sa servante lui dit :

— M'est avis, sans vous offenser, notre maîtresse, que ce gars est bien grand pour se faire embrasser comme une petite fille.

— Tu crois? répondit Madeleine étonnée. Mais tu ne sais donc pas l'âge qu'il a?

— Si fait; aussi je n'y verrais pas de mal, n'était qu'il est champi, et que moi, qui ne suis que votre servante, je n'embrasserais pas ça pour bien de l'argent.

— Ce que vous dites là est mal, Catherine, reprit madame Blanchet, et surtout vous ne devriez pas le dire devant ce pauvre enfant.

— Qu'elle le dise et que tout le monde le dise, répliqua François avec beaucoup de hardiesse. Je ne m'en fais pas de peine. Pourvu que je ne sois pas champi pour vous, madame Blanchet, je suis très-content.

— Tiens, voyez donc! dit la servante. C'est la première fois que je l'entends causer si longtemps. Tu sais donc mettre trois paroles au bout l'une de l'autre, François? Eh bien! vrai, je croyais que tu ne comprenais pas seulement ce qu'on disait. Si j'avais su que tu écoutais, je n'aurais pas dit devant toi ce que j'ai dit, car je n'ai nulle envie de te molester. Tu es un bon garçon, très-tranquille et complaisant. Allons, allons, n'y pense pas; si je trouve drôle que notre maîtresse t'embrasse, c'est parce que tu me parais trop grand pour ça, et que ta câlinerie te fait paraître encore plus sot que tu n'es.

Ayant ainsi raccommodé la chose, la grosse Catherine alla faire sa soupe et n'y pensa plus.

Mais le champi suivit Madeleine au lavoir, et, s'asseyant auprès d'elle, il lui parla encore comme il savait parler avec elle et pour elle seule.

— Vous souvenez-vous, madame Blanchet, lui dit-il, d'une fois que j'étais là, il y a bien longtemps, et que vous m'avez fait dormir dans votre chéret?

— Oui, mon enfant, répondit-elle, et c'est même la première fois que nous nous sommes vus.

— C'est donc la première fois? Je n'en étais pas certain; je ne m'en souviens pas bien; car, quand je pense à ce temps-là, c'est comme dans un rêve. Et combien d'années est-ce qu'il y a de ça?

— Il y a... attends donc, il y a environ six ans, car mon Jeannie avait quatorze mois.

— Comme cela je n'étais pas si vieux qu'il est à présent? Croyez-vous que, quand il aura fait sa première communion, il se souviendra de tout ce qui lui arrive à présent?

— Oh! oui, je m'en souviendrai bien, dit Jeannie.

— Ça dépend, reprit François. Qu'est-ce que tu faisais hier à cette heure-ci?

Jeannie, étonné, ouvrit la bouche pour répondre, et resta court d'un air penaud.

— Eh bien! et toi? je parie que tu n'en sais rien non plus, dit à François la meunière, qui avait coutume de s'amuser à les entendre deviser et babiller ensemble.

— Moi, moi? dit le champi embarrassé, attendez donc... J'allais aux champs, et j'ai passé par ici... et j'ai pensé à vous ; c'est hier, justement, que je me suis souvenu du jour où vous m'avez plié dans votre chéret.

— Tu as bonne mémoire, et c'est étonnant que tu te souviennes de si loin. Et te souviens-tu que tu avais la fièvre?

— Non, par exemple !

— Et que tu m'as rapporté mon linge à la maison sans que je te le dise?

— Non plus.

— Moi, je m'en suis toujours souvenue, parce que c'est à cela que j'ai connu que tu étais de bon cœur.

— Moi aussi, je suis d'un bon cœur, pas vrai, mère? dit le petit Jeannie en présentant à sa mère une pomme qu'il avait à moitié rongée.

— Certainement, toi aussi, et tout ce que tu vois faire de bien à François, tu le feras aussi plus tard.

— Oui, oui, répliqua l'enfant bien vite; je monterai ce soir sur la pouliche jaune, et j'irai la conduire au pré.

— Oui-da, dit François en riant; et puis tu monteras aussi sur le grand cormier pour dénicher les croquabeilles? Attends, que je vas te laisser faire, petiot ! Mais dites-moi donc, madame Blanchet, il y a une chose que je veux vous demander, mais je ne sais pas si vous voudrez me la dire.

— Voyons.

— C'est pourquoi ils croient me fâcher en m'appelant champi. Est-ce que c'est mal d'être champi ?

— Mais non, mon enfant, puisque ce n'est pas ta faute.

— Et à qui est-ce la faute ?

— C'est la faute aux riches.

— La faute aux riches ! comment donc ça ?

— Tu m'en demandes bien long aujourd'hui ; je te dirai ça plus tard.

— Non, non, tout de suite, madame Blanchet.

— Je ne peux pas t'expliquer... D'abord sais-tu toi-même ce que c'est que d'être champi ?

— Oui, c'est d'avoir été mis à l'hospice par ses père et mère, parce qu'ils n'avaient pas le moyen pour vous nourrir et vous élever.

— C'est ça. Tu vois donc bien que, s'il y a des gens assez malheureux pour ne pouvoir pas élever leurs enfants eux-mêmes, c'est la faute aux riches qui ne les assistent pas.

— Ah ! c'est juste ! répondit le champi tout pensif. Pourtant il y a de bons riches, puisque vous l'êtes, vous, madame Blanchet ; c'est le tout de se trouver au droit pour les rencontrer.

VI

Cependant le champi, qui allait toujours rêvassant et cherchant des raisons à tout, depuis qu'il savait lire et qu'il avait fait sa première communion, rumina dans sa tête ce que la Catherine avait dit à madame Blanchet à propos de lui ; mais il eut beau y songer, il ne put jamais comprendre pourquoi, de ce qu'il devenait grand, il ne devait plus embrasser Madeleine. C'était le garçon le plus inno-

cent de la terre, et il ne se doutait point de ce que les gars de son
âge apprennent bien trop vite à la campagne.

Sa grande honnêteté d'esprit lui venait de ce qu'il n'avait pas été
élevé comme les autres. Son état de champi, sans lui faire honte,
l'avait toujours rendu malhardi ; et, bien qu'il ne prît point ce
nom-là pour une injure, il ne s'accoutumait pas à l'étonnement de
porter une qualité qui le faisait toujours différent de ceux avec qui il
se trouvait. Les autres champis sont presque toujours humiliés de
leur sort, et on le leur fait si durement comprendre, qu'on leur ôte
de bonne heure la fierté du chrétien. Ils s'élèvent en détestant ceux
qui les ont mis au monde, sans compter qu'ils n'aiment pas davantage ceux qui les y ont fait rester. Mais il se trouva que François était
tombé dans les mains de la Zabelle, qui l'avait aimé et qui ne le
maltraitait point, et ensuite qu'il avait rencontré Madeleine dont la
charité était plus grande et les idées plus humaines que celles de
tout le monde. Elle avait été pour lui ni plus ni moins qu'une bonne
mère, et un champi qui rencontre de l'amitié est meilleur qu'un
autre enfant, de même qu'il est pire quand il se voit molesté et avili.

Aussi François n'avait-il jamais eu d'amusement et de contentement parfait que dans la compagnie de Madeleine, et, au lieu de
rechercher les autres pastours pour se divertir, il s'était élevé tout
seul, ou pendu aux jupons des deux femmes qui l'aimaient. Quand
il était avec Madeleine surtout, il se sentait aussi heureux que pouvait l'être Jeannie, et il n'était pas pressé d'aller courir avec ceux qui
le traitaient bien vite de champi, puisque avec eux il se trouvait
tout d'un coup, et sans savoir pourquoi, comme un étranger.

Il arriva donc en âge de quinze ans sans connaître la moindre
malice, sans avoir l'idée du mal, sans que sa bouche eût jamais
répété un vilain mot, et sans que ses oreilles l'eussent compris. Et
pourtant depuis le jour où Catherine avait critiqué sa maîtresse sur
l'amitié qu'elle montrait, cet enfant eut le grand sens et le grand
jugement de ne plus se faire embrasser par la meunière. Il eut l'air
de ne pas y penser, et peut-être d'avoir honte de faire la petite
fille et le câlin, comme disait Catherine. Mais, au fond, ce n'était
pas cette honte-là qui le tenait. Il s'en serait bien moqué, s'il n'eût

comme deviné qu'on pouvait faire un reproche à cette chère femme de l'aimer. Pourquoi un reproche? Il ne se l'expliquait point; et, voyant qu'il ne le trouverait pas de lui-même, il ne voulut pas se le faire expliquer par Madeleine. Il savait qu'elle était capable de supporter la critique par amitié et par bon cœur; car il avait bonne mémoire et il se souvenait bien que Madeleine avait été tancée et en danger d'être battue dans le temps pour lui avoir fait du bien.

En sorte que, par son bon instinct, il lui épargna l'ennui d'être reprise et moquée à cause de lui. Il comprit, et c'est merveille, il comprit, ce pauvre enfant, qu'un champi ne devait pas être aimé autrement qu'en secret, et, plutôt que de causer un désagrément à Madeleine, il eût consenti à ne pas être aimé du tout.

Il était attentif à son ouvrage, et comme, à mesure qu'il devenait grand, il avait plus de travail sur les bras, il advint que peu à peu il fut moins souvent avec Madeleine. Mais il ne s'en faisait pas de chagrin, parce qu'en travaillant il se disait que c'était pour elle, et qu'il serait bien récompensé par le plaisir de la voir aux repas. Le soir, quand Jeannie était endormi, Catherine allait se coucher, et François restait encore, dans les temps de veillée, pendant une heure ou deux avec Madeleine. Il lui faisait lecture de livres ou causait avec elle pendant qu'elle travaillait. Les gens de campagne ne lisent pas vite; si bien que les deux livres qu'ils avaient suffisaient pour les contenter. Quand ils avaient lu trois pages dans la soirée, c'était beaucoup, et, quand le livre était fini, il s'était passé assez de temps depuis le commencement, pour qu'on pût reprendre la première page, dont on ne se souvenait pas trop. Et puis il y a deux manières de lire, et il serait bon de dire cela aux gens qui se croient bien instruits. Ceux qui ont beaucoup de temps à eux, et beaucoup de livres, en avalent tant qu'ils peuvent et se mettent tant de sortes de choses dans la tête, que le bon Dieu n'y connaît plus goutte. Ceux qui n'ont pas le temps et les livres sont heureux quand ils tombent sur le bon morceau. Ils le recommencent cent fois sans se lasser, et chaque fois, quelque chose qu'ils n'avaient pas bien remarqué leur fait venir une nouvelle idée. Au fond, c'est toujours la même idée, mais elle est si retournée, si bien goûtée et digérée, que l'esprit qui la tient est mieux nourri et mieux portant, à lui tout seul, que trente mille cervelles remplies de vent et de fadaises. Ce que je vous dis là, mes enfants, je le tiens de M. le curé, qui s'y connaît.

Or donc, ces deux personnes-là vivaient contentes de ce qu'elles avaient à consommer en fait de savoir, et elles le consommaient tout doucement, s'aidant l'une à l'autre à comprendre et à aimer ce qui fait qu'on est juste et bon. Il leur venait par là une grande religion et un grand courage, et il n'y avait pas de plus grand bonheur pour elles que de se sentir bien disposées pour tout le monde, et d'être d'accord en tout temps et en tout lieu, sur l'article de la vérité et la volonté de bien agir.

VII

M. Blanchet ne regardait plus trop à la dépense qui se faisait chez lui, parce qu'il avait réglé le compte de l'argent qu'il donnait chaque mois à sa femme pour l'entretien de la maison, et que c'était aussi peu que possible. Madeleine pouvait, sans le fâcher, se priver de ses propres aises, et donner à ceux qu'elle savait malheureux autour d'elle, un jour un peu de bois, un autre jour une partie de son repas, et un autre jour encore quelques légumes, du linge, des œufs, que sais-je? Elle venait à bout d'assister son prochain, et, quand les moyens lui manquaient, elle faisait de ses mains l'ouvrage des pauvres gens, et empêchait que la maladie ou la fatigue ne les fît mourir. Elle avait tant d'économie, elle raccommodait si soigneusement ses hardes, qu'on eût dit qu'elle vivait bien; et pourtant, comme elle voulait que son monde ne souffrît pas de sa charité, elle s'accoutumait à ne manger presque rien, à ne jamais se reposer, et à dormir le moins possible. Le champi voyait tout cela, et le trouvait tout simple; car, par son naturel aussi bien que par l'éducation qu'il recevait de Madeleine, il se sentait porté au même goût et au même devoir. Seulement quelquefois il s'inquiétait de la fatigue que se donnait la meunière, et se reprochait de trop dormir et de trop manger. Il aurait voulu pouvoir passer la nuit à coudre et à filer à sa place, et, quand elle voulait lui payer son gage qui était monté à peu près à vingt écus, il se fâchait et l'obligeait de le garder en cachette du meunier.

— Si ma mère Zabelle n'était pas morte, disait-il, cet argent-là aurait été pour elle. Qu'est-ce que vous voulez que je fasse avec de l'argent? Je n'en ai pas besoin, puisque vous prenez soin de mes hardes et que vous me fournissez les sabots. Gardez-le donc pour de plus malheureux que moi. Vous travaillez déjà tant pour le pauvre monde! Eh bien, si vous me donnez de l'argent, il faudra donc que vous travailliez encore plus, et, si vous veniez à tomber malade et à mourir comme ma pauvre Zabelle, je demande un peu à quoi me servirait d'avoir de l'argent dans mon coffre? ça vous ferait-il revenir, et ça m'empêcherait-il de me jeter dans la rivière?

— Tu n'y songes pas, mon enfant, lui dit Madeleine, un jour qu'il revenait à cette idée-là, comme il lui arrivait de temps en temps : se donner la mort n'est pas d'un chrétien, et, si je mourais, ton devoir serait de me survivre pour consoler et soutenir mon Jeannie. Est-ce que tu ne le ferais pas, voyons?

— Oui, tant que Jeannie serait enfant et aurait besoin de mon amitié. Mais après!... Ne parlons pas de ça, madame Blanchet. Je ne peux pas être bon chrétien sur cet article-là. Ne vous fatiguez pas tant, ne mourez pas, si vous voulez que je vive sur la terre.

— Sois donc tranquille, je n'ai pas envie de mourir. Je me porte bien. Je suis faite au travail, et même je suis plus forte à présent que je ne l'étais dans ma jeunesse.

— Dans votre jeunesse! dit François étonné; vous n'êtes donc pas jeune?

Et il avait peur qu'elle ne fût en âge de mourir.

— Je crois que je n'ai pas eu le temps de l'être, répondit Madeleine en riant comme une personne qui fait contre mauvaise fortune bon cœur; et à présent j'ai vingt-cinq ans, ce qui commence à compter pour une femme de mon étoffe; car je ne suis pas née solide comme toi, petit, et j'ai eu des peines qui m'ont avancée plus que l'âge.

— Des peines ! oui, mon Dieu ! Dans le temps que M. Blanchet vous parlait si durement, je m'en suis bien aperçu. Ah ! que le bon Dieu me le pardonne ! je ne suis pourtant pas méchant ; mais un jour qu'il avait levé la main sur vous, comme s'il voulait vous frapper... Ah ! il a bien fait de s'en priver, car j'avais empoigné un fléau ; — personne n'y avait fait attention, — et j'allais tomber dessus... Mais il y a déjà longtemps de ça, madame Blanchet, car je me souviens que je n'étais pas si grand que lui de toute la tête, et à présent je vois le dessus de ses cheveux. Et à cette heure, madame Blanchet, il ne vous dit quasiment plus rien, vous n'êtes plus malheureuse ?

— Je ne le suis plus ! tu crois ? dit Madeleine un peu vivement, en songeant qu'elle n'avait jamais eu d'amour dans son mariage. Mais elle se reprit, car cela ne regardait pas le champi, et elle ne devait pas faire entendre ces idées-là à un enfant. A cette heure, dit-elle, tu as raison, je ne suis plus malheureuse ; je vis comme je l'entends. Mon mari est beaucoup plus honnête avec moi ; mon fils profite bien, et je n'ai à me plaindre d'aucune chose.

— Et moi, vous ne me faites pas entrer en ligne de compte ? moi... je...

— Eh bien, toi aussi tu profites bien, et ça me donne du contentement.

— Mais je vous en donne peut-être encore autrement ?

— Oui, tu te conduis bien, tu as bonne idée en toutes choses, et je suis contente de toi.

— Oh ! si vous n'étiez pas contente de moi, quel mauvais drôle, quel rien du tout je serais, après la manière dont vous m'avez traité ! Mais il y a encore autre chose qui devrait vous rendre heureuse, si vous pensiez comme moi.

— Eh bien, dis-le, car je ne sais pas quelle finesse tu arranges pour me surprendre.

— Il n'y a pas de finesse, madame Blanchet, je n'ai qu'à regarder en moi, et j'y vois une chose ; c'est que, quand même je souffrirais la faim, la soif, le chaud et le froid, et que par-dessus le marché je serais battu à mort tous les jours, et qu'ensuite je n'eusse pour me reposer qu'un fagot d'épines ou un tas de pierres, eh bien !... comprenez-vous ?

— Je crois que oui, mon François, tu ne te trouverais pas malheureux de tout ce mal-là, pourvu que ton cœur fût en paix avec le bon Dieu ?

— Il y a ça d'abord, et ça va sans dire. Mais moi je voulais dire autre chose.

— Je n'y suis point, et je vois que tu es devenu plus malin que moi.

— Non, je ne suis pas malin. Je dis que je souffrirais toutes les peines que peut avoir un homme vivant vie mortelle, et que je serais encore content en pensant que Madeleine Blanchet a de l'amitié pour moi. Et c'est pour ça que je disais tout à l'heure que, si vous pensiez de même, vous diriez : François m'aime tant, que je suis contente d'être au monde.

— Tiens, tu as raison, mon cher enfant, répondit Madeleine, et les choses que tu me dis me donnent des fois comme une envie de pleurer. Oui, de vrai, ton amitié pour moi est un des biens de ma vie, et le meilleur peut-être, après... non, je veux dire *avec* celui de mon Jeannie. Comme tu es plus avancé en âge, tu comprends mieux ce que je te dis, et tu sais mieux me dire aussi ce que tu penses. Je te certifie que je ne m'ennuie jamais avec vous deux, et que je ne demande au bon Dieu qu'une chose à présent, c'est de pouvoir rester longtemps comme nous voilà, en famille, sans nous séparer.

— Sans nous séparer, je le crois bien ! dit François ; j'aimerais mieux être coupé par morceaux que de vous quitter. Qui est-ce qui m'aimerait comme vous m'avez aimé ? Qui est-ce qui se mettrait en danger d'être maltraité pour un pauvre champi, et qui l'appellerait son enfant, son cher fils ? car vous m'appelez bien souvent, presque toujours comme ça. Et mêmement vous me dites souvent, quand nous sommes seuls : Appelle-moi *ma mère*, et non pas toujours madame Blanchet. Et moi je n'ose pas, parce que j'ai trop peur de m'y accoutumer et de lâcher ce mot devant le monde.

— Eh bien, quand même?

— Oh! quand même! on vous le reprocherait, et moi je ne veux pas qu'on vous ennuie à cause de moi. Je ne suis pas fier, allez! je n'ai pas besoin qu'on sache que vous m'avez relevé de mon état de champi. Je suis bien assez heureux de savoir, à moi tout seul, que j'ai une mère dont je suis l'enfant! Ah! il ne faut pas que vous mouriez, madame Blanchet, surajouta le pauvre François en la regardant d'un air triste, car il avait depuis quelque temps des idées de malheur : si je vous perdais, je n'aurais plus personne sur la terre, car vous irez pour sûr dans le paradis du bon Dieu, et moi je ne sais pas si je suis assez méritant pour avoir la récompense d'y aller avec vous.

François avait dans tout ce qu'il disait et dans tout ce qu'il pensait comme un avertissement de quelque gros malheur, et, à quelque temps de là, ce malheur tomba sur lui.

Il était devenu le garçon du moulin. C'était lui qui allait chercher le blé des pratiques sur son cheval, et qui le leur reportait en farine. Ça lui faisait faire souvent de longues courses, et mêmement il allait souvent chez la maîtresse de Blanchet, qui demeurait à une petite lieue du moulin. Il n'aimait guère cette commission-là, et il ne s'arrêtait pas une minute dans la maison quand son blé était pesé et mesuré...

. . . .

En cet endroit de l'histoire, la raconteuse s'arrêta.

— Savez-vous qu'il y a longtemps que je parle? dit-elle aux paroissiens qui l'écoutaient. Je n'ai plus le poumon comme à quinze ans, et m'est avis que le chanvreur, qui connaît l'affaire mieux que moi-même, pourrait bien me relayer. D'autant mieux que nous arrivons à un endroit où je ne me souviens plus si bien.

— Et moi, répondit le chanvreur, je sais bien pourquoi vous n'êtes plus mémorieuse au milieu comme vous l'étiez au commencement; c'est que ça commence à mal tourner pour le champi, et que ça vous fait peine, parce que vous avez un cœur de poulet, comme toutes les dévotes, aux histoires d'amour.

— Ça va donc tourner en histoire d'amour? dit Sylvine Courtioux, qui se trouvait là.

— Ah! bon! reprit le chanvreur, je savais bien que je ferais dresser l'oreille aux jeunes filles en lâchant ce mot-là. Mais, patience, l'endroit où je vas reprendre, avec charge de mener l'histoire à bonne fin, n'est pas encore ce que vous voudriez savoir. Où en êtes-vous restée, mère Monique?

— J'en étais sur la maîtresse à Blanchet.

— C'est ça, dit le chanvreur. Cette femme-là s'appelait Sévère, et son nom n'était pas bien ajusté sur elle, car elle n'avait rien de pareil dans son idée. Elle en savait long pour endormir les gens dont elle voulait voir reluire les écus au soleil. On ne peut pas dire qu'elle fût méchante, car elle était d'humeur réjouissante et sans souci; mais elle rapportait tout à elle, et ne se mettait guère en peine du dommage des autres, pourvu qu'elle fût brave et fêtée. Elle avait été à la mode dans le pays, et, disait-on, elle avait trouvé trop de gens à son goût. Elle était encore très-belle femme et très-avenante, vive quoique corpulente, et fraîche comme une guigne. Elle ne faisait pas grande attention au champi, et, si elle le rencontrait dans son grenier ou dans sa cour, elle lui disait quelque fadaise pour se moquer de lui, mais sans mauvais vouloir, et pour l'amusement de le voir rougir; car il rougissait comme une fille quand cette femme lui parlait, et il se sentait mal à son aise. Il lui trouvait un air hardi, et elle lui faisait l'effet d'être laide et méchante, quoiqu'elle ne fût ni l'une ni l'autre; du moins la méchanceté ne lui venait que quand on la contrariait dans ses intérêts ou dans son contentement d'elle-même; et mêmement il faut dire qu'elle aimait à donner presque autant qu'à recevoir. Elle était généreuse par braverie, et se plaisait aux remercîments. Mais, dans l'idée du champi, ce n'était qu'une diablesse qui réduisait madame Blanchet à vivre de peu et à travailler au-dessus de ses forces.

Pourtant il se trouva que le champi entrait dans ses dix-sept ans, et que madame Sévère trouva qu'il était diablement beau garçon. Il ne ressemblait pas aux autres enfants de campagne, qui sont trapus et comme tassés à cet âge-là, et qui ne font mine de se dénouer et de devenir quelque chose que deux ou trois ans plus tard. Lui, il était déjà grand, bien bâti ; il avait la peau blanche, même en temps de moisson, et des cheveux tout frisés qui étaient comme brunets à la racine et finissaient en couleur d'or.

Est-ce comme ça que vous les aimez, dame Monique ? les cheveux, je dis, sans aucunement parler des garçons.

— Ça ne vous regarde pas, répondit la servante du curé. Dites votre histoire.

— Il était toujours pauvrement habillé, mais il aimait la propreté, comme Madeleine Blanchet le lui avait appris ; et, tel qu'il était, il avait un air qu'on ne trouvait point aux autres. La Sévère vit tout cela petit à petit, et enfin elle le vit si bien, qu'elle se mit en tête de le dégourdir un peu. Elle n'avait point de préjugés, et, quand elle entendait dire : « C'est dommage qu'un si beau gars soit un champi, » elle répondait : « Les champis ont moyen d'être beaux, puisque c'est l'amour qui les a mis dans le monde. »

Voilà ce qu'elle inventa pour se trouver avec lui. Elle fit boire Blanchet plus que de raison à la foire de Saint-Denis-de-Jouhet, et, quand elle vit qu'il n'était plus capable de mettre un pied devant l'autre, elle le recommanda à ses amis de l'endroit pour qu'on le fît coucher. Et alors elle dit à François, qui était venu là avec son maître pour conduire des bêtes en foire :

— Petit, je laisse ma jument à ton maître pour revenir demain matin : toi, tu vas monter sur la sienne et me prendre en croupe pour me ramener chez moi.

L'arrangement n'était point du goût de François. Il dit que la jument du moulin n'était pas forte assez pour porter deux personnes, et qu'il s'offrait à reconduire la Sévère ; elle montée sur sa bête, lui sur celle de Blanchet ; qu'il s'en retournerait aussitôt chercher son maître avec une autre monture, et qu'il se portait caution d'être de grand matin à Saint-Denis-de-Jouhet : mais la Sévère ne l'écouta non plus que le tondeur de moutons, et lui commanda d'obéir. François avait peur d'elle, parce que, comme Blanchet ne voyait que par ses yeux, elle pouvait le faire renvoyer du moulin s'il la mécontentait, d'autant qu'on était à la Saint-Jean. Il la prit donc en croupe, sans se douter, le pauvre gars, que ce n'était pas un meilleur moyen pour échapper à son mauvais sort.

VIII

Quand ils se mirent en chemin, c'était à la brune, et, quand ils passèrent sur la pelle de l'étang de Rochefolle, il faisait nuit grande. La lune n'était pas encore sortie des bois, et les chemins, qui sont, de ce côté-là, tout ravinés par les eaux de source, n'avaient rien de bon. Et François talonnait la jument et allait vite, car il s'ennuyait tout à fait avec la Sévère, et il aurait déjà voulu être auprès de madame Blanchet.

Mais la Sévère, qui n'était pas si pressée d'arriver à son logis, se mit à faire la dame et à dire qu'elle avait peur, qu'il fallait marcher le pas, parce que la jument ne relevait pas bien ses pieds et qu'elle risquait de s'abattre.

— Bah! dit François sans l'écouter, ce serait donc la première fois qu'elle prierait le bon Dieu ; car, sans comparaison du saint baptême, jamais je ne vis jument si peu dévote!

— Tu as de l'esprit, François, dit la Sévère en ricanant, comme si François avait dit quelque chose de bien drôle et de bien nouveau.

— Ah! pas du tout, ma foi, répondit le champi, qui pensa qu'elle se moquait de lui.

— Allons, tu ne vas pas trotter à la descente, que je compte?

— N'ayez pas peur, nous trotterons bien tout de même.

Le trot, en descendant, coupait le respire à la grosse Sévère et l'empêchait de causer, ce dont elle fut contrariée, car elle comptait enjôler le jeune homme avec ses paroles. Mais elle ne voulut pas faire voir qu'elle n'était plus assez jeune ni assez mignonne pour endurer la fatigue, et elle ne dit mot pendant un bout de chemin.

Quand ça fut dans le bois de châtaigniers, elle s'avisa de dire :

— Attends, François, il faut t'arrêter, mon ami François : la jument vient de perdre un fer.

— Quand même elle serait déferrée, dit François, je n'ai là ni clous ni marteau pour la rechausser.

— Mais il ne faut pas perdre le fer. Ça coûte ! Descends, je te dis, et cherche-le.

— Pardine, je le chercherais bien deux heures sans le trouver dans ces fougères ! Et mes yeux ne sont pas des lanternes.

— Si fait, François, dit la Sévère d'un ton moitié sornette, moitié amitié ; tes yeux brillent comme des vers luisants.

— C'est donc que vous les voyez derrière mon chapeau ? répondit François pas du tout content de ce qu'il prenait pour des moqueries.

— Je ne les vois pas à cette heure, dit la Sévère avec un soupir aussi gros qu'elle : mais je les ai vus d'autres fois !

— Ils ne vous ont jamais rien dit, reprit l'innocent champi. Vous pourriez bien les laisser tranquilles, car ils ne vous ont pas fait d'insolence, et ne vous en feront mie.

— Je crois, dit en cet endroit la servante du curé, que vous pourriez passer un bout de l'histoire. Ce n'est pas bien intéressant de savoir toutes les mauvaises raisons que chercha cette mauvaise femme pour surprendre la religion de notre champi.

— Soyez tranquille, mère Monique, répondit le chanvreur, j'en passerai tout ce qu'il faudra. Je sais que je parle devant des jeunesses, et je ne dirai parole de trop.

Nous en étions restés aux yeux de François, que la Sévère aurait voulu rendre moins honnêtes qu'il ne se vantait de les avoir avec elle.

— Quel âge avez-vous donc, François ? qu'elle lui dit, essayant de lui donner du *vous* pour lui faire comprendre qu'elle ne voulait plus le traiter comme un gamin.

— Oh ! ma foi ! je n'en sais rien au juste, répondit le champi qui commençait à la voir venir avec ses gros sabots. Je ne m'amuse pas souvent à faire le compte de mes jours.

— On dit que vous n'avez que dix-sept ans, reprit-elle ; mais moi, je gage que vous en avez vingt, car vous voilà grand, et bientôt vous aurez de la barbe.

— Ça m'est très-égal, dit François en bâillant.

— Oui-da! vous allez trop vite, mon garçon. Voilà que j'ai perdu ma bourse!

— Diantre! dit François, qui ne la supposait pas encore si madrée qu'elle était, il faut donc que vous descendiez pour la chercher, car c'est peut-être de conséquence?

Il descendit et l'aida à dévaler; elle ne se fit point faute de s'appuyer sur lui, et il la trouva plus lourde qu'un sac de blé.

Elle fit mine de chercher sa bourse, qu'elle avait dans sa poche, et il s'en alla à cinq ou six pas d'elle, tenant la jument par la bride.

— Eh! vous ne m'aidez point à chercher? fit-elle.

— Il faut bien que je tienne la jument, fit-il, car elle pense à son poulain, et elle se sauverait si on la lâchait.

La Sévère chercha sous les pieds de la jument, tout à côté de François, et à cela il vit bien qu'elle n'avait rien perdu, si ce n'est l'esprit.

— Nous n'étions pas encore là, dit-il, quand vous avez crié après votre boursicot. Il ne se peut donc guère que vous le retrouviez par ici.

— Tu crois donc que c'est une frime, malin? répondit-elle en voulant lui tirer l'oreille; car je crois que tu fais le malin...

Mais François se recula et ne voulut point batifoler.

— Non, non, dit-il, si vous avez retrouvé vos écus, partons, car j'ai plus envie de dormir que de plaisanter.

— Alors nous deviserons, dit la Sévère quand elle fut rejuchée derrière lui; ça charme, comme on dit, l'ennui du chemin.

— Je n'ai pas besoin de charme, répliqua le champi; je n'ai point d'ennuis.

— Voilà la première parole aimable que tu me dis, François.

— Si c'est une jolie parole, elle m'est donc venue malgré moi, car je n'en sais pas dire.

La Sévère commença d'enrager; mais elle ne se rendit pas encore à la vérité. — Il faut que ce garçon soit aussi simple qu'un linot, se dit-elle. Si je lui faisais perdre son chemin, il faudrait bien qu'il s'attardât un peu avec moi.

Et la voilà d'essayer de le tromper, et de le pousser sur la gauche quand il voulait prendre sur la droite.

— Vous nous égarez, lui disait-elle ; c'est la première fois que vous passez par ces endroits-là. Je les connais mieux que vous. Écoutez-moi donc, ou vous me ferez passer la nuit dans les bois, jeune homme!

Mais François, quand il avait passé seulement une petite fois par un chemin, il en avait si bonne connaissance qu'il s'y serait retrouvé au bout d'un an.

— Non pas, non pas, fit-il, c'est par là, et je ne suis pas toqué, moi. La jument se reconnaît bien aussi, et je n'ai pas envie de passer la nuit à trimer dans les bois.

Si bien qu'il arriva au domaine des Dollins, où demeurait la Sévère, sans s'être laissé détempcer d'un quart d'heure, et sans avoir ouvert l'oreille grand comme un pertuis d'aiguille à ses honnêtetés. Quand ce fut là, elle voulut le retenir, exposant que la nuit était trop noire, que l'eau avait monté, et que les gués étaient couverts. Mais le champi n'avait cure de ces dangers-là, et, ennuyé de tant de sottes paroles, il serra les chevilles des pieds, mit la jument au galop sans demander son reste, et s'en revint vitement au moulin, où Madeleine Blanchet l'attendait, chagrinée de le voir si attardé.

IX

Le champi ne raconta point à Madeleine les choses que la Sévère lui avait donné à entendre ; il n'eût osé et il n'osait y penser lui-même. Je ne dis point que j'eusse été aussi sage que lui dans la rencontre ; mais enfin sagesse ne nuit point, et puis je dis les choses comme elles sont. Ce gars était aussi comme il faut qu'une fille de bien.

Mais, en songeant la nuit, madame Sévère se choqua contre lui, et s'avisa qu'il n'était peut-être pas si benêt que méprisant. Sur ce penser, sa cervelle s'échauffa et sa bile aussi, et grands soucis de revengement lui passèrent par la tête.

A telles enseignes que le lendemain, lorsque Cadet Blanchet fut de retour auprès d'elle, à moitié dégrisé, elle lui fit entendre que son garçon de moulin était un petit insolent, qu'elle avait été obligée de le tenir en bride et de lui essuyer le bec d'un coup de coude, parce qu'il avait eu idée de lui chanter fleurette et de l'embrasser en revenant de nuit par les bois avec elle.

Il n'en fallait pas tant pour déranger les esprits de Blanchet; mais elle trouva qu'il n'y en avait pas encore assez, et elle se gaussa de lui pour ce qu'il laissait dans sa maison, auprès de sa femme, un valet en âge et en humeur de la désennuyer.

Voilà, d'un coup, Blanchet jaloux de sa maîtresse et de sa femme. Il prend son bâton de courza, enfonce son chapeau sur ses yeux comme un éteignoir sur un cierge, et il court au moulin sans prendre vent.

Par bonheur qu'il n'y trouva pas le champi. Il avait été abattre et débiter un arbre que Blanchet avait acheté à Blanchard de Guérin, et il ne devait rentrer que le soir. Blanchet aurait bien été le trouver à son ouvrage; mais il craignait, s'il montrait du dépit, que les jeunes meuniers de Guérin ne vinssent à se gausser de lui et de sa jalousie, qui n'était guère de saison après l'abandon et le mépris qu'il faisait de sa femme.

Il l'aurait bien attendu à rentrer, n'était qu'il s'ennuyait de passer le reste du jour chez lui; et que la querelle qu'il voulait chercher à sa femme ne serait pas de durée pour l'occuper jusqu'au soir. On ne peut pas se fâcher longtemps quand on se fâche tout seul.

En fin de compte, il aurait bien été au-devant des moqueries et au-dessus de l'ennui pour le plaisir d'étriller le pauvre champi; mais comme, en marchant, il s'était un peu raccoisé, il songea que ce champi de malheur n'était plus un petit enfant, et que, puisqu'il était d'âge à se mettre l'amour en tête, il était bien d'âge aussi à se mettre la colère ou la défense au bout des mains. Tout cela fit qu'il tenta de se remettre les sens en buvant chopine, sans rien dire, tournant dans sa tête le discours qu'il allait faire à sa femme et ne sachant par quel bout entamer.

Il lui avait dit en entrant, d'un air rêche, qu'il avait à se faire écouter, et elle se tenait là, dans sa manière accoutumée, triste, un peu fière, et ne disant mot.

— Madame Blanchet, fit-il enfin, j'ai un commandement à vous donner, et, si vous étiez la femme que vous paraissez et que vous passez pour être, vous n'auriez pas attendu d'en être avertie.

Là-dessus il s'arrêta, comme pour reprendre son haleine; mais, de fait, il était quasi honteux de ce qu'il allait lui dire, car la vertu était écrite sur la figure de sa femme comme une prière dans un livre d'Heures.

Madeleine ne lui donna point assistance pour s'expliquer. Elle ne souffla, et attendit la fin, pensant qu'il allait lui reprocher quelque dépense, et ne s'attendant guère à ce dont il retournait.

— Vous faites comme si vous ne m'entendiez pas, madame Blanchet, ramena le meunier, et si pourtant, la chose est claire. Il s'agit donc de me jeter cela dehors, et plutôt que plus tard, car j'en ai prou et déjà trop.

— Jeter quoi? fit Madeleine ébahie.

— Jeter quoi! vous n'oseriez dire jeter qui?

— Vrai Dieu! non; je n'en sais rien, dit-elle. Parlez, si vous voulez que je vous entende.

— Vous me feriez sortir de mon sang-froid, cria Cadet Blanchet en bramant comme un taureau. Je vous dis que ce champi est de trop chez moi, et que, s'il y est encore demain matin, c'est moi qui lui ferai la conduite à grand renfort de bras, à moins qu'il n'aime mieux passer sous la roue de mon moulin.

— Voilà de vilaines paroles et une mauvaise idée, maître Blanchet, dit Madeleine qui ne put se retenir de devenir blanche comme sa cornette. Vous achèverez de perdre votre métier si vous renvoyez ce garçon; car vous n'en retrouverez jamais un pareil pour faire votre ouvrage et se contenter de peu. Que vous a donc fait ce pauvre enfant pour que vous le vouliez chasser si durement?

— Il me fait faire la figure d'un sot, je vous le dis, madame ma femme, et je n'entends pas être la risée du pays. Il est le maître chez moi, et l'ouvrage qu'il y fait mérite d'être payé à coup de trique.

Il fut besoin d'un peu de temps pour que Madeleine entendît ce que son mari voulait dire. Elle n'en avait du tout l'idée, et elle lui présenta toutes les bonnes raisons qu'elle put trouver pour le rapaiser et l'empêcher de s'obstiner dans sa fantaisie.

Mais elle y perdit ses peines; il ne s'en fâcha que plus fort, et, quand il vit qu'elle s'affligeait de perdre son bon serviteur François, il se remit en humeur de jalousie, et lui dit là-dessus des paroles si dures, qu'elle ouvrit à la fin l'oreille, et se prit à pleurer de honte, de fierté et de grand chagrin.

La chose n'en alla que plus mal; Blanchet jura qu'elle était amoureuse de cette marchandise d'hôpital, qu'il en rougissait pour elle, et que, si elle ne mettait pas ce champi à la porte sans délibérer, il se promettait de l'assommer et de le moudre comme grain.

Sur quoi elle lui répondit plus haut qu'elle n'avait coutume, qu'il était bien le maître de renvoyer de chez lui qui bon lui semblait, mais non d'offenser ni d'insulter son honnête femme, et qu'elle s'en plaindrait au bon Dieu et aux saints du paradis comme d'une injustice qui lui faisait trop de tort et trop de peine. Et par ainsi, de mot en mot, elle en vint, malgré son propre vouloir, à lui reprocher son mauvais comportement, et à lui pousser cette raison bien vraie, que, quand on est mécontent sous son sien bonnet, on voudrait faire tomber celui des autres dans la boue.

La chose se gâta davantage ainsi, et, quand Blanchet commença à voir qu'il était dans son tort, la colère fut son seul remède. Il menaça Madeleine de lui clore la bouche d'un revers de main, et il l'eût fait si Jeannie, attiré par le bruit, ne fût venu se mettre entre eux sans savoir ce qu'ils avaient, mais tout pâle et déconfit d'entendre cette chamaillerie. Blanchet voulut le renvoyer, et il pleura, ce qui donna sujet à son père de dire qu'il était mal élevé, capon, pleurard, et que sa mère n'en ferait rien de bon. Puis il prit cœur et se leva en coupant l'air de son bâton et en jurant qu'il allait tuer le champi.

Quand Madeleine le vit si affolé de fureur, elle se jeta au-devant de lui, et avec tant de hardiesse, qu'il en fut démonté et se laissa faire par surprise; elle lui ôta des mains son bâton et le jeta au loin dans la rivière. Puis elle lui dit, sans caller aucunement :

— Vous ne ferez point votre perte en écoutant votre mauvaise tête. Songez qu'un malheur est bientôt arrivé quand on ne se connaît plus, et, si vous n'avez point d'humanité, pensez à vous-même et aux suites qu'une mauvaise action peut donner à la vie d'un homme. Depuis longtemps, mon mari, vous menez mal la vôtre, et vous allez croissant de train et de galop dans un mauvais chemin. Je vous empêcherai, à tout le moins aujourd'hui, de vous jeter dans un pire mal qui aurait sa punition dans ce bas monde et dans l'autre. Vous ne tuerez personne, vous retournerez plutôt d'où vous venez que de vous buter à chercher revenge d'un affront qu'on ne vous a point fait. Allez-vous-en, c'est moi qui vous le commande dans votre intérêt, et c'est la première fois de ma vie que je vous donne un commandement. Vous l'écouterez, parce que vous allez voir que je ne perds point pour cela le respect que je vous dois. Je vous jure sur ma foi et mon honneur que demain le champi ne sera plus céans, et que vous pourrez y revenir sans danger de le rencontrer.

Cela dit, Madeleine ouvrit la porte de la maison pour faire sortir son mari, et Cadet Blanchet, tout confondu de la voir prendre ces façons-là, content, au fond, de s'en aller et d'avoir obtenu soumission sans exposer sa peau, replanta son chapeau sur son chef, et, sans rien dire de plus, s'en retourna auprès de la Sévère. Il se vanta bien à elle et à d'autres d'avoir fait sentir le bois vert à sa femme et au champi; mais, comme de cela il n'était rien, la Sévère goûta son plaisir en fumée.

Quand Madeleine Blanchet fut toute seule, elle envoya ses ouailles et sa chèvre aux champs sous la garde de Jeannie, et elle s'en fut au bout de l'écluse du moulin, dans un recoin de terrain que la course des eaux avait mangé tout autour, et où il avait poussé tant de rejets et de branchages sur les vieilles souches d'arbres, qu'on ne s'y voyait point à deux pas. C'était là qu'elle allait souvent dire ses oraisons au bon Dieu, parce qu'elle n'y était pas dérangée et qu'elle pouvait s'y tenir cachée derrière les grandes herbes folles, comme une poule d'eau dans son nid de vertes brindilles.

Sitôt qu'elle y fut, elle se mit à deux genoux pour faire une bonne prière, dont elle avait grand besoin et dont elle espérait grand confort ; mais elle ne put songer à autre chose qu'au pauvre champi qu'il fallait renvoyer et qui l'aimait tant, qu'il en mourrait de chagrin. Si bien qu'elle ne put rien dire au bon Dieu, sinon qu'elle était trop malheureuse de perdre son seul soutien et de se départir de l'enfant de son cœur. Et alors elle pleura tant et tant, que c'est au miracle qu'elle en revint, car elle fut si suffoquée, qu'elle en chut tout de son long sur l'herbage, et y demeura privée de sens pendant plus d'une heure.

A la tombée de la nuit elle tâcha pourtant de se ravoir ; et, comme elle entendit Jeannie qui ramenait ses bêtes en chantant, elle se leva comme elle put et alla préparer le souper. Peu après elle entendit venir les bœufs qui rapportaient le chêne acheté par Blanchet, et Jeannie courut bien joyeux au-devant de son ami François qu'il s'ennuyait de n'avoir pas vu de la journée. Ce pauvre petit Jeannie avait eu du chagrin, dans le moment, de voir son père faire de mauvais yeux à sa chère mère, et il avait pleuré aux champs sans pouvoir comprendre ce qu'il y avait entre eux. Mais chagrin d'enfant et rosée du matin n'ont pas de durée, et déjà il ne se souvenait plus de rien. Il prit François par la main, et, sautant comme un petit perdreau, il l'amena auprès de Madeleine.

Il ne fallut pas que le champi regardât la meunière par deux fois pour aviser ses yeux rouges et sa figure toute blême. « Mon Dieu, se dit-il, il y a un malheur dans la maison, » et il se mit à blêmir aussi, et à trembler, et à regarder Madeleine, pensant qu'elle lui parlerait. Mais elle le fit asseoir et lui servit son repas sans rien dire, et il ne put avaler une bouchée. Jeannie mangeait et devisait tout seul, et il n'avait plus de souci, parce que sa mère l'embrassait de temps en temps et l'encourageait à bien souper.

Quand il fut couché, pendant que la servante rangeait la chambre, Madeleine sortit et fit signe à François d'aller avec elle. Elle descendit le pré et marcha jusqu'à la fontaine. Là, prenant son courage à deux mains :

— Mon enfant, lui dit-elle, le malheur est sur toi et sur moi, et le bon Dieu nous frappe d'un rude coup. Tu vois comme j'en souffre; par amitié pour moi, tâche d'avoir le cœur moins faible, car, si tu ne me soutiens, je ne sais ce que je deviendrai.

François ne devina rien, bien qu'il supposât tout d'abord que le mal venait de M. Blanchet.

— Qu'est-ce que vous me dites là? dit-il à Madeleine en lui embrassant les mains tout comme si elle eût été sa mère. Comment pouvez-vous penser que je manquerai de cœur pour vous consoler et vous soutenir? Est-ce que je ne suis pas votre serviteur pour tant que j'ai à rester sur terre? Est-ce que je ne suis pas votre enfant qui travaillera pour vous, et qui a bien assez de force à cette heure pour ne vous laisser manquer de rien! Laissez faire M. Blanchet, laissez-le manger son fait, puisque c'est son idée. Moi je vous nourrirai, je vous habillerai, vous et notre Jeannie. S'il faut que je vous quitte pour un temps, j'irai me louer, pas loin d'ici, par exemple! afin de pouvoir vous rencontrer tous les jours et venir passer avec vous les dimanches. Mais me voilà assez fort pour labourer et pour gagner l'argent qu'il vous faudra. Vous êtes si raisonnable et vous vivez de si peu! Eh bien, vous ne vous priverez plus tant pour les autres, et vous en serez mieux. Allons, allons, madame Blanchet, ma chère mère, rapaisez-vous et ne pleurez pas, car, si vous pleurez, je crois que je vas mourir de chagrin.

Madeleine, ayant vu qu'il ne devinait pas et qu'il fallait lui dire tout, recommanda son âme à Dieu et se décida à la grande peine qu'elle était obligée de lui faire.

X

— Allons, allons, François, mon fils, lui dit-elle, il ne s'agit pas de cela. Mon mari n'est pas encore ruiné, autant que je peux savoir l'état de ses affaires ; et, si ce n'était que la crainte de manquer, tu ne me verrais pas tant de peine. N'a point peur de la misère qui se sent courageux pour travailler. Puisqu'il faut te dire de quoi j'ai le cœur malade, apprends que M. Blanchet s'est monté contre toi, et qu'il ne veut plus te souffrir à la maison.

— Eh bien, est-ce cela? dit François en se levant. Qu'il me tue donc tout de suite, puisque aussi bien je ne peux exister après un coup pareil. Oui, qu'il en finisse de moi, car il y a longtemps que je le gêne, et il en veut à mes jours ; je le sais bien. Voyons, où est-il? Je veux aller le trouver, et lui dire : « Signifiez-moi pourquoi vous me chassez. Peut-être que je trouverai de quoi répondre à vos mauvaises raisons. Et si vous vous y entêtez, dites-le, afin que... afin que... » Je ne sais pas ce que je dis, Madeleine ; vrai ! je ne le sais pas ; je ne me connais plus, et je ne vois plus clair ; j'ai le cœur transi et la tête me vire ; bien sûr, je vas mourir ou devenir fou.

Et le pauvre champi se jeta par terre et se frappa la tête de ses poings, comme le jour où la Zabelle avait voulu le reconduire à l'hospice.

Voyant cela, Madeleine retrouva son grand courage. Elle lui prit les mains, les bras ; et, le secouant bien fort, elle l'obligea de l'écouter.

— Si vous n'avez non plus de volonté et de soumission qu'un enfant, lui dit-elle, vous ne méritez pas l'amitié que j'ai pour vous, et vous me ferez honte de vous avoir élevé comme mon fils. Levez-vous. Voilà pourtant que vous êtes en âge d'homme, et il ne convient pas à un homme de se rouler comme vous le faites. Entendez-moi, François, et dites-moi si vous m'aimez assez pour surmonter votre chagrin et passer un peu de temps sans me voir. Vois, mon enfant, c'est à propos pour ma tranquillité et pour mon honneur, puisque, sans cela, mon mari me causera des souffrances et des humiliations. Par ainsi, tu dois me quitter aujourd'hui par amitié, comme je t'ai gardé jusqu'à cette heure par amitié. Car l'amitié se prouve par des moyens différents, selon le temps et les aventures. Et tu dois me quitter tout de suite, parce que, pour empêcher M. Blanchet de faire un mauvais coup de sa tête, j'ai promis que tu serais parti demain matin. C'est demain la Saint-Jean, il faut que tu ailles te louer, et pas trop près d'ici, car, si nous étions à même de nous revoir souvent, ce serait pire dans l'idée de M. Blanchet.

— Mais quelle est donc son idée, Madeleine ? Quelle plainte fait-il de moi ? En quoi me suis-je mal comporté ? Il croit donc toujours que vous faites du tort à la maison pour me faire du bien ? Ça ne se peut pas, puisque j'en suis, à présent, de la maison ! Je n'y mange pas plus que ma faim, et je n'en fais pas sortir un fétu. Peut-être qu'il croit que je touche mon gage, et qu'il le trouve de trop grande coûtance. Eh bien, laissez-moi suivre mon idée d'aller lui parler pour lui expliquer que, depuis le décès de ma pauvre mère Zabelle, je n'ai jamais voulu accepter de vous un petit écu ; — ou, si vous ne voulez pas que je lui dise ça, — et au fait, s'il le savait, il voudrait vous faire rendre tout le dû de mes gages que vous avez employé en œuvres de charité, — eh bien, je lui en ferai, pour le terme qui vient, la proposition. Je lui offrirai de rester à votre service pour rien. De cette manière-là, il ne pourra plus me trouver dommageable, et il me souffrira auprès de vous.

— Non, non, non, François ! répliqua vivement Madeleine, ça ne se peut ; et, si tu lui disais pareille chose, il entrerait contre toi et contre moi dans une colère qui amènerait des malheurs.

— Mais pourquoi donc ? dit François ; à qui en a-t-il ? C'est donc seulement pour le plaisir de nous causer de la peine qu'il fait celui qui se méfie ?

— Mon enfant, ne me demande pas la raison de son idée contre toi ; je ne peux pas te la dire. J'en aurais trop de honte pour lui, et mieux vaut pour nous tous que tu n'essayes pas de te l'imaginer. Ce que je peux t'affirmer, c'est que c'est remplir ton devoir envers moi que de t'en aller. Te voilà grand et fort, tu peux te passer de moi ; et mêmement tu gagneras mieux ta vie ailleurs, puisque tu ne veux rien recevoir de moi. Tous les enfants quittent leur mère pour aller travailler, et beaucoup s'en vont au loin. Tu feras donc comme les autres, et moi j'aurai du chagrin comme en ont toutes les mères ; je pleurerai, je penserai à toi, je prierai Dieu matin et soir pour qu'il te préserve du mal...

— Oui ! Et vous prendrez un autre valet qui vous servira mal, et qui n'aura nul soin de votre fils et de votre bien, qui vous haïra peut-être, parce que M. Blanchet lui commandera de ne pas vous écouter, et qui ira lui redire tout ce que vous faites de bien en le tournant en mal! Et vous serez malheureuse ; et moi je ne serai plus là pour vous défendre et vous consoler! Ah! vous croyez que je n'ai pas de courage, parce que j'ai du chagrin? Vous croyez que je ne pense qu'à moi, et vous me dites que j'aurai profit à être autre part! Moi, je ne songe pas à moi en tout ceci. Qu'est-ce que ça me fait de gagner ou de perdre? Je ne demande pas seulement comment je gouvernerai mon chagrin. Que j'en vive ou que j'en meure, c'est comme il plaira à Dieu, et ça ne m'importe pas, puisqu'on m'empêche d'employer ma vie pour vous. Ce qui m'angoisse et à quoi je ne peux pas me soumettre, c'est que je vois venir vos peines. Vous allez être foulée à votre tour, et, si on m'écarte du chemin, c'est pour mieux marcher sur votre droit.

— Quand même le bon Dieu permettrait cela, dit Madeleine, il faut savoir souffrir ce qu'on ne peut empêcher. Il faut surtout ne pas empirer son mauvais sort en regimbant contre. Imagine-toi que je suis bien malheureuse, et demande-toi combien plus je le deviendrai si j'apprends que tu es malade, dégoûté de vivre et ne voulant pas te consoler. Au lieu que, si je trouve un peu de soulagement dans mes peines, ce sera de savoir que tu te comportes bien et que tu te maintiens en courage et santé pour l'amour de moi.

Cette dernière bonne raison donna gagné à Madeleine. Le champi s'y rendit, et lui promit à deux genoux, comme on promet en confession, de faire tout son possible pour porter bravement sa peine.

— Allons, dit-il en essuyant ses yeux moites, je partirai de grand matin, et je vous dis adieu, ici, ma mère Madeleine! Adieu pour la vie, peut-être, car vous ne me dites point si je pourrai jamais vous revoir et causer avec vous. Si vous pensez que ce bonheur-là ne doive plus m'arriver, ne m'en dites rien, car je perdrais le courage de vivre. Laissez-moi garder l'espérance de vous retrouver un jour ici à cette claire fontaine, où je vous ai trouvée pour la première fois il y aura tantôt onze ans. Depuis ce jour jusqu'à celui d'aujourd'hui, je n'ai eu que du contentement : et le bonheur que Dieu et vous m'avez donné, je ne dois pas le mettre en oubli, mais en souvenance pour m'aider à prendre, à compter de demain, le temps et le sort comme ils viendront. Je m'en vais avec un cœur tout transpercé et morfondu d'angoisse, en songeant que je ne vous laisse pas heureuse, et que je vous ôte, en m'ôtant d'à côté de vous, le meilleur de vos amis ; mais vous m'avez dit que, si je n'essayais pas de me consoler, vous seriez plus désolée. Je me consolerai donc comme je pourrai en pensant à vous, et je suis trop ami de votre amitié pour vouloir la perdre en devenant lâche. Adieu, madame Blanchet, laissez-moi un peu ici tout seul ; je serai mieux quand j'aurai pleuré tout mon soûl. S'il tombe de mes larmes dans cette fontaine, vous songerez à moi toutes les fois que vous y viendrez laver. Je veux aussi y cueillir de la menthe pour embaumer mon linge, car je vas tout à l'heure faire mon paquet ; et, tant que je sentirai sur moi cette odeur-là, je me figurerai que je suis ici et que je vous vois. Adieu, adieu, ma chère mère, je ne veux pas retourner à la maison. Je pourrais bien embrasser mon Jeannie sans l'éveiller, mais je ne m'en sens pas le courage. Vous l'embrasserez pour moi, je vous en prie, et, pour ne pas qu'il me pleure, vous lui direz demain que je dois retourner bientôt. Comme cela, en m'attendant, il m'oubliera un peu ; et, par la suite du temps, vous lui parlerez de son pauvre François, afin qu'il ne m'oublie trop. Donnez-moi votre bénédiction, Madeleine, comme vous me l'avez donnée le jour de ma première communion. Il me la faut pour avoir la grâce de Dieu.

Et le pauvre champi se mit à deux genoux en disant à Madeleine que, si jamais, contre son gré, il lui avait fait quelque offense, elle eût à la lui pardonner.

Madeleine jura qu'elle n'avait rien à lui pardonner, et qu'elle lui donnait une bénédiction dont elle voudrait pouvoir rendre l'effet aussi propice que celle de Dieu.

— Eh bien, dit François, à présent que je vas redevenir champi et que personne ne m'aimera plus, ne voulez-vous pas m'embrasser comme vous m'avez embrassé, par faveur, le jour de ma première communion ? j'aurai grand besoin de me remémorer tout cela, pour être bien sûr que vous continuez, dans votre cœur, à me servir de mère.

Madeleine embrassa le champi dans le même esprit de religion que quand il était petit enfant. Pourtant, si le monde l'eût vu, on aurait donné raison à M. Blanchet de sa fâcherie, et on aurait critiqué cette honnête femme qui ne pensait point à mal, et à qui la vierge Marie ne fit point péché de son action.

— Ni moi non plus, dit la servante de M. le curé.

— Et moi encore moins, repartit le chanvreur. Et continuant : Elle s'en revint à la maison, dit-il, où de la nuit elle ne dormit miette. Elle entendit bien rentrer François qui vint faire son paquet dans la chambre à côté, et elle l'entendit aussi sortir à la piquette du jour. Elle ne se dérangea qu'il ne fût un peu loin, pour ne point changer son courage en faiblesse, et, quand elle l'entendit passer sur le petit pont, elle entre-bâilla subtilement sa porte sans se montrer, afin de le voir de loin encore une fois. Elle le vit s'arrêter et regarder la rivière et le moulin, comme pour leur dire adieu. Et puis il s'en alla bien vite, après avoir cueilli un feuillage de peuplier qu'il mit à son chapeau, comme c'est la coutume quand on va à la loue, pour montrer qu'on cherche une place.

Maître Blanchet arriva sur le midi et ne dit mot, jusqu'à ce que sa femme lui dit :

— Eh bien, il faut aller à la loue pour avoir un autre garçon de moulin, car François est parti, et vous voilà sans serviteur.

— Cela suffit, ma femme, répondit Blanchet, j'y vais aller, et je vous avertis de ne pas compter sur un jeune.

Voilà tout le remercîment qu'il lui fit de sa soumission, et elle se sentit si peinée, qu'elle ne put s'empêcher de le montrer.

— Cadet Blanchet, dit-elle, j'ai obéi à votre volonté : j'ai renvoyé un bon sujet sans motif, et à regret, je ne vous le cache pas. Je ne vous demande pas de m'en savoir gré ; mais, à mon tour, je vous donne un commandement : c'est de ne pas me faire d'affront, parce que je n'en mérite pas.

Elle dit cela d'une manière que Blanchet ne lui connaissait point et qui fit de l'effet sur lui.

— Allons, femme, dit-il en lui tendant la main, faisons la paix sur cette chose-là et n'y pensons plus. Peut-être que j'ai été un peu trop précipiteux dans mes paroles; mais c'est que, voyez-vous, j'avais des raisons pour ne point me fier à ce champi. C'est le diable qui met ces enfants-là dans le monde, et il est toujours après eux. Quand ils sont bons sujets d'un côté, ils sont mauvais garnements sur un autre point. Ainsi je sais bien que je trouverai malaisément un domestique aussi rude au travail que celui-là; mais le diable, qui est bon père, lui avait soufflé le libertinage dans l'oreille, et je sais une femme qui a eu à s'en plaindre.

— Cette femme-là n'est pas la vôtre, répondit Madeleine, et il se peut qu'elle mente. Quand elle dirait vrai, ce ne serait point de quoi me soupçonner.

— Est-ce que je te soupçonne? dit Blanchet haussant les épaules; je n'en avais qu'après lui, et, à présent qu'il est parti, je n'y pense plus. Si je t'ai dit quelque chose qui t'ait déplu, prends que je plaisantais.

— Ces plaisanteries-là ne sont pas de mon goût, répliqua Madeleine. Gardez-les pour celles qui les aiment.

XI

Dans les premiers jours, Madeleine Blanchet porta assez bien son chagrin. Elle apprit de son nouveau domestique, qui avait rencontré François à la loue, que le champi s'était accordé pour dix-huit pistoles par an avec un cultivateur du côté d'Aigurande, qui avait un fort moulin et des terres. Elle fut contente de le savoir bien placé, et elle fit son possible pour se remettre à ses occupations sans trop de regret. Mais, malgré elle, le regret fut grand, et elle en fut longtemps malade d'une petite fièvre qui la consumait tout doucettement, sans que personne y fît attention. François avait bien dit qu'en s'en allant il lui emmenait son meilleur ami. L'ennui la prit de se voir toute seule, et de n'avoir personne à qui causer. Elle en choya d'autant plus son fils Jeannie, qui était, de vrai, un gentil gars, et pas plus méchant qu'un agneau.

Mais, outre qu'il était trop jeune pour comprendre tout ce qu'elle aurait pu dire à François, il n'avait pas pour elle les soins et les attentions qu'au même âge le champi avait eus. Jeannie aimait bien sa mère, et plus même que le commun des enfants ne fait, parce qu'elle était une mère comme il ne s'en voit pas tous les jours. Mais il ne s'étonnait et ne s'émeuvait pas tant pour elle que François. Il trouvait tout simple d'être aimé et caressé si fidèlement. Il en profitait comme de son bien, et y comptait comme sur son dû, au lieu que le champi n'était méconnaissant de la plus petite amitié et en faisait si grand remercîment par sa conduite, sa manière de parler, et de regarder, et de rougir, et de pleurer, qu'en se trouvant avec lui Madeleine oubliait qu'elle n'avait eu ni repos, ni amour, ni consolation dans son ménage.

Elle resongea à son malheur quand elle retomba dans son désert, et remâcha longuement toutes les peines que cette amitié et cette compagnie avaient tenues en suspens. Elle n'avait plus personne pour lire avec elle, pour s'intéresser à la misère du monde avec elle, pour prier d'un même cœur, et même pour badiner honnêtement quand et quand, en paroles de bonne foi et de bonne humeur. Tout ce qu'elle voyait, tout ce qu'elle faisait n'avait plus de goût pour elle, et lui rappelait le temps où elle avait eu ce bon compagnon si tranquille et si amiteux. Allait-elle à sa vigne, ou à ses arbres fruitiers, ou dans le moulin, il n'y avait pas un coin grand comme la main où elle n'eût repassé dix mille fois avec cet enfant pendu à sa robe, ou ce courageux serviteur empressé à son côté. Elle était comme si elle avait perdu un fils de grande valeur et de grand espoir, et elle avait beau aimer celui qui lui restait, il y avait une moitié de son amitié dont elle ne savait plus que faire.

Son mari, la voyant traîner un malaise, et prenant en pitié l'air de tristesse et d'ennui qu'elle avait, craignit qu'elle ne fît une forte maladie, et il n'avait pas envie de la perdre, parce qu'elle tenait son bien en bon ordre et ménageait de son côté ce qu'il mangeait du sien. La Sévère ne voulant pas le souffrir à son moulin, il sentait bien que tout irait mal pour lui dans cette partie de son avoir si Madeleine n'en avait plus la charge, et, tout en la réprimandant à l'habitude et se plaignant qu'elle n'y mettait pas assez de soin, il n'avait garde d'espérer mieux de la part d'un autre.

Il s'ingénia donc, pour la soigner et la désennuyer, de lui trouver une compagnie, et la chose vint à point que, son oncle étant mort, la plus jeune de ses sœurs, qui était sous sa tutelle, lui tomba sur les bras. Il avait pensé d'abord à la mettre de résidence chez la Sévère, mais ses autres parents lui en firent honte; et d'ailleurs, quand la Sévère eut vu que cette fillette prenait quinze ans et qu'elle s'annonçait pour jolie comme le jour, elle n'eut plus envie d'avoir dans sa maison le bénéfice de cette tutelle, et elle dit à Blanchet que la garde et la veillance d'une jeunesse lui paraissaient trop chanceuses.

En raison de quoi Blanchet, qui voyait du profit à être le tuteur de sa sœur, — car l'oncle qui l'avait élevée l'avait avantagée sur son testament, — et qui n'avait garde de confier son entretien à autre parenté, l'amena à son moulin et enjoignit à sa femme de l'avoir pour sœur et compagne, de lui apprendre à travailler, de s'en faire aider dans le soin du ménage, et de lui rendre la tâche assez douce pourtant pour qu'elle n'eût point envie d'aller vivre autre part.

Madeleine accepta de bonne volonté ledit arrangement de famille. Mariette Blanchet lui plut tout d'abord, pour l'avantage de sa beauté qui avait déplu à la Sévère. Elle pensait qu'un bon esprit et un bon cœur sont toujours de compagnie avec une belle figure, et elle reçut la jeune enfant, non pas tant comme une sœur que comme une fille, qui lui remplacerait peut-être son pauvre François.

Pendant ce temps-là le pauvre François prenait son mal en patience autant qu'il pouvait, et ce n'était guère, car jamais ni homme ni enfant ne fut chargé d'un mal pareil. Il commença par en faire une maladie, et ce fut peut-être un bonheur pour lui, car là il éprouva le bon cœur de ses maîtres, qui ne le firent point porter à l'hôpital et le gardèrent chez eux où il fut bien soigné. Ce meunier-là ne ressemblait guère à Cadet Blanchet, et sa fille, qui avait une trentaine d'années et n'était point encore établie, était en réputation pour sa charité et sa bonne conduite.

Ces gens-là virent bien d'ailleurs que, malgré l'accident, ils avaient fait, au regard du champi, une bonne trouvaille.

Il était si solide et si bien corporé, qu'il se sauva de la maladie plus vite qu'un autre, et mêmement il se mit à travailler avant d'être guéri, ce qui ne le fit point rechuter. Sa conscience le tourmentait pour réparer le temps perdu et récompenser ses maîtres de leur douceur. Pendant plus de deux mois pourtant, il se ressentit de son mal, et, en commençant à travailler les matins, il avait le corps étourdi comme s'il fût tombé de la faîtière d'une maison. Mais peu à peu il s'échauffait, et il n'avait garde de dire le mal qu'il avait à s'y mettre. On fut bientôt si content de lui, qu'on lui confia la gouverne de bien des choses qui étaient au-dessus de son emploi. On se trouvait bien de ce qu'il savait lire et écrire, et on lui fit tenir des comptes, chose qu'on n'avait pu faire encore, et qui avait souvent mis du trouble dans les affaires du moulin. Enfin il fut aussi bien que possible dans son malheur; et comme, par prudence, il ne s'était point vanté d'être champi, personne ne lui reprocha son origine.

Mais ni les bons traitements, ni l'occupation, ni la maladie, ne pouvaient lui faire oublier Madeleine et ce cher moulin du Cormouer, et son petit Jeannie, et le cimetière où gisait la Zabelle. Son cœur était toujours loin de lui, et le dimanche, il ne faisait autre chose que d'y songer, ce qui ne le reposait guère des fatigues de la semaine. Il était si éloigné de son endroit, étant à plus de six lieues de pays, qu'il n'en avait jamais de nouvelles. Il pensa d'abord s'y accoutumer, mais l'inquiétude lui mangeait le sang, et il s'inventa des moyens pour savoir au moins deux fois l'an comment vivait Madeleine : il allait dans les foires, cherchant de l'œil quelqu'un de connaissance de son ancien endroit, et, quand il l'avait trouvé, il s'enquérait de tout le monde qu'il avait connu, commençant, par prudence, par ceux dont il se souciait le moins, pour arriver à Madeleine qui l'intéressait le plus, et, de cette manière, il eut quelque nouvelle d'elle et de sa famille.

— Mais voilà qu'il se fait tard, messieurs mes amis, et je m'endors sur mon histoire. A demain ; si vous voulez, je vous dirai le reste. Bonsoir la compagnie.

Le chanvreur alla se coucher, et le métayer, allumant sa lanterne, reconduisit la mère Monique au presbytère, car c'était une femme d'âge qui ne voyait pas bien clair à se conduire.

XII

Au lendemain, nous nous retrouvâmes tous à la ferme, et le chanvreur reprit ainsi son récit :

— Il y avait environ trois ans que François demeurait au pays d'Aigurande, du côté de Villechiron, dans un beau moulin qui s'appelle Haut-Champault, ou Bas-Champault, ou Frechampault, car dans ce pays-là, comme dans le nôtre, Champault est un nom répandu. J'ai été par deux fois dans ces endroits-là, et c'est un beau et bon pays. Le monde de campagne y est plus riche, mieux logé, mieux habillé ; on y fait plus de commerce, et, quoique la terre y soit plus maigre, elle rapporte davantage. Le terrain y est pourtant mieux cabossé. Les rocs y percent et les rivières y ravinent fort. Mais c'est joli et plaisant tout de même. Les arbres y sont beaux à merveille, et les deux Creuses roulent là dedans à grand ramage, claires comme eau de roche.

Les moulins y sont de plus de conséquence que chez nous, et celui où résidait François était des plus forts et des meilleurs. Un jour d'hiver, son maître, qui s'appelait Jean Vertaud, lui dit :

— François, mon serviteur et mon ami, j'ai un petit discours à te faire, et je te prie de me donner ton attention :

Il y a déjà un peu de temps que nous nous connaissons, toi et moi, et, si j'ai beaucoup gagné dans mes affaires, si mon moulin a prospéré, si j'ai emporté la préférence sur tous mes confrères, si, parfin, j'ai pu augmenter mon avoir, je ne me cache pas que c'est à toi que j'en ai l'obligation. Tu m'as servi, non pas comme un domestique, mais comme un ami et un parent. Tu t'es donné à mes intérêts comme si c'étaient les tiens. Tu as régi mon bien comme jamais je n'aurais su le faire, et tu as en tout montré que tu avais plus de connaissance et d'entendement que moi. Le bon Dieu ne m'a pas fait soupçonneux, et j'aurais été toujours trompé si tu n'avais contrôlé toutes gens et toutes choses autour de moi. Les personnes qui faisaient abus de ma bonté ont un peu crié, et tu as voulu hardiment en porter l'endosse, ce qui t'a exposé, plus d'une fois, à des dangers dont tu es toujours sorti par courage et douceur. Car ce qui me plaît de toi, c'est que tu as le cœur aussi bon que la tête et la main. Tu aimes le rangement, et non l'avarice. Tu ne te laisses pas duper comme moi, et pourtant tu aimes comme moi à secourir le prochain. Pour ceux qui étaient de vrai dans la peine, tu as été le premier à me conseiller d'être généreux. Pour ceux qui en faisaient la frime, tu as été prompt à m'empêcher d'être affiné. Et puis tu es savant pour un homme de campagne. Tu as de l'idée et du raisonnement. Tu as des inventions qui te réussissent toujours, et toutes les choses auxquelles tu mets la main tournent à bonne fin.

Je suis donc content de toi et je voudrais te contenter pareillement pour ma part. Dis-moi donc, tout franchement, si tu ne souhaites point quelque chose de moi, car je n'ai rien à te refuser.

— Je ne sais pas pourquoi vous me demandez cette chose-là, répondit François. Il faut donc, mon maître, que je vous aie paru mécontent de vous, et cela n'est point. Je vous prie d'en être certain.

— Mécontent, je ne dis pas. Mais enfin, tu as un air, à l'habitude, qui n'est pas d'un homme heureux. Tu n'as point de gaieté, tu ne ris avec personne, tu ne t'amuses jamais. Tu es si sage, qu'on dirait toujours que tu portes un deuil.

— M'en blâmez-vous, mon maître? En cela je ne pourrais vous contenter, car je n'aime ni la bouteille ni la danse; je ne fréquente ni le cabaret ni les assemblées; je ne sais point de chansons et de sornettes pour faire rire. Je ne me plais à rien qui me détourne de mon devoir.

— En quoi tu mérites d'être tenu en grande estime, mon garçon, et ce n'est pas moi qui t'en blâmerai. Si je te parle de cela, c'est parce que j'ai une imagination que tu as quelque souci. Peut-être trouves-tu que tu te donnes ici bien du mal pour les autres, et qu'il ne t'en reviendra jamais rien.

— Vous avez tort de croire cela, maître Vertaud. Je suis aussi bien récompensé que je peux le souhaiter, et en aucun lieu je n'aurais peut-être trouvé le fort gage que, de votre seul gré, et sans que je vous inquiète, vous avez voulu me fixer. Ainsi vous m'avez augmenté chaque année, et, la Saint-Jean passée, vous m'avez mis à cent écus, ce qui est un prix fort coûtanceux pour vous. Si ça venait à vous gêner, j'y renoncerais volontiers, croyez-moi.

XIII

— Voyons, voyons, François, nous ne nous entendons guère, repartit maître Jean Vertaud ; et je ne sais plus par quel bout te prendre. Tu n'es pourtant pas sot, et je pensais t'avoir assez mis la parole à la bouche ; mais, puisque tu es honteux, je vas t'aider encore. N'es-tu porté d'inclination pour aucune fille du pays ?

— Non, mon maître, répliqua tout droitement le champi.

— Vrai ?

— Je vous en donne ma foi.

— Et tu n'en vois pas une qui te plairait si tu avais les moyens d'y prétendre ?

— Je ne veux pas me marier.

— Voilà une idée ! Tu es trop jeune pour en répondre. Mais la raison ?

— La raison ? dit François. Ça vous importe donc, mon maître ?

— Peut-être, puisque j'ai de l'intérêt pour toi.

— Je vas vous la dire; je n'ai pas de raison pour m'en cacher. Je n'ai jamais connu ni père ni mère... Et, tenez, il y a une chose que je ne vous ai jamais dite; je n'y étais pas forcé; mais, si vous m'aviez questionné, je ne vous aurais pas fait de mensonge. Je suis champi, je sors de l'hospice.

— Oui-da! s'exclama Jean Vertaud, un peu saboulé par cette confession; je ne l'aurais jamais pensé.

— Pourquoi ne l'auriez-vous jamais pensé?... Vous ne répondez pas, mon maître? Eh bien, moi, je vas répondre pour vous. C'est que, me voyant bon sujet, vous vous seriez étonné qu'un champi pût l'être. C'est donc une vérité que les champis ne donnent point de confiance au monde, et qu'il y a quelque chose contre eux? Ça n'est pas juste, ça n'est pas humain; mais enfin c'est comme ça, et c'est bien force de s'y conformer, puisque les meilleurs cœurs n'en sont pas exempts, et que vous-même...

— Non, non, dit le maître en se ravisant, — car il était un homme juste et ne demandait pas mieux que de renier une mauvaise pensée; — je ne veux pas être contraire à la justice, et, si j'ai eu un moment d'oubliance là-dessus, tu peux m'en absoudre, c'est déjà passé. Donc, tu crois que tu ne pourrais pas te marier parce que tu es né champi?

— Ce n'est pas ça, mon maître, et je ne m'inquiète point de l'empêchement. Il y a toutes sortes d'idées dans les femmes, et aucunes ont si bon cœur que ça serait une raison de plus.

— Tiens! c'est vrai, dit Jean Vertaud. Les femmes valent mieux que nous pourtant!... Et puis, fit-il en riant, un beau gars comme toi, tout verdissant de jeunesse, et qui n'est écloché ni de son esprit ni de son corps, peut bien donner du réveillon au plaisir de se montrer charitable. Mais voyons ta raison.

— Écoutez, dit François, j'ai été tiré de l'hospice et nourri par une femme que je n'ai point connue. A sa mort j'ai été recueilli par une autre qui m'a pris pour le mince profit du secours accordé par le gouvernement à ceux de mon espèce; mais elle a été bonne pour moi, et, quand j'ai eu le malheur de la perdre, je ne me serais pas consolé, sans le secours d'une autre femme qui a été encore la meilleure des trois, et pour qui j'ai gardé tant d'amitié, que je ne veux pas vivre pour une autre que pour elle. Je l'ai quittée pourtant, et peut-être que je ne la reverrai jamais, car elle a du bien, et il se peut qu'elle n'ait jamais besoin de moi. Mais il se peut faire aussi que son mari, qui, m'a-t-on dit, est malade depuis l'automne et qui a fait beaucoup de dépenses qu'on ne sait pas, meure prochainement et lui laisse plus de dettes que d'avoir. Si la chose arrivait, je ne vous cache point, mon maître, que je m'en retournerais dans le pays où elle est, et que je n'aurais plus d'autre soin et d'autre volonté que de l'assister, elle et son fils, et d'empêcher par mon travail la misère de les grever. Voilà pourquoi je ne veux point prendre d'engagement qui me retienne ailleurs. Je suis chez vous à l'année, mais, dans le mariage, je serais lié ma vie durant. Ce serait par ailleurs trop de devoirs sur mon dos à la fois. Quand j'aurais femme et enfants, il n'est pas dit que je pourrais gagner le pain de deux ménages; il n'est pas dit non plus, quand même je trouverais, par impossible, une femme qui aurait un peu de bien, que j'aurais le bon droit pour moi en retirant l'aise de ma maison pour le porter dans une autre. Par ainsi, je compte rester garçon. Je suis jeune, et le temps ne me dure pas encore; mais, s'il advenait que j'eusse en tête quelque amourette, je ferais tout pour m'en corriger, parce que de femmes, voyez-vous, il n'y en a qu'une pour moi, et c'est ma mère Madeleine, celle qui ne s'embarrassait pas de mon état de champi et qui m'a élevé comme si elle m'avait mis au monde.

— Eh bien, ce que tu m'apprends là, mon ami, me donne encore plus de considération pour toi, répondit Jean Vertaud. Il n'est rien de si laid que la méconnaissance, rien de si beau que la recordation des services reçus. J'aurais bien quelque bonne raison à te donner pour te montrer que tu pourrais épouser une jeune femme qui serait du même cœur que toi, et qui t'aiderait à porter assistance à la vieille; mais, pour ces raisons-là, j'ai besoin de me consulter, et j'en veux causer avec quelqu'un.

Il ne fallait pas être bien malin pour deviner que, dans sa bonne âme et dans son bon jugement aussi, Jean Vertaud avait imaginé un mariage entre sa fille et François. Elle n'était point vilaine, sa fille, et, si elle avait un peu plus d'âge que François, elle avait assez d'écus pour parfaire la différence. Elle était fille unique, et c'était un gros parti. Mais son idée jusqu'à l'heure avait été de ne point se marier, dont son père était bien contrarié. Or, comme il voyait depuis un tour de temps qu'elle faisait beaucoup d'état de François, il l'avait consultée à son endroit; et, comme c'était une fille fort retenue, il avait eu un peu de mal à la confesser. A la fin elle avait, sans dire non ni oui, consenti son père à tâter François sur l'article du mariage, et elle attendait de savoir son idée, un peu plus angoissée qu'elle ne voulait le laisser croire.

Jean Vertaud eût bien souhaité lui porter une meilleure réponse, d'abord pour l'envie qu'il avait de la voir s'établir, ensuite parce qu'il ne pouvait pas désirer un meilleur gendre que François. Outre l'amitié qu'il avait pour lui, il voyait bien clairement que ce garçon, tout pauvre qu'il était venu chez lui, valait de l'or dans une famille pour son entendement, sa vitesse au travail et sa bonne conduite.

L'article du champiage chagrina bien un peu la fille. Elle avait un peu de fierté, mais elle eut vite pris son parti, et le goût lui vint plus éveillé, quand elle ouït que François était récalcitrant sur l'amour. Les femmes se prennent par la contrariété, et, si François avait voulu manigancer pour faire oublier l'accroc de sa naissance, il n'aurait pas fait une meilleure finesse que celle de montrer du dégoût pour le mariage.

En sorte que la fille à Jean Vertaud fut décidée, ce jour-là, pour François, comme elle ne l'avait pas encore été.

— N'est-ce que ça? dit-elle à son père. Il croit donc que nous n'aurions pas le cœur et les moyens d'assister une vieille femme et de placer son garçon? Il faut bien qu'il n'ait pas entendu ce que vous lui glissiez, mon père, car, s'il avait su qu'il s'agissait d'entrer dans notre famille, il ne se serait point tourmenté de ça.

Et le soir, à la veillée, Jeannette Vertaud dit à François :

— Je faisais grand cas de vous, François; mais j'en fais encore plus, depuis que mon père m'a raconté votre amitié pour une femme qui vous a élevé et pour qui vous voulez travailler toute votre vie. C'est affaire à vous d'avoir des sentiments... Je voudrais bien connaître cette femme-là, pour être à même de lui rendre service dans l'occasion, parce que vous lui avez conservé tant d'attache : il faut qu'elle soit une femme de bien.

— Oh! oui, dit François, qui avait du plaisir à causer de Madeleine, c'est une femme qui pense bien, une femme qui pense comme vous autres.

Cette parole réjouit la fille à Jean Vertaud; et, se croyant sûre de son fait :

— Je souhaiterais, dit-elle, que, si elle devenait malheureuse, comme vous en avez la crainte, elle vînt demeurer par chez nous. Je vous aiderais à la soigner, car elle n'est plus jeune, pas vrai? N'est-elle point infirme?

— Infirme? non, dit François; son âge n'est point pour être infirme.

— Elle est donc encore jeune? dit la Jeannette Vertaud qui commença à dresser l'oreille.

— Oh! non, elle ne l'est guère, répondit François tout simplement. Je n'ai pas souvenance de l'âge qu'elle peut avoir à cette heure. C'était pour moi comme ma mère, et je ne regardais pas à ses ans.

— Est-ce qu'elle a été bien, cette femme? demanda la Jeannette, après avoir barguiné un moment pour faire cette question-là.

— Bien? dit François un peu étonné; vous voulez dire jolie femme? Pour moi elle est bien assez jolie comme elle est; mais, à vous dire vrai, je n'ai jamais songé à cela. Qu'est-ce que ça peut faire à mon amitié? Elle serait plus laide que le diable que je n'y aurais jamais fait attention.

— Mais enfin, vous pouvez bien dire environ l'âge qu'elle a?

— Attendez! son garçon avait cinq ans de moins que moi. Eh bien, c'est une femme qui n'est pas vieille, mais qui n'est pas bien jeune, c'est approchant comme...

— Comme moi? dit la Jeannette en se forçant un peu pour rire.

En ce cas, si elle devient veuve, il ne sera plus temps pour elle de se remarier, pas vrai?

— Ça dépend, répondit François. Si son mari ne mange pas le tout et qu'il lui reste du bien, elle ne manquera pas d'épouseurs. Il y a des gars qui, pour de l'argent, épouseraient aussi bien leur grand'tante que leur petite-nièce.

— Et vous ne faites pas d'estime de ceux qui se marient pour de l'argent?

— Ça ne serait toujours pas mon idée, répondit François.

Le champi, tout simple de cœur qu'il était, n'était pas si simple d'esprit, qu'il n'eût fini par comprendre ce qu'on lui insinuait, et ce qu'il disait là, il ne le disait pas sans intention. Mais la Jeannette ne se le tint pas pour dit, et elle s'énamoura de lui un peu plus. Elle avait été très-courtisée sans se soucier d'aucun galant. Le premier qui lui convint fut celui qui lui tournait le dos, tant les femmes ont l'esprit bien fait.

François vit bien, par les jours ensuivants, qu'elle avait du souci, qu'elle ne mangeait quasiment point, et que, quand il n'avait point l'air de la voir, elle avait toujours les yeux attachés sur lui. Cette fantaisie le chagrina. Il avait du respect pour cette bonne fille, et il voyait bien qu'à faire l'indifférent il la rendrait plus amoureuse. Mais il n'avait point de goût pour elle, et, s'il l'eût prise, c'eût été par raison et par devoir plus que par amitié.

Cela lui fit songer qu'il n'avait pas pour longtemps à rester chez Jean Vertaud, parce que, pour tantôt ou pour plus tard, cette affaire-là amènerait quelque chagrin ou quelque fâcherie.

Mais il lui arriva, dans ce temps-là, une chose bien particulière, et qui faillit à changer toutes ses intentions.

XIV

Une matinée, M. le curé d'Aigurande vint comme pour se promener au moulin de Jean Vertaud, et il tourna un peu de temps dans la demeure, jusqu'à ce qu'il pût agrafer François dans un coin du jardin. Là il prit un air très-secret, et lui demanda s'il était bien François dit la Fraise, nom qu'on lui aurait donné à l'état civil où il avait été présenté comme champi, à cause d'une marque qu'il avait sur le bras gauche. Le curé lui demanda aussi son âge au plus juste, le nom de la femme qui l'avait nourri, les demeurances qu'il avait suivies, et finalement tout ce qu'il pouvait savoir de sa naissance et de sa vie.

François alla querir ses papiers, et le curé parut fort content.

— Eh bien, lui dit-il, venez demain ou ce soir à la cure, et gardez qu'on ne sache ce que j'aurai à vous faire savoir, car il m'est défendu de l'ébruiter, et c'est une affaire de conscience pour moi.

Quand François fut rendu à la cure, M. le curé, ayant bien fermé les portes de la chambre, tira de son armoire quatre petits bouts de papier fin et dit : — François la Fraise, voilà quatre mille francs que votre mère vous envoie. Il m'est défendu de vous dire son nom, ni dans quel pays elle réside, ni si elle est morte ou vivante à l'heure qu'il est. C'est une pensée de religion qui l'a portée à se ressouvenir de vous, et il paraîtrait qu'elle a toujours eu quelque intention de le faire, puisqu'elle a su vous retrouver, quoique vivant au loin. Elle a su que vous étiez bon sujet, et elle vous donne de quoi vous établir, à condition que d'ici à six mois vous ne parlerez point, si ce n'est à la femme que vous voudriez épouser, du don que voici. Elle me charge de me consulter avec vous pour le placement ou pour le dépôt, et me prie de vous prêter mon nom au besoin pour que l'affaire soit tenue secrète. Je ferai là-dessus ce que vous voudrez ; mais il m'est enjoint de ne vous livrer l'argent qu'en échange de votre parole de ne rien dire et de ne rien faire qui puisse éventer le secret. On sait qu'on peut compter sur votre foi ; voulez-vous la donner ?

François prêta serment et laissa l'argent à M. le curé en le priant de le faire valoir comme il l'entendrait ; car il connaissait ce prêtre-là pour un bon, et il en est d'eux comme des femmes, qui sont toute bonté ou toute chétivité.

Le champi s'en vint à la maison plus triste que joyeux. Il pensait à sa mère et il eût bien donné les quatre mille francs pour la voir et l'embrasser. Mais il se disait aussi qu'elle venait peut-être de décéder, et que son présent était une de ces dispositions qu'on prend à l'article de la mort; et cela le rendait encore plus sérieux, d'être privé de porter son deuil et de lui faire dire des messes. Morte ou vivante, il pria le bon Dieu pour elle, afin qu'il lui pardonnât l'abandon qu'elle avait fait de son enfant, comme son enfant le lui pardonnait de grand cœur, priant Dieu aussi de lui pardonner les siennes fautes pareillement.

Il tâcha bien de ne rien laisser paraître; mais pour plus d'une quinzaine il fut comme enterré dans des rêvasseries aux heures de son repas, et les Vertaud s'en émerveillèrent.

— Ce garçon ne nous dit pas toutes ses pensées, observait le meunier. Il faut qu'il ait l'amour en tête.

— C'est peut-être pour moi, pensait la fille, et il est trop délicat pour s'en confesser. Il a peur qu'on ne le croie affolé de ma richesse plus que de ma personne; et tout ce qu'il fait, c'est pour empêcher qu'on ne devine son souci.

Là-dessus, elle se mit en tête de séduire sa farouchété, et elle l'amignonna si honnêtement en paroles et en quarts d'œil, qu'il en fut un peu secoué au milieu de ses ennuis.

Et par moments, il se disait qu'il était assez riche pour secourir Madeleine en cas de malheur, et qu'il pouvait bien se marier avec une fille qui ne lui réclamait point de fortune. Il ne se sentait point affolé d'aucune femme; mais il voyait les bonnes qualités de Jeannette Vertaud, et il craignait de montrer un mauvais cœur en ne répondant point à ses intentions. Par moment son chagrin lui faisait peine, et il avait quasiment envie de l'en consoler.

Mais voilà que tout d'un coup, à un voyage qu'il fit à Grevant pour les affaires de son maître, il rencontra un cantonnier-piqueur qui était domicilié vers Presles et qui lui apprit la mort de Cadet Blanchet, ajoutant qu'il laissait un grand embrouillas dans ses affaires, et qu'on ne savait si sa veuve s'en tirerait à bien ou à mal.

François n'avait point sujet d'aimer ni de regretter maître Blanchet. Et si, il avait tant de religion dans le cœur, qu'en écoutant la nouvelle de sa mort il eut les yeux moites et la tête lourde comme s'il allait pleurer ; il songeait que Madeleine le pleurait à cette heure, lui pardonnant tout et ne se souvenant de rien, sinon qu'il était le père de son enfant. Et le regret de Madeleine lui répondait dans l'esprit et le forçait à pleurer aussi pour le chagrin qu'elle devait avoir.

Il eut envie de remonter sur son cheval et de courir auprès d'elle ; mais il pensa devoir en demander la permission à son maître.

XV

— Mon maître, dit-il à Jean Vertaud, il me faut partir pour un bout de temps, court ou long, je n'en saurais rien garantir. J'ai affaire du côté de mon ancien endroit, et je vous semonds de me laisser aller de bonne amitié ; car, à vous parler en vérité, si vous me déniez ce permis, il ne me sera pas donné de vous complaire, et je m'en irai malgré vous. Excusez-moi de vous dire la chose comme elle est. Si je vous fâche, j'en aurai grand chagrin, et c'est pour quoi je vous demande, pour tout remerciment des services que j'ai pu vous rendre, de ne pas prendre la chose en mal et de me remettre la faute que je fais à cette heure en quittant votre ouvrage. Faire se peut que je revienne au bout de la semaine, si, où je vas, on n'a pas besoin de moi. Mais faire se peut de même que je ne revienne que tard dans l'an, et même point, car je ne vous veux pas tromper. Cependant de tout mon pouvoir je viendrais dans l'occasion vous donner un coup de main, s'il y avait quelque chose que vous ne pourriez pas débrouiller sans moi. Et devant que de partir, je veux vous trouver un bon ouvrier qui me remplace et à qui, si besoin est pour le décider, j'abandonnerai ce qui m'est dû sur mon gage depuis la Saint-Jean passée. Par ainsi, la chose peut s'arranger sans vous porter nuisance, et vous allez me donner une poignée de main pour me porter bonheur et m'alléger un peu du regret que j'ai de vous dire adieu.

Jean Vertaud savait bien que le champi ne voulait pas souvent se contenter, mais que, quand il le voulait, c'était si bien voulu, que ni Dieu ni diable n'y pouvaient mais.

— Contente-toi donc, mon garçon, fit-il en lui donnant la main ; je mentirais si je disais que ça ne me fait rien ; mais, plutôt que d'avoir différend avec toi, je suis consentant de tout.

François employa la journée qui suivit à se chercher un remplaçant pour le meulage, et il en rencontra un bien courageux et juste, qui revenait de l'armée et qui fut content de trouver de l'ouvrage bien payé chez un bon maître, car Jean Vertaud était réputé tel et n'avait jamais fait de tort à personne.

Devant que de se mettre en route, comme il en avait l'idée, à la pique du jour ensuivant, François voulut dire adieu à Jeannette Vertaud sur l'heure du souper. Elle était assise sur la porte de la grange, disant qu'elle avait le mal de tête et ne mangerait point. Il connut qu'elle avait pleuré, et il en fut tracassé dans son esprit. Il ne savait par quel bout s'y prendre pour la remercier de son bon cœur et pour lui dire qu'il ne s'en allait pas moins. Il s'assit à côté d'elle sur une souche de vergne qui se trouvait par là, et il s'évertua pour lui parler, sans trouver un pauvre mot. Là-dessus, elle qui le voyait bien sans le regarder mit son mouchoir devant les yeux. Il leva la main comme pour prendre la sienne et la réconforter, mais il en fut empêché par l'idée qu'il ne pouvait pas lui dire en conscience ce qu'elle aurait aimé d'entendre. Et quand la pauvre Jeannette vit qu'il restait coi, elle eut honte de son chagrin, se leva tout doucement sans montrer de rancune, et s'en alla dans la grange pleurer tout son comptant.

Elle y resta un peu de temps, pensant qu'il y viendrait peut-être bien et qu'il se déciderait à lui dire quelque bonne parole ; mais il s'en défendit et s'en alla souper, assez triste et ne sonnant mot.

Il serait faux de dire qu'il n'avait rien senti pour elle en la voyant pleurer. Il avait bien eu le cœur un peu picoté, et il songeait qu'il aurait pu être bien heureux avec une personne aussi bien famée, qui avait tant de goût pour lui, et qu'il n'était point désagréable à caresser. Mais de toutes ces idées-là il se garait, pensant à Madeleine, qui pouvait avoir besoin d'un ami, d'un conseil et d'un serviteur, et qui, pour lui, lorsqu'il n'était encore qu'un pauvre enfant tout dépouillé et mangé par les fièvres, avait plus souffert, travaillé et affronté que pas une au monde.

— Allons! se dit-il le matin, en s'éveillant avant jour, il ne s'agit pas d'amourette, de fortune et de tranquillité pour toi. Tu oublierais volontiers que tu es champi, et tu mettrais bien tes jours passés dans l'oreille du lièvre, comme tant d'autres qui prennent le bon temps au passage sans regarder derrière eux. Oui, mais Madeleine Blanchet est là dans ton penser pour te dire : Garde-toi d'être oublieux, et songe à ce que j'ai fait pour toi. En route donc, et Dieu vous assiste, Jeannette, d'un amoureux plus gentil que votre serviteur!

Il songeait ainsi en passant sous la fenêtre de sa brave maîtresse, et il eût voulu, si c'eût été en temps propice, lui laisser contre la vitre une fleur ou un feuillage en signe d'adieu ; mais c'était le lendemain des Rois ; la terre était couverte de neige, et il n'y avait pas une feuille aux branches, pas une pauvre violette dans l'herbage.

Il s'inventa de nouer dans le coin d'un mouchoir blanc la fève qu'il avait gagnée la veille en tirant le gâteau, et d'attacher ce mouchoir aux barreaux de la fenêtre de Jeannette pour lui signifier qu'il l'aurait prise pour sa reine si elle avait voulu se montrer au souper.

— Une fève, ce n'est pas grand'chose, se disait-il, c'est une petite marque d'honnêteté et d'amitié qui m'excusera de ne lui avoir pas su dire adieu.

Mais il entendit en lui-même comme une parole qui lui déconseillait de faire cette offrande, et qui lui remontrait qu'un homme ne doit point agir comme ces jeunes filles qui veulent qu'on les aime, qu'on pense à elles, et qu'on les regrette quand bien même elles ne se soucient pas d'y correspondre.

— Non, non, François, se dit-il en remettant son gage dans sa poche et en doublant le pas : il faut vouloir ce qu'on veut et se faire oublier quand on est décidé à oublier soi-même.

Et là-dessus il marcha grand train, et il n'était pas à deux portées de fusil du moulin de Jean Vertaud, qu'il voyait Madeleine devant lui, s'imaginant aussi entendre comme une petite voix faible qui l'appelait en aide. Et ce rêve le menait, et il pensait déjà voir le grand cormier, la fontaine, le pré Blanchet, l'écluse, le petit pont, et Jeannie courant à son encontre, et de Jeannette Vertaud, dans tout cela, il n'y avait rien qui le retînt par sa blouse pour l'empêcher de courir.

Il alla si vite, qu'il ne sentit pas la froidure et ne songea ni à boire, ni à manger, ni à souffler, tant qu'il n'eut pas laissé la grand'route et attrapé, par le dévers du chemin de Presles, la croix du Plessys.

Quand il fut là, il se mit à genoux et embrassa le bois de la croix avec l'amitié d'un bon chrétien qui retrouve une bonne connaissance. Après quoi il se mit à dévaler le grand carrouer qui est en forme de chemin, sauf qu'il est large comme un champ, et qui est bien le plus beau communal du monde, en belle vue, en grand air et en plein ciel, et en aval si courant, que, par les temps de glace, on y pourrait bien courir la poste même en charrette à bœufs et s'en aller piquer une bonne tête dans la rivière qui est en bas et qui n'avertit personne.

François, qui se méfiait de la chose, dégalocha ses sabots à plus d'une fois; il arriva sans culbute à la passerelle. Il laissa Montipouret sur sa gauche, non sans dire un beau bonjour au gros vieux clocher qui est l'ami à tout le monde, car c'est toujours lui qui se montre le premier à ceux qui reviennent au pays et qui les tire d'embarras quand ils sont en faux chemin.

Pour ce qui est des chemins, je ne leur veux point de mal tant ils sont riants, verdissants et réjouissants à voir dans le temps chaud. Il y en a où l'on n'attrape pas de coups de soleil. Mais ceux-là sont les plus traîtres, parce qu'ils pourraient bien vous mener à Rome quand on croirait aller à Angibault. Heureusement que le bon clocher de Montipouret n'est pas chiche de se montrer, et qu'il n'y a pas une éclaircie où il ne passe le bout de son chapeau reluisant pour vous dire si vous tournez en bise ou en galerne.

Mais le champi n'avait besoin de vigie pour se conduire. Il

FRANÇOIS LE CHAMPI

Oui-da, Labriche, tu m'as reconnu? lui dit François, et moi, je n'aurais pas pu te remettre, car te voilà
si vieux et si gâté, que les côtes te sortent et que ta barbe est devenue toute blanche.

connaissait si bien toutes les traînes, tous les bouts de sac, toutes les coursières, toutes les traques et traquettes, et jusqu'aux échaliers des bouchures, qu'en pleine nuit il aurait passé aussi droit qu'un pigeon dans le ciel, par le plus court chemin sur terre.

Il était environ midi quand il vit le toit du moulin Cormouer au travers des branches défeuillées, et il fut content de connaître, à une petite fumée bleue qui montait au-dessus de la maison, que le logis n'était point abandonné aux souris.

Il prit en sus du pré Blanchet pour arriver plus vite, ce qui fit qu'il ne passa pas rasibus la fontaine; mais, comme les arbres et les buissons n'avaient pas de feuilles, il vit reluire au soleil l'eau vive qui ne gèle jamais, parce qu'elle est de source. Les abords du moulin étaient bien gelés en revanche, et si coulants, qu'il ne fallait pas être maladroit pour courir sur les pierres et le talus de la rivière. Il vit la vieille roue du moulin, toute noire à force d'âge et de mouillage, avec des grandes pointes de glace qui pendaient aux alochons, menues comme des aiguilles.

Mais il manquait beaucoup d'arbres à l'entour de la maison, et l'endroit était bien changé. Les dettes du défunt Blanchet avaient joué de la cognée, et on voyait, en mainte place, rouge comme sang de chrétien, le pied des grands vergnes fraîchement coupés. La maison paraissait mal entretenue au dehors; le toit n'était guère bien couvert, et le four était moitié égrôlé par l'efforce de la gelée.

Et puis, ce qui était encore attristant, c'est qu'on n'entendait remuer dans toute la demeurance ni âme, ni corps, ni bêtes, ni gens; sauf qu'un chien à poil gris emmêlé de noir et de blanc, de ces pauvres chiens de campagne que nous disons guarriots ou marrayés, sortit de l'huisserie et vint pour japer à l'encontre du champi; mais il s'accoisa tout de suite et vint, en se traînant, se coucher dans ses jambes.

— Oui-da, Labriche, tu m'as reconnu? lui dit François, et moi je n'aurais pas pu te remettre, car te voilà si vieux et si gâté, que les côtes te sortent et que ta barbe est devenue toute blanche.

François devisait ainsi en regardant le chien, parce qu'il était là tout tracassé, comme s'il eût voulu gagner du temps avant que d'entrer dans la maison. Il avait eu tant de hâte jusqu'au dernier moment, et voilà qu'il avait peur, parce qu'il s'imaginait qu'il ne verrait plus Madeleine, qu'elle était absente ou morte à la place de son mari, qu'on lui avait donné une fausse nouvelle en lui annonçant le décès du meunier ; enfin il avait toutes les rêveries qu'on se met dans la tête quand on touche à la chose qu'on a le plus souhaitée.

XVI

François poussa à la fin le barreau de la porte, et voilà qu'il vit devant lui, au lieu de Madeleine, une belle et jolie jeune fille, vermeille comme une aube de printemps et réveillée comme une linotte, qui lui dit d'un air avenant :

— Qu'est-ce que vous demandez, jeune homme ?

François ne la regarda pas longtemps, tant bonne fût-elle à regarder, et il jeta ses yeux tout autour de la chambre pour chercher la meunière. Et tout ce qu'il vit, c'est que les courtines de son lit étaient closes, et que, pour sûr, elle était dedans. Il ne pensa du tout répondre à la jolie fille, qui était la sœur cadette du défunt meunier et avait nom Mariette Blanchet. Il s'en fut tout droit au lit jaune, et il écarta subtilement la courtine, sans faire noise ni question ; et là il vit Madeleine Blanchet tout étendue, toute blême, tout assoupie et écrasée par la fièvre.

Il la regarda et l'examina longtemps sans remuer et sans mot dire ; et, malgré son chagrin de la trouver malade, malgré sa peur de la voir mourir, il était heureux d'avoir sa figure devant lui et de se dire : Je vois Madeleine.

Mais Mariette Blanchet le poussa tout doucement d'auprès le lit, referma la courtine, et, lui faisant signe d'aller avec elle auprès du foyer :

— Ah çà, le jeune homme, fit-elle, qui êtes-vous et que demandez-vous? Je ne vous connais point, et vous n'êtes pas d'ici. Qu'y a-t-il pour vous obliger?

Mais François n'entendit point ce qu'elle lui demandait, et, en lieu de lui donner une réponse, il lui fit des questions : Combien de temps madame Blanchet était malade? si elle était en danger et si on soignait bien sa maladie?

A quoi la Mariette lui répondit qu'elle était malade depuis la mort de son mari, par la trop grande fatigue qu'elle avait eue de le soigner et de l'assister jour et nuit; qu'on n'avait pas fait venir encore le médecin, et qu'on irait le querir si elle empirait; et que, quant à la bien soigner, elle qui parlait ne s'y épargnait point, comme c'était son devoir de le faire.

A cette parole, le champi l'envisagea entre les deux yeux, et il n'eut besoin de lui demander son nom, car, outre qu'il savait que, vers le temps de son départ, M. Blanchet avait mis sa sœur auprès de sa femme, il surprit dans la mignonne figure de cette mignonne jeunesse une retirance assez marquée de la figure chagrinante du défunt meunier. Il se rencontre bien des museaux fins comme cela, qui ressemblent à des museaux fâcheux, sans qu'on puisse dire comment la chose est. Et, malgré que Mariette Blanchet fût réjouissante à voir autant que son frère avait eu coutume d'être déplaisant, il lui restait un air de famille qui ne trompe point. Seulement cet air-là avait été bourru et colérique dans la mine du défunt, et l'air de Mariette était plutôt d'une personne qui se moque que d'une qui se fâche, et d'une qui ne craint rien plutôt que d'une qui veut se faire craindre.

Tant il y a que François ne se sentit ni tout à fait en peine, ni tout à fait en repos sur l'assistance que Madeleine pouvait recevoir de cette jeunesse. Sa coiffe était bien fine, bien plissée et bien épinglée; ses cheveux, qu'elle portait un peu à la mode des artisanes, étaient bien reluisants, bien peignés, bien tirés en alignement; ses mains étaient bien blanches et son tablier pareillement pour une garde-malade. Parfin elle était beaucoup jeune, pimpante et dégagée pour penser jour et nuit à une personne hors d'état de s'aider elle-même.

Cela fit que François, sans rien plus demander, s'assit dans le quart de la cheminée, bien décidé à ne se point départir de l'endroit qu'il n'eût vu comment tournerait à bien ou à mal l'affliction de sa chère Madeleine.

Et Mariette fut bien étonnée de le voir faire si peu de façon et prendre possession du feu, comme s'il entrait à son propre logis. Il baissa le nez sur les tisons, et, comme il ne paraissait pas en humeur de causer, elle n'osa point s'informer plus au long de ce qu'il était et requérait.

Mais au bout d'un moment entra Catherine, la servante de la maison depuis tantôt dix-huit ou vingt ans; et, sans faire attention à lui, elle approcha du lit de sa maîtresse, l'avisa avec précaution, et vint à la cheminée pour voir comment la Mariette gouvernait la tisane. Elle montrait dans tout son comportement une idée de grand intérêt pour Madeleine, et François, qui sentit la vérité de la chose en une secousse, eut envie de lui dire bonjour d'ami; mais...

— Mais, dit la servante du curé, interrompant le chanvreur, vous dites un mot qui ne convient pas. Une *secousse* ne dit pas un moment, une minute.

— Et moi je vous dis, repartit le chanvreur, qu'un moment ne veut rien dire, et qu'une minute c'est bien trop long pour qu'une idée nous pousse dans la tête. Je ne sais pas à combien de millions de choses on pourrait songer en une minute. Au lieu que, pour voir et entendre une chose qui arrive, il ne faut que le temps d'une secousse. Je dirai une petite secousse, si vous voulez.

— Mais une secousse de temps! dit la vieille puriste.

— Ah! une secousse de temps! Ça vous embarrasse, mère Monique? Est-ce que tout ne va pas par secousses? Le soleil quand on le voit monter en bouffées de feu à son lever, et vos yeux qui clignent en le regardant? le sang qui nous saute dans les veines, l'horloge de l'église qui nous épluche le temps miette à miette comme le blutoir le grain, votre chapelet quand vous le dites, votre cœur quand M. le curé tarde à rentrer, la pluie tombant goutte à goutte, et mêmement, à ce qu'on dit, la terre qui tourne comme une roue de moulin? Vous n'en sentez pas le galop ni moi non

FRANÇOIS LE CHAMPI

... Et là il vit Madeleine Blanchet tout étendue, toute blême, tout assoupie et écrasée par la fièvre.

plus ; c'est que la machine est bien graissée ; mais il faut bien qu'il y ait de la secousse, puisque nous virons un si grand tour dans les vingt-quatre heures. Et, pour cela, nous disons aussi un tour de temps, pour dire un certain temps. Je dis donc une secousse, et je n'en démordrai pas. Çà, ne me coupez plus la parole, si vous ne voulez me la prendre.

— Non, non ; votre machine est trop bien graissée aussi, répondit la vieille. Donnez encore un peu de secousse à votre langue.

XVII

Je disais donc que François avait une tentation de dire bonjour à la grosse Catherine et de s'en faire reconnaître ; mais comme, par la même secousse de temps, il avait envie de pleurer, il eut honte de faire le sot, et il ne releva pas seulement la tête. Mais la Catherine, qui s'était baissée sous le fouger, avisa ses grand'jambes et se retira tout épeurée.

— Qu'est-ce que c'est que ça ? dit-elle à la Mariette en marmottant dans le coin de la chambre. D'où sort ce chrétien ?

— Demande-le-moi, répondit la fillette, est-ce que je sais ? Je ne l'ai jamais vu. Il est entré céans comme dans une auberge, sans dire bonjour ni bonsoir. Il a demandé les portements de ma belle-sœur, comme s'il en était parent ou héritier ; et le voilà assis au feu, comme tu vois. Parle-lui, moi je ne m'en soucie pas. C'est peut-être un homme qui n'est pas bien.

— Comment ! vous pensez qu'il aurait l'esprit dérangé ? Il n'a pourtant pas l'air méchant, autant que je peux le voir, car on dirait qu'il se cache la figure.

— Et s'il avait mauvaise idée pourtant ?

— N'ayez peur, Mariette, je suis là pour le tenir. S'il nous ennuie, je lui jette une chaudronnée d'eau bouillante dans les jambes et un landier à la tête.

Du temps qu'elles caquetaient en cette manière, François pensait à Madeleine.

— Cette pauvre femme, se disait-il, qui n'a jamais eu que du chagrin et du dommage à endurer de son mari, est là, malade, à force de l'avoir secouru et réconforté jusqu'à l'heure de la mort. Et voilà cette jeunesse qui est la sœur et l'enfant gâté du défunt, à ce que j'ai ouï dire, qui ne montre pas grand souci sur ses joues. Si elle a été fatiguée et si elle a pleuré, il n'y paraît guère, car elle a l'œil serein et clair comme un soleil.

Il ne pouvait pas s'empêcher de la regarder en dessous de son chapeau, car il n'avait encore jamais vu si fraîche et si gaillarde beauté. Mais, si elle lui chatouillait un peu la vue, elle ne lui entrait pas pour cela dans le cœur.

— Allons, allons, dit Catherine en chuchotant toujours avec sa jeune maîtresse, je vas lui parler. Il faut savoir ce qu'il en retourne.

— Parle-lui honnêtement, dit la Mariette. Il ne faudrait point le fâcher : nous sommes seules à la maison, Jeannie est peut-être loin et ne nous entendrait crier.

— Jeannie? fit François, qui de tout ce qu'elle babillait n'entendit que le nom de son ancien ami. Où est-il donc, Jeannie, que je ne le vois point? Est-il bien grand, bien beau, bien fort?

— Tiens, tiens, pensa Catherine, il demande ça parce qu'il a de mauvaises intentions peut-être. Qui, Dieu permis, sera cet homme-là? Je ne le connais ni à la voix ni à la taille ; je veux en avoir le cœur net et regarder sa figure.

Et comme elle n'était pas femme à reculer devant le diable, étant corporée comme un laboureur et hardie comme un soldat, elle s'avança tout auprès de lui, décidée qu'elle était à lui faire ôter ou tomber son chapeau, pour voir si c'était un loup-garou ou un homme baptisé. Elle allait à l'assaut du champi, bien éloignée de penser que ce fût lui : car, outre qu'il était dans son humeur de ne penser guère à la veille plus qu'au lendemain, et qu'elle avait comme mis le champi depuis longtemps en oubliance entière, il était pour sa part si amendé et de si belle venue, qu'elle l'aurait regardé à trois fois avant de le remettre ; mais, dans le même temps qu'elle allait le pousser et le tabuster peut-être en paroles, voilà que Madeleine se réveilla et appela Catherine, en disant d'une voix si faible qu'on ne l'entendait quasi point, qu'elle était brûlée de soif.

François se leva si vite qu'il aurait couru le premier auprès d'elle, n'était la crainte de lui causer trop d'émoi. Il se contenta de présenter bien vivement la tisane à Catherine, qui la prit et se hâta de la porter à sa maîtresse, oubliant de s'enquérir pour le moment d'autre chose que de son état.

La Mariette se rendit aussi à son devoir en soulevant Madeleine dans ses bras pour la faire boire, et ce n'était pas malaisé, car Madeleine était devenue si chétive et fluette, que c'était pitié.

— Et comment vous sentez-vous, ma sœur ? lui dit Mariette.

— Bien, bien, mon enfant, répondit Madeleine du ton d'une personne qui va mourir, car elle ne se plaignait jamais, pour ne pas affliger les autres.

Mais, dit-elle en regardant le champi, ce n'est pas Jeannie qui est là ! Qui est, mon enfant, si je ne rêve, ce grand homme auprès de la cheminée ?

Et la Catherine répondit :

— Nous ne savons pas, notre maîtresse ; il ne parle pas, et il est là comme un essoti.

Et le champi fit un petit mouvement en regardant Madeleine, car il avait toujours peur de la surprendre trop vite, et si, il mourait d'envie de lui parler. La Catherine le vit dans ce moment-là, mais elle ne le connaissait point comme il était venu depuis trois ans, et elle dit, pensant que Madeleine en avait peur : — Ne vous en souciez pas, notre maîtresse, j'allais le faire sortir quand vous m'avez appelée.

— Ne le faites point sortir, dit Madeleine avec une voix un peu renforcée, et en écartant davantage son rideau ; car je le connais, moi, et il a bien agi en venant me voir. Approche, approche, mon fils ; je demandais tous les jours au bon Dieu la grâce de te donner ma bénédiction.

Et le champi d'accourir et de se jeter à deux genoux devant son lit, et de pleurer de peine et de joie qu'il en était comme suffoqué. Madeleine lui prit ses deux mains et puis sa tête, et l'embrassa en disant :

— Appelez Jeannie; Catherine, appelle Jeannie, pour qu'il soit bien content aussi. Ah! je remercie le bon Dieu, François, et je veux bien mourir à présent si c'est sa volonté, car voilà tous mes enfants élevés, et j'aurai pu leur dire adieu.

XVIII

Catherine courut vitement chercher Jeannie, et Mariette était si pressée de savoir ce que tout cela voulait dire, qu'elle la suivit pour la questionner. François demeura seul avec Madeleine, qui l'embrassa encore et se prit à pleurer; ensuite de quoi elle ferma les yeux et devint encore plus accablée et abîmée qu'elle n'était avant. Et François ne savait comment la soulager de cette pâmoison; il était comme affolé, et ne pouvait que la tenir dans ses deux bras, en l'appelant sa chère mère, sa chère amie, et en la priant, comme si la chose était en son pouvoir, de ne pas trépasser si vite et sans entendre ce qu'il voulait lui dire.

Et, tant par bonnes paroles que par soins bien avisés et honnêtes caresses, il la ramena de sa faiblesse. Elle recommença à le voir et à l'écouter. Et il lui disait qu'il avait comme deviné qu'elle avait besoin de lui, et qu'il avait tout quitté, qu'il était venu pour ne plus s'en aller, tant qu'elle lui dirait de rester, et que, si elle voulait le prendre pour son serviteur, il ne lui demanderait que le plaisir de l'être et la consolation de passer tous ses jours en son obéissance. Et il disait encore :

— Ne me répondez pas, ne me parlez pas, ma chère mère, vous êtes trop faible, ne dites rien. Seulement, regardez-moi si vous avez

Et le champi d'accourir et de se jeter à deux genoux devant son lit, et de pleurer de peine et de joie qu'il en était comme suffoqué.

du plaisir à me revoir, et je comprendrai bien si vous agréez mon amitié et mon service.

Et Madeleine le regardait d'un air si serein, et elle l'écoutait avec tant de consolation, qu'ils se trouvaient heureux et contents malgré le malheur de cette maladie.

Jeannie, que la Catherine avait appelé à beaux cris, vint à son tour prendre sa joie avec eux. Il était devenu un joli garçon entre les quatorze et les quinze ans, pas bien fort, mais vif à plaisir et si bien éduqué, qu'on n'en avait jamais que des paroles d'honnêteté et d'amitié.

— Oh! je suis content de te voir comme te voilà, mon Jeannie! lui disait François. Tu n'es pas bien grand ni bien gros, mais ça me fait plaisir, parce que je m'imagine que tu auras encore besoin de moi pour monter sur les arbres et pour passer la rivière. Tu es toujours délicat, je vois ça, sans être malade, pas vrai? Eh bien, tu seras encore mon enfant pour un peu de temps, si ça ne te fâche pas; tu auras encore besoin de moi, oui, oui; et, comme par le temps passé, tu me feras faire toutes tes volontés.

— Oui, mes quatre cents volontés, dit Jeannie, comme tu disais dans le temps.

— Oui-da! il a bonne mémoire! Ah! que c'est mignon, Jeannie, de n'avoir pas oublié son François! Mais est-ce que nous avons toujours quatre cents volontés par chaque jour?

— Oh! non, dit Madeleine; il est devenu bien raisonnable, il n'en a plus que deux cents.

— Ni plus ni moins? dit François.

— Oh! je veux bien, répondit Jeannie, puisque ma mère mignonne commence à rire un peu, je suis d'accord de tout ce qu'on voudra. Et mêmement, je dirai que j'ai à présent plus de cinq cents fois le jour la volonté de la voir guérie.

— C'est bien parler, ça, Jeannie, dit François. Voyez-vous comme ça a appris à bien dire? Va, mon garçon, tes cinq cents volontés là-dessus seront écoutées du bon Dieu. Nous allons si bien la soigner, ta mère mignonne, et la réconforter, et la faire rire petit à petit, que sa fatigue s'en ira.

Catherine était sur le pas de la porte, bien curieuse de rentrer pour voir François et lui parler aussi; mais la Mariette la tenait par le bras, et ne lâchait pas de la questionner.

— Comment, disait-elle, c'est un champi? il a pourtant un air bien honnête!

Et elle le regardait du dehors par le barreau de la porte, qu'elle entre-bâillait un petit.

— Mais comment donc est-il si ami avec Madeleine?

— Mais puisque je vous dis qu'elle l'a élevé et qu'il était très-bon sujet.

— Mais elle ne m'en a jamais parlé, ni toi non plus.

— Ah! dame! moi, je n'y ai jamais songé; il n'était plus là, je ne m'en souvenais quasiment plus; et puis je savais que notre maîtresse avait eu des peines par rapport à lui, et je ne voulais pas le lui faire désoublier.

— Des peines? quelles peines donc?

— Dame! parce qu'elle s'y était attachée, et c'était bien force : il était de si bon cœur, cet enfant-là! et votre frère n'a pas voulu le souffrir à la maison; vous savez bien qu'il n'est pas toujours mignon, votre frère!

— Ne disons pas cela à présent qu'il est mort, Catherine!

— Oui, oui, c'est juste, je n'y pensais plus, ma foi; c'est que j'ai l'idée si courte! Et si, pourtant, il n'y a que quinze jours! Mais laissez-moi donc rentrer, demoiselle; je veux le faire dîner, ce garçon; m'est avis qu'il doit avoir faim.

Et elle s'échappa pour aller embrasser François; car il était si beau garçon, qu'elle n'avait plus souvenance d'avoir dit, dans les temps, qu'elle aimerait mieux biger son sabot qu'un champi.

— Ah! mon pauvre François, qu'elle lui dit, je suis aise de te voir. Je croyais bien que tu ne retournerais jamais. Mais voyez donc, notre maîtresse, comme il est devenu! Je m'étonne bien comment vous l'avez accouru tout du coup. Si vous n'aviez pas dit que c'était lui, je compte bien qu'il m'aurait fallu du temps pour le réclamer. Est-il beau! l'est-il! et qu'il commence à avoir de la barbe, oui! Ça ne se voit pas encore beaucoup, mais ça se sent. Dame! ça

C'est bien parler, ça, Jeannie, dit François. Voyez-vous comme ça a appris à bien dire ! Va, mon garçon, tes cinq cents volontés là-dessus seront écoutées du bon Dieu.

ne piquait guère quand tu as parti, François, et à présent ça pique un peu. Et le voilà fort, mon ami! quels bras, quelles mains, et des jambes! Un ouvrier comme ça en vaut trois. Combien donc est-ce qu'on te paye là-bas?

Madeleine riait tout doucement de voir Catherine si contente de François, et elle le regardait, contente aussi de le retrouver en si belle jeunesse et santé. Elle aurait voulu voir son Jeannie arrivé en aussi bon état, à la fin de son croît. Et tant qu'à Mariette, elle avait honte de voir Catherine si hardie à regarder un garçon, et elle était toute rouge sans penser à mal. Mais tant plus elle se défendait de regarder François, tant plus elle le voyait et le trouvait comme Catherine le disait, beau à merveille et planté sur ses pieds comme un jeune chêne.

Et voilà que, sans y songer, elle se mit à le servir fort honnêtement, à lui verser du meilleur vin gris de l'année et à le réveiller quand, à force de regarder Madeleine et Jeannie, il oubliait de manger.

— Mangez donc mieux que ça, lui disait-elle. Vous ne vous nourrissez quasi point. Vous devriez avoir plus d'appétit, puisque vous venez de si loin.

— Ne faites pas attention à moi, demoiselle, lui répondit à la fin François; je suis trop content d'être ici pour avoir grande envie de boire et de manger.

Ah çà! voyons, dit-il à Catherine quand la table fut rangée, montre-moi un peu le moulin et la maison, car tout ça m'a paru négligé, et il faut que je cause avec toi.

Et, quand il l'eut menée dehors, il la questionna sur l'état des affaires en homme qui s'y entend et qui veut tout savoir.

— Ah! François, dit Catherine en commençant de pleurer, tout va pour le plus mal, et, si personne ne vient en aide à ma pauvre maîtresse, je crois bien que cette méchante femme la mettra dehors et lui fera manger tout son bien en procès.

— Ne pleure pas, car ça me gêne pour entendre, dit François, et tâche de te bien expliquer. Quelle méchante femme veux-tu dire? la Sévère?

— Eh oui, pardi! Elle ne s'est pas contentée de faire ruiner notre défunt maître. Elle a maintenant prétention sur tout ce qu'il a laissé. Elle cherche cinquante procédures, elle dit que Cadet Blanchet lui a fait des billets, et que, quand elle aura fait vendre tout ce qui nous reste, elle ne sera pas encore payée. Tous les jours elle nous envoie des huissiers, et les frais montent déjà gros. Notre maîtresse, pour la contenter, a déjà payé ce qu'elle a pu, et du tracas que tout ça lui donne, après la fatigue que la maladie de son homme lui a occasionnée, j'ai bien peur qu'elle ne meure. Avant peu nous serons sans pain ni feu, au train dont on nous mène. Le garçon de moulin nous a quittés, parce qu'on lui devait son gage depuis deux ans et qu'on ne pouvait pas le payer. Le moulin ne va plus, et, si ça dure, nous perdrons nos pratiques. On a saisi la chevaline et la récolte; ça va être vendu aussi; on va abattre tous les arbres. Ah! François, c'est une désolation.

Et elle recommença de pleurer.

— Et toi, Catherine? lui dit François, es-tu créancière aussi? tes gages ont-ils été payés?

— Créancière, moi! dit Catherine en changeant sa voix dolente en une voix de bœuf; jamais! jamais! Que mes gages soient payés ou non, ça ne regarde personne!

— A la belle heure, Catherine, c'est bien parlé! lui dit François. Continue à bien soigner ta maîtresse, et n'aie souci du reste. J'ai gagné un peu d'argent chez mes maîtres, et j'apporte de quoi sauver les chevaux, la récolte et les arbres. Quant au moulin, je m'en vas lui dire deux mots, et, s'il y a du désarroi, je n'ai pas besoin de charron pour le remettre en danse. Il faut que Jeannie, qui est preste comme un parpillon, coure tout de suite jusqu'à ce soir, et encore demain dès le matin, pour dire à toutes les pratiques que le moulin crie comme dix mille diables, et que le meunier attend la farine.

— Et un médecin pour notre maîtresse?

— J'y ai pensé; mais je veux la voir encore aujourd'hui jusqu'à la nuit pour me décider là-dessus. Les médecins, vois-tu, Catherine, voilà mon idée, sont à propos quand les malades ne peuvent pas s'en passer; mais, si la maladie n'est pas forte, on s'en sauve mieux avec l'aide du bon Dieu qu'avec leurs drogues. Sans compter que la figure du médecin, qui guérit les riches, tue souvent les pauvres. Ce qui réjouit et amuse la trop aisée angoisse ceux qui ne voient ces figures-là qu'au jour du danger, et ça leur tourne le sang. J'ai dans ma tête que madame Blanchet guérira bientôt en voyant du secours dans ses affaires.

Et avant que nous finissions ce propos, Catherine, dis-moi encore une chose; c'est un mot de vérité que je te demande, et il ne faut pas te faire conscience de me le dire. Ça ne sortira pas de là, et, si tu te souviens de moi, qui n'ai point changé, tu dois savoir qu'un secret est bien placé dans le cœur du champi.

— Oui, oui, je le sais, dit Catherine; mais pourquoi est-ce que tu te traites de champi? C'est un nom qu'on ne te donnera plus, car tu ne mérites pas de le porter, François.

— Ne fais pas attention. Je serai toujours ce que je suis, et n'ai point coutume de m'en tabouler l'esprit. Dis-moi donc ce que tu penses de ta jeune maîtresse, Mariette Blanchet?

— Oh da! elle est jolie fille! Auriez-vous pris déjà idée de l'épouser? Elle a du de quoi, elle; son frère n'a pu toucher à son bien, qui est bien de mineur, et, à moins que vous n'ayez fait un héritage, maître François...

— Les champis ne font guère d'héritage, dit François; quant à ce qui est d'épouser, j'ai le temps de penser au mariage comme la châtaigne dans la poêle. Ce que je veux savoir de toi, c'est si cette fille est meilleure que son défunt frère, et si Madeleine aura du contentement d'elle, ou des peines en la conservant dans sa maison.

— Ça, dit Catherine, le bon Dieu pourrait vous le dire, mais non pas moi. Jusqu'à l'heure, c'est sans malice et sans idée de grand'chose. Ça aime la toilette, les coiffes à dentelle et la danse. Ça n'est pas intéressé, et c'est si gâté et si bien traité par Madeleine, que ça n'a pas eu sujet de montrer si ça avait des dents. Ça n'a jamais souffert; nous ne saurions dire ce que ça deviendra.

— Était-elle très-portée pour son frère?

— Pas beaucoup, sinon quand il la menait aux assemblées, et

que notre maîtresse voulait lui observer qu'il ne convenait pas de conduire une fille de bien en compagnie de la Sévère. Alors la petite, qui n'avait que le plaisir en tête, faisait des caresses à son frère et la moue à Madeleine, qui était bien obligée de céder. Et de cette manière-là la Mariette n'est pas aussi ennemie de la Sévère que ça me plairait. Mais on ne peut pas dire qu'elle ne soit pas aimable et comme il faut avec sa belle-sœur.

— Ça suffit, Catherine, je ne t'en demande pas plus. Je te défends seulement de rien dire à cette jeunesse du discours que nous venons de faire ensemble.

Les choses que François avait annoncées à la Catherine, il les fit fort bien. Dès le soir, par la diligence de Jeannie, il arriva du blé à moudre, et dès le soir le moulin était en état ; la glace cassée et fondue d'autour de la roue, la machine graissée, les morceaux de bois réparés à neuf, là où il y avait de la cassure. Le brave François travailla jusqu'à deux heures du matin, et à quatre il était déjà debout. Il entra à petits pas dans la chambre de la Madeleine, et, trouvant là la bonne Catherine qui veillait, il s'enquit de la malade. Elle avait bien dormi, consolée par l'arrivée de son cher serviteur et par le bon secours qu'il lui apportait. Et comme Catherine refusait de quitter sa maîtresse avant que Mariette fût levée, François lui demanda à quelle heure se levait la beauté du Cormouer.

— Pas avant le jour, fit Catherine.

— Comme ça, il te reste plus de deux heures à l'attendre, et tu ne dormiras pas du tout ?

— Je dors un peu le jour sur ma chaise, ou dans la grange sur la paille, pendant que je fais manger mes vaches.

— Eh bien, tu vas te coucher à présent, dit François, et j'attendrai la demoiselle pour lui montrer qu'il y en a qui se couchent plus tard qu'elle et qui sont levés plus matin. Je m'occuperai à examiner les papiers du défunt et ceux que les huissiers ont apportés depuis sa mort. Où sont-ils ?

— Là, dans le coffre à Madeleine, dit Catherine. Je vas vous allumer la lampe, François. Allons, bon courage, et tâchez de nous tirer d'embarras, puisque vous vous connaissez dans les écritures.

Et elle s'en fut coucher, obéissant au champi comme au maître de la maison, tant il est vrai de dire que celui qui a bonne tête et bon cœur commande partout et que c'est son droit.

XIX

Avant que de se mettre à l'ouvrage, François, dès qu'il fut seul avec Madeleine et Jeannie, car le jeune gars couchait toujours dans la même chambre que sa mère, s'en vint regarder comment dormait la malade, et il trouva qu'elle avait bien meilleure façon qu'à son arrivée. Il fut content de penser qu'elle n'aurait pas besoin de médecin, et que lui tout seul, par la consolation qu'il lui donnerait, il lui sauverait sa santé et son sort.

Il se mit à examiner les papiers, et fut bientôt au fait de ce que prétendait la Sévère, et de ce qu'il restait de bien à Madeleine pour la contenter. En outre de tout ce que la Sévère avait mangé et fait manger à Cadet Blanchet, elle prétendait encore être créancière de deux cents pistoles, et Madeleine n'avait guère plus de son propre bien, réuni à l'héritage laissé à Jeannie par Blanchet, héritage qui se réduisait au moulin et à ses dépendances : c'est comme qui dirait la cour, le pré, les bâtiments, le jardin, la chènevière et la plantation; car tous les champs et toutes les autres terres avaient fondu comme neige dans les mains de Cadet Blanchet.

— Dieu merci! pensa François, j'ai quatre cents pistoles chez M. le curé d'Aigurande, et, en supposant que je ne puisse pas mieux faire, Madeleine conservera du moins sa demeurance, le produit de son moulin et ce qui reste de sa dot. Mais je crois bien qu'on pourra s'en tirer à moins. D'abord, savoir si les billets souscrits par Blanchet à la Sévère n'ont pas été extorqués par ruse et gueuserie, ensuite faire un coup de commerce sur les terres vendues. Je sais bien comment ces affaires-là se conduisent, et, d'après les noms des acquéreurs, je mettrais ma main au feu que je vas trouver par là le nid aux écus.

La chose était que Blanchet, deux ou trois ans avant sa fin, pressé d'argent et affoulé de mauvaises dettes envers la Sévère, avait vendu à bas prix et à quiconque s'était présenté, faisant par là passer ses créances à la Sévère et croyant se débarrasser d'elle et des compères qui l'avaient aidée à le ruiner. Mais il était advenu ce qu'on voit souvent dans la vente au détail. Quasi tous ceux qui s'étaient pressés d'acheter, alléchés par la bonne senteur de la terre fromentale n'avaient sou ni maille pour payer, et c'est à grand'peine qu'ils soldaient les intérêts. Ça pouvait durer comme cela dix et vingt ans; c'était de l'argent placé pour la Sévère et ses compagnons, mais mal placé, et elle en murmurait fort contre la grande hâte de Cadet Blanchet, craignant bien de n'être jamais payée. Du moins voilà comment elle disait; mais c'était une spéculation comme une autre. Le paysan, serait-il sur la paille, sert toujours l'intérêt, tant il redoute de lâcher le morceau qu'il tient et que le créancier peut reprendre s'il est mal content.

Nous savons bien tous la chose, bonnes gens! et plus d'une fois il nous arrive de nous enrichir à rebours en achetant du beau bien à bas prix. Si bas qu'il soit, c'est trop pour nous. Nous avons les yeux de la convoitise plus grands que notre bourse n'a le ventre gros, et nous nous donnons bien du mal pour cultiver un champ dont le revenu ne couvre pas la moitié de l'intérêt que réclame le vendeur; et, quand nous y avons pioché et sué pendant la moitié de notre pauvre vie, nous sommes ruinés, et il n'y a que la terre qui se soit enrichie de nos peines et labeurs. Elle vaut le double, et c'est le moment pour nous de la vendre. Si nous la vendions bien, nous serions sauvés; mais il n'en est point ainsi. Les intérêts nous ont mis si bien à sec, qu'il faut se presser, vendre à tout prix. Si nous regimbons, les tribunaux nous y forcent, et le premier vendeur, s'il est encore en vie, ou ses ayants cause et héritiers reprennent leur bien comme ils le trouvent; c'est-à-dire que pendant longues années ils ont placé leur terre en nos mains à 8 et 10 du 100, et qu'ils en font la recouvrance lorsqu'elle vaut le double par l'effet de nos soins, d'une bonne culture qui ne leur a coûté ni peine ni dépense, et aussi par l'effet du temps qui va toujours donnant de la valeur à la propriété. Ainsi nous allons toujours à être mangées, pauvres ablettes, par les gros poissons qui nous font la chasse, toujours punis de nos convoitises et simples comme devant.

Par ainsi la Sévère avait son argent placé à bonne hypothèque sur sa propre terre, et à beaux intérêts. Mais elle n'en tenait pas moins sous sa griffe la succession de Cadet Blanchet, parce qu'elle l'avait si bien conduit, qu'il s'était engagé pour les acquéreurs de ses terres et qu'il était resté caution pour eux du payement.

En voyant toute cette manigance, François pourpensait au moyen de ravoir les terres à bon marché sans ruiner personne, et de jouer un bon tour à la Sévère et à sa clique en faisant manquer leur spéculation.

La chose n'était point aisée. Il avait de l'argent en suffisance pour ravoir quasiment le tout au prix de vente. La Sévère ni personne ne pouvaient refuser le remboursement; ceux qui avaient acheté avaient tous profit à revendre bien vite et à se débarrasser de leur ruine à venir; car je vous le dis, jeunes et vieux à qui je parle, une terre achetée à crédit, c'est une patente de cherche-pain pour nos vieux jours. Mais j'aurai beau vous le dire, vous n'en aurez pas moins la maladie achetouère. Personne ne peut voir au soleil la fumée d'un sillon labouré sans avoir la chaude fièvre d'en être le seigneur. Et voilà ce que François redoutait fort : c'est cette chaude fièvre du paysan qui ne veut pas se départir de sa glèbe.

Connaissez-vous ça, la glèbe, enfants ? Il a été un temps où l'on en parlait grandement dans nos paroisses. On disait que les anciens seigneurs nous avaient attachés à cela pour nous faire périr à force de suer, mais que la Révolution avait coupé le câble et que nous ne tirions plus comme des bœufs à la charrue du maître; la vérité est que nous nous sommes liés nous-mêmes à notre propre areau, et que nous n'y suons pas moins, et que nous y périssons tout de même.

Le remède, à ce que prétendent les bourgeois de chez nous, serait de n'avoir jamais besoin ni envie de rien. Et dimanche passé je fis réponse à un qui me prêchait ça très-bien, que, si nous pouvions être assez raisonnables, nous autres petites gens, pour ne jamais manger, toujours travailler, point dormir et boire de la belle eau clairette, encore si les grenouilles ne s'en fâchaient point, nous arriverions à une belle épargne, et on nous trouverait sages et gentils à grand'plantée de compliments.

Suivant la chose comme vous et moi, François le champi se tabustait beaucoup la cervelle pour trouver le moyen par où décider les acheteurs à lui revendre. Et celui qu'il trouva à la parfin, ce fut de leur couler dans l'oreille un beau petit mensonge, comme quoi la Sévère avait l'air, plus que la chanson, d'être riche ; qu'elle avait plus de dettes qu'il n'y a de trous dans un crible, et qu'au premier beau matin ses créanciers allaient faire saisir sur toutes ses créances comme sur tout son avoir. Il leur dirait la chose en confidence, et, quand il les aurait bien épeurés, il ferait agir Madeleine Blanchet avec son argent à lui pour ravoir les terres au prix de vente.

Il se fit conscience pourtant de cette menterie, jusqu'à ce qu'il lui vint l'idée de faire à chacun des pauvres acquéreurs un petit avantage pour les compenser des intérêts qu'il avait déjà payés. Et de cette manière, il ferait rentrer Madeleine dans ses droits et jouissances, en même temps qu'il sauverait les acquéreurs de toute ruine et dommage. Tant qu'à la Sévère et au discrédit que son propos pourrait lui occasionner, il ne s'en fit conscience aucune. La poule peut bien essayer de tirer une plume à l'oiseau méchant qui lui a plumé ses poussins.

Là-dessus Jeannie s'éveilla et se leva bien doucement pour ne pas déranger le repos de sa mère ; puis, ayant dit bonjour à François, il ne perdit temps pour aller avertir le restant des pratiques que le désarroi du moulin était raccommodé, et qu'il y avait un beau meunier à la meule.

XX.

Le jour était déjà grand quand Mariette Blanchet sortit du nid, bien attifée dans son deuil, avec du si beau noir et du si beau blanc qu'on aurait dit d'une petite pie. La pauvrette avait un grand souci. C'est que ce deuil l'empêcherait, pour un temps, d'aller danser dans les assemblées, et que tous ses galants allaient être en peine d'elle ; elle avait si bon cœur, qu'elle les en plaignait grandement.

— Comment ! fit-elle en voyant François ranger des papiers dans la chambre de Madeleine, vous êtes donc à tout ici, monsieur le meunier ! vous faites la farine, vous faites les affaires, vous faites la tisane ; bientôt on vous verra coudre et filer...

— Et vous, demoiselle, dit François, qui vit bien qu'on le regardait d'un bel œil tout en le taquinant de la langue, je ne vous ai encore vue ni filer ni coudre ; m'est avis que bientôt on vous verra dormir jusqu'à midi, et vous ferez bien. Ça conserve le teint frais.

— Oui-da, maître François, voilà déjà que nous nous disons des vérités... Prenez garde à ce jeu-là : j'en sais dire aussi.

— J'attends votre plaisir, demoiselle.

— Ça viendra; n'ayez peur, beau meunier. Mais où est donc passée la Catherine, que vous êtes là à garder la malade ? Vous faudrait-il point une coiffe et un jupon ?

— Sans doute que vous demanderez, par suite, une blouse et un bonnet pour aller au moulin ? Car, ne faisant point ouvrage de femme, qui serait de veiller un tantinet auprès de votre sœur, vous souhaitez de lever la paille et de tourner la meule. A votre commandement ! changeons d'habits.

— On dirait que vous me faites la leçon ?

— Non ; je l'ai reçue de vous d'abord, et c'est pourquoi, par honnêteté, je vous rends ce que vous m'avez prêté.

— Bon ! bon ! vous aimez à rire et à lutiner. Mais vous prenez mal votre temps; nous ne sommes point en joie ici. Il n'y a pas longtemps que nous étions au cimetière, et, si vous jasez tant, vous ne donnerez guère de repos à ma belle-sœur, qui en aurait grand besoin.

— C'est pour cela que vous ne devriez pas tant lever la voix, demoiselle, car je vous parle bien doux, et vous ne parlez pas, à cette heure, comme il faudrait dans la chambre d'une malade.

— Assez, s'il vous plaît, maître François, dit la Mariette en baissant le ton, mais en devenant toute rouge de dépit; faites-moi l'amitié de voir si Catherine est par là, et pourquoi elle laisse ma belle-sœur à votre garde.

— Faites excuse, demoiselle, dit François sans s'échauffer autrement: ne pouvant la laisser à votre garde, puisque vous aimez la dormille, il lui était bien forcé de se fier à la mienne. Et, tant qu'à l'appeler, je ne le ferai point, car cette pauvre fille est esrenée de fatigue. Voilà quinze nuits qu'elle passe, sans vous offenser. Je l'ai envoyée coucher, et jusqu'à midi, je prétends faire son ouvrage et le mien, car il est juste qu'un chacun s'entr'aide.

— Écoutez, maître François, fit la petite, changeant de ton subitement, vous avez l'air de vouloir me dire que je ne pense qu'à moi, et que je laisse toute la peine aux autres. Peut-être que, de vrai, j'aurais dû veiller à mon tour, si Catherine m'eût dit qu'elle était fatiguée. Mais elle disait qu'elle ne l'était point, et je ne voyais pas que ma belle-sœur fût en si grand danger. Tant y a que vous me jugez de mauvais cœur, et je ne sais point où vous avez pris cela. Vous ne me connaissez que d'hier, et nous n'avons pas encore assez de familiarité ensemble pour que vous me repreniez comme vous faites. Vous agissez trop comme si vous étiez le chef de famille, et pourtant...

— ... Allons, dites, la belle Mariette, dites ce que vous avez au bout de la langue. Et pourtant, j'y ai été reçu et élevé par charité, pas vrai! et je ne peux pas être de la famille, parce que je n'ai pas de famille; je n'y ai droit, étant champi! Est-ce tout ce que vous aviez envie de dire?

Et en répondant tout droit à la Mariette, François la regardait d'une manière qui la fit rougir jusqu'au blanc des yeux, car elle vit qu'il avait l'air d'un homme sévère et bien sérieux, en même temps qu'il montrait tant de tranquillité et de douceur, qu'il n'y aurait moyen de le dépiter et de le faire penser ou parler injustement.

La pauvre jeunesse en ressentit comme un peu de peur, elle pourtant qui ne boudait point de la langue pour l'ordinaire, et cette sorte de peur n'empêchait point une certaine envie de plaire à ce beau gars, qui parlait si ferme et regardait si franchement. Si bien que, se trouvant toute confondue et embarrassée, elle eut peine à se retenir de pleurer, et tourna vitement le nez d'un autre côté, pour qu'il ne la vît dans cet émoi.

Mais il la vit bien et lui dit en manière amicale :

— Vous ne m'avez point fâché, Mariette, et vous n'avez pas sujet de l'être par votre part. Je ne pense pas mal de vous. Seulement je vois que vous êtes jeune, que la maison est dans le malheur, que vous n'y faites point d'attention, et qu'il faut bien que je vous dise comment je pense.

— Et comment pensez-vous? fit-elle; dites-le donc tout d'un coup, pour qu'on sache si vous êtes ami ou ennemi.

— Je pense que, si vous n'aimez point le souci et le tracas qu'on se donne pour ceux qu'on aime et qui sont dans un mauvais charroi, il faut vous mettre à part; vous moquer du tout, songer à votre toilette, à vos amoureux, à votre futur mariage, et ne pas trouver mauvais qu'on s'emploie ici à votre place. Mais, si vous avez du cœur, la belle enfant, si vous aimez votre belle-sœur et votre gentil neveu, et mêmement la pauvre servante fidèle qui est capable de mourir sous le collier comme un bon cheval, il faut vous réveiller un peu plus matin, soigner Madeleine, consoler Jeannie, soulager Catherine, et surtout fermer vos oreilles à l'ennemie de la maison, qui est madame Sévère, une mauvaise âme, croyez-moi. Voilà comment je pense, et rien de plus.

— Je suis contente de le savoir, dit la Mariette un peu sèchement, et à présent, vous me direz de quel droit vous me souhaitez penser à votre mode.

— Oh! c'est ainsi! répondit François. Mon droit est le droit du champi, et, pour que vous n'en ignoriez, de l'enfant reçu et élevé ici par la charité de madame Blanchet; ce qui est cause que j'ai le devoir de l'aimer comme ma mère et le droit d'agir à celle fin de la récompenser de son bon cœur.

— Je n'ai rien à blâmer là-dessus, reprit la Mariette, et je vois que je n'ai rien de mieux à faire que de vous prendre en estime à cette heure et en bonne amitié avec le temps.

— Ça me va, dit François, donnez-moi une poignée de main.

Et il s'avança à elle en lui tendant sa grande main, point gauchement du tout. Mais cette enfant de Mariette fut tout à coup piquée de la mouche de la coquetterie, et, retirant sa main, elle lui dit que ce n'était pas convenant à une jeune fille de donner comme cela dans la main à un garçon.

Dont François se mit à rire et la laissa, voyant bien qu'elle n'allait pas franchement, et qu'avant tout elle voulait donner dans l'œil.

— Or, ma belle, pensa-t-il, vous n'y êtes point, et nous ne serons pas amis comme vous l'entendriez.

Il alla vers Madeleine qui venait de s'éveiller, et qui lui dit, en lui prenant ses deux mains :

— J'ai bien dormi, mon fils, et le bon Dieu me bénit de me montrer ta figure première à mon éveil. D'où vient que mon Jeannie n'est point avec toi?

Puis, quand la chose lui fut expliquée, elle dit aussi des paroles d'amitié à Mariette, s'inquiétant qu'elle eût passé la nuit à la veiller, et l'assurant qu'elle n'avait pas besoin de tant d'égards pour son mal. Mariette s'attendait que François allait dire qu'elle s'était même levée bien tard; mais François ne dit rien et la laissa avec Madeleine, qui voulait essayer de se lever, ne sentant plus de fièvre.

Au bout de trois jours, elle se trouva même si bien, qu'elle put causer de ses affaires avec François.

— Tenez-vous en repos, ma chère mère, lui dit-il. Je me suis un peu déniaisé là-bas et j'entends assez bien les affaires. Je veux vous tirer de là, et j'en verrai le bout. Laissez-moi faire, ne démentez rien de ce que je dirai, et signez tout ce que je vous présenterai. De ce pas, puisque me voilà tranquillisé sur votre santé, je m'en vas à la ville consulter les hommes de la loi. C'est jour de marché, je trouverai là du monde que je veux voir, et je compte que je ne perdrai pas mon temps.

Il fit comme il disait; et, quand il eut pris conseil et renseignement des hommes de loi, il vit bien que les derniers billets que Blanchet avait souscrits à la Sévère pouvaient être matière à un bon procès; car il les avait signés ayant la tête à l'envers, de fièvre, de vin et de bêtise. La Sévère s'imaginait que Madeleine n'oserait plaider, crainte des dépens. François ne voulait pas donner à madame Blanchet le conseil de s'en remettre au sort des procès, mais il pensa raisonnablement terminer la chose par un arrangement, en lui faisant faire d'abord bonne contenance; et, comme il lui fallait quelqu'un pour porter la parole à l'ennemi, il s'avisa d'un plan qui réussit au mieux.

Depuis trois jours il avait assez observé la petite Mariette pour voir qu'elle allait tous les jours se promener du côté des Dollins, où résidait la Sévère, et qu'elle était en meilleure amitié qu'il n'eût souhaité avec cette femme, à cause surtout qu'elle y rencontrait du jeune monde de sa connaissance et des bourgeois qui lui contaient fleurette. Ce n'est pas qu'elle voulût les écouter; elle était fille innocente encore, et ne croyait pas le loup si près de la bergerie. Mais elle se plaisait aux compliments, et en avait soif comme une mouche du lait. Elle se cachait grandement de Madeleine pour faire ses promenades, et, comme Madeleine n'était point jaseuse avec les autres femmes et ne quittait pas encore la chambre, elle ne voyait rien et ne soupçonnait point de faute. La grosse Catherine n'était point fille à deviner ni à observer la moindre chose. Si bien que la petite mettait son callot sur l'oreille, et, sous couleur de conduire les ouailles aux champs, elle les laissait sous la garde de quelque petit pastour, et allait faire la belle en mauvaise compagnie.

François, en allant et venant pour les affaires du moulin, vit la chose, n'en sonna mot à la maison, et s'en servit comme je vas vous le faire assavoir.

XXI.

Il s'en alla se planter tout au droit de son chemin, au gué de la rivière, et, comme elle prenait la passerelle, aux approches des Dollins, elle y trouva le champi à cheval sur la planche, chacune jambe pendante au-dessus de l'eau, et dans la figure d'un homme qui n'est point pressé d'affaires. Elle devint rouge comme une cenelle, et, si elle n'eût manqué de temps pour faire la frime d'être là par hasard, elle aurait viré de côté.

Mais, comme l'entrée de la passerelle était toute branchue, elle n'avisa le loup que quand elle fut sous sa dent. Il avait la figure tournée de son côté, et elle ne vit aucun moyen d'avancer ni de reculer sans être observée.

— Çà, monsieur le meunier, fit-elle, payant de hardiesse, ne vous rangeriez-vous pas un brin pour laisser passer le monde?

— Non, demoiselle, répondit François, car c'est moi qui suis le gardien de la passerelle pour à ce soir, et je réclame d'un chacun droit de péage.

—Est-ce que vous devenez fou, François? on ne paye pas dans nos pays, et vous n'avez droit sur passière, passerelle, passerette ou passerotte, comme on dit peut-être dans votre pays d'Aigurande. Mais parlez comme vous voudrez, et ôtez-vous de là un peu vite : ce n'est pas un endroit pour badiner; vous me feriez tomber dans l'eau.

— Vous croyez donc, dit François sans se déranger et en croisant les bras sur son estomac, que j'aie envie de rire avec vous, et que mon droit de péage serait de vous conter fleurette? Otez cela de votre idée, demoiselle; je veux vous parler bien raisonnablement, et je vas vous laisser passage, si vous voulez me donner licence de vous suivre un bout de chemin, pour causer avec vous.

FRANÇOIS LE CHAMPI

... Elle y trouva le champi à cheval sur la planche, chacune jambe pendante au-dessus de l'eau, et dans la figure d'un homme qui n'est point pressé d'affaires.

— Ça ne convient pas du tout, dit la Mariette un peu échauffée par l'idée qu'elle avait que François voulait lui en conter. Qu'est-ce qu'on dirait de moi dans le pays, si on me rencontrait seule par les chemins avec un garçon qui n'est pas mon prétendu?

— C'est juste, dit François. La Sévère n'étant point là pour vous faire porter respect, il en serait parlé ; voilà pourquoi vous allez chez elle, afin de vous promener dans son jardin avec tous vos prétendus. Eh bien, pour ne pas vous gêner, je m'en vas vous parler ici, et en deux mots, car c'est une affaire qui presse, et voilà ce que c'est : Vous êtes une bonne fille, vous avez donné votre cœur à votre belle-sœur Madeleine ; vous la voyez dans l'embarras, et vous voudriez bien l'en retirer, pas vrai?

— Si c'est de cela que vous voulez me parler, je vous écoute, répondit la Mariette, car ce que vous dites est la vérité.

— Eh bien, ma bonne demoiselle, dit François en se levant et en cotant avec elle contre la berge du petit pont, vous pouvez rendre un grand office à madame Blanchet. Puisque, pour son bonheur et dans son intérêt, je veux le croire, vous êtes bien avec la Sévère, il vous faut rendre cette femme consente d'un accommodement ; elle veut deux choses qui ne se peuvent point à la fois par le fait : rendre la succession de maître Blanchet caution du payement des terres qu'il avait vendues pour la payer ; et, en second lieu, exiger payement de billets souscrits à elle-même. Elle aura beau chicaner et tourmenter cette pauvre succession, elle ne fera point qu'il s'y trouve ce qu'il s'en manque. Faites-lui entendre que, si elle n'exige point que nous garantissions le payement des terres, nous pourrons payer les billets ; mais que, si elle ne nous permet pas de nous libérer d'une dette, nous n'aurons pas de quoi lui payer l'autre, et qu'à faire des frais qui nous épuisent sans profit pour elle, elle risque de perdre le tout.

— Ça me paraît certain, dit Mariette, quoique je n'entende guère les affaires, mais enfin j'entends cela. Et si, par hasard, je la décidais, François, qu'est-ce qui vaudrait mieux pour ma belle-sœur, payer les billets ou être dégagée de la caution ?

— Payer les billets sera le pire, car ce sera le plus injuste. On peut contester sur ces billets et plaider; mais, pour plaider, il faut de l'argent, et vous savez qu'il n'y en a point à la maison, et qu'il n'y en aura jamais. Ainsi, que ce qui reste à votre belle-sœur s'en aille en procès ou en payement à la Sévère, c'est tout un pour elle, tandis que pour la Sévère mieux vaut être payée sans plaider. Ruinée pour ruinée, Madeleine aime mieux laisser saisir tout ce qui lui reste que de rester encore après sous le coup d'une dette qui peut durer autant que sa vie, car les acquéreurs de Cadet Blanchet ne sont guère bons pour payer, la Sévère le sait bien, et elle sera forcée un jour de reprendre les terres, chose dont l'idée ne la fâche point, car c'est une bonne affaire que de les trouver amendées, et d'en avoir tiré gros intérêt pendant du temps. Par ainsi la Sévère ne risque rien à nous rendre la liberté, et elle s'assure le payement de ses billets.

— Je ferai comme vous l'enseignez, dit la Mariette, et, si j'y manque, n'ayez pas d'estime pour moi.

— Ainsi donc, bonne chance, Mariette, et bon voyage, dit François en se retirant de son chemin.

La petite Mariette s'en alla aux Dollins, bien contente d'avoir une belle excuse pour s'y montrer, et pour y rester longtemps et pour y retourner les jours suivants. La Sévère fit mine de goûter ce qu'elle lui conta; mais au fond elle se promit de ne pas aller vite. Elle avait toujours détesté Madeleine Blanchet, pour l'estime que malgré lui son mari était obligé d'en faire. Elle croyait la tenir dans ses mains griffues pour tout le temps de sa vie, et elle eût mieux aimé renoncer aux billets qu'elle savait bien ne pas valoir grand'chose qu'au plaisir de la molester en lui faisant porter l'endosse d'une dette sans fin.

François savait bien la chose, et il voulait l'amener à exiger le payement de cette dette-là, afin d'avoir l'occasion de racheter les bons biens de Jeannie à ceux qui les avaient eus quasi pour rien. Mais, quand Mariette vint lui rapporter la réponse, il vit qu'on l'amusait par des paroles; que, d'une part, la petite serait contente de faire durer les commissions, et que, de l'autre part, la Sévère n'était pas encore venue au point de vouloir la ruine de Madeleine plus que l'argent de ses billets.

Pour l'y faire arriver d'un coup de collier, il prit Mariette à part deux jours après :

— Il ne faut, dit-il, point aller aujourd'hui aux Dollins, ma bonne demoiselle. Votre belle-sœur a appris, je ne sais comment, que vous y alliez un peu plus souvent que tous les jours, et elle dit que ce n'est pas la place d'une fille comme il faut. J'ai essayé de lui faire entendre à quelles fins vous fréquentiez la Sévère dans son intérêt ; mais elle m'a blâmé ainsi que vous. Elle dit qu'elle aime mieux être ruinée que de vous voir perdre l'honneur, que vous êtes sous sa tutelle et qu'elle a autorité sur vous. Vous serez empêchée de force de sortir, si vous ne vous empêchez vous-même de gré. Elle ne vous en parlera point si vous n'y retournez, car elle ne veut point vous faire de peine, mais elle est grandement fâchée contre vous, et il serait à souhaiter que vous lui demandissiez pardon.

François n'eut pas sitôt lâché le chien, qu'il se mit à japper et à mordre. Il avait bien jugé l'humeur de la petite Mariette, qui était précipiteuse et combustible comme celle de son défunt frère.

— Oui-da et pardi ! s'exclama-t-elle, on va obéir comme une enfant de trois ans à une belle-sœur ! Dirait-on pas qu'elle est ma mère et que je lui dois la soumission ! Et où prend-elle que je perds mon honneur ! Dites-lui, s'il vous plaît, qu'il est aussi bien agrafé que le sien, et peut-être mieux. Et que sait-elle de la Sévère, qui en vaut bien une autre ? Est-ce malhonnête parce qu'on n'est pas toute la journée à coudre, à filer et à dire des prières ? Ma belle-sœur est injuste parce qu'elle est en discussion d'intérêts avec elle, et qu'elle se croit permis de la traiter de toutes les manières. C'est imprudent à elle ; car, si la Sévère voulait, elle la chasserait de la maison où elle est ; et ce qui vous prouve que la Sévère est moins mauvaise qu'on ne dit, c'est qu'elle ne le fait point et prend patience. Et moi qui ai la complaisance de me mêler de leurs différends qui ne me regardent pas, voilà comme j'en suis remerciée ! Allez ! allez ! François, croyez que les plus sages ne sont pas toujours les plus rembarrantes, et qu'en allant chez la Sévère je n'y fais pas plus de mal qu'ici.

— A savoir ! dit François, qui voulait faire monter toute l'écume de la cuve ; votre belle-sœur n'a peut-être pas tort de penser que vous n'y faites point de bien. Et, tenez, Mariette, je vois que vous avez trop de presse d'y aller ! ça n'est pas dans l'ordre. La chose que vous aviez à dire pour les affaires de Madeleine est dite, et, si la Sévère n'y répond point, c'est qu'elle ne veut pas y répondre. N'y retournez donc plus, croyez-moi, ou bien je croirai, comme Madeleine, que vous n'y allez à bonnes intentions.

— C'est donc décidé, maître François, fit Mariette tout en feu, que vous allez aussi faire le maître avec moi? Vous vous croyez l'homme de chez nous, le remplaçant de mon frère. Vous n'avez pas encore assez de barbe autour du bec pour me faire la semonce, et je vous conseille de me laisser en paix. Votre servante ! dit-elle encore en rajustant sa coiffe ; si ma belle-sœur me demande, vous lui direz que je suis chez la Sévère, et, si elle vous envoie me chercher, vous verrez comment vous y serez reçu.

Là-dessus elle jeta bien fort le barreau de la porte, et s'en fut de son pied léger aux Dollins ; mais, comme François avait peur que sa colère ne refroidît en chemin, vu que d'ailleurs le temps était à la gelée, il lui laissa un peu d'avance, et, quand elle approcha du logis de la Sévère, il donna du jeu à ses grandes jambes, courut comme un désenfargé, et la rattrapa, pour lui faire accroire qu'il était envoyé par Madeleine à sa poursuite.

Là il la picota en paroles jusqu'à lui faire lever la main. Mais il esquiva les tapes, sachant bien que la colère s'en va avec les coups, et que femme qui frappe est soulagée de son dépit. Il se sauva, et, dès qu'elle fut chez la Sévère, elle y fit grand éclat. Ce n'est pas que la pauvre enfant eût de mauvaises intentions; mais, dans la première flambée de sa fâcherie, elle ne savait s'en cacher, et elle mit la Sévère dans un si grand courroux, que François, qui s'en allait à petits pas par le chemin creux, les entendait du bout de la chènevière rouffer et siffler comme le feu dans une grange à paille.

XXII

L'affaire réussit à son souhait, et il en était si accertainé, qu'il partit le lendemain pour Aigurande, où il prit son argent chez le curé, et s'en revint à la nuit, rapportant ses quatre petits papiers fins qui valaient gros, et ne faisaient si, pas plus de bruit dans sa poche qu'une miette de pain dans un bonnet. Au bout de huit jours, on entendit nouvelles de la Sévère. Tous les acquéreurs des terres de Blanchet étaient sommés de payer, aucun ne pouvait, et Madeleine était menacée de payer à leur place.

Dès que la connaissance lui en vint, elle entra en grande crainte, car François ne l'avait encore avertie de rien.

— Bon, lui dit-il, se frottant les deux mains, il n'est marchand qui toujours gagne, ni voleur qui toujours pille. Madame Sévère va manquer une belle affaire et vous allez en faire une bonne. C'est égal, ma chère mère, faites comme si vous vous croyiez perdue. Tant plus vous aurez de peine, tant plus elle mettra de joie à faire ce qu'elle croit mauvais pour vous. Mais ce mauvais est votre salut, car vous allez, en payant la Sévère, reprendre tous les héritages de votre fils.

— Et avec quoi veux-tu que je la paye, mon enfant?

— Avec de l'argent qui est dans ma poche et qui est à vous.

Madeleine voulut s'en défendre; mais le champi avait la tête dure, disait-il, et on n'en pouvait arracher ce qu'il y avait serré à clef. Il courut chez le notaire déposer deux cents pistoles au nom de la veuve Blanchet, et la Sévère fut payée bel et bien, bon gré, mal gré, ainsi que les autres créanciers de la succession, qui faisaient cause commune avec elle.

Et quand la chose fut amenée à ce point que François eut même indemnisé les pauvres acquéreurs de leurs souffrances, il lui restait encore de quoi plaider, et il fit assavoir à la Sévère qu'il allait entamer un bon procès au sujet des billets qu'elle avait soutirés au défunt par fraude et malice. Il répandit un conte qui fit grand train dans le pays. C'est qu'en fouillant dans un vieux mur du moulin pour y planter une étaie, il avait trouvé la tirelire à la défunte vieille mère Blanchet, toute en beaux louis d'or à l'ancien coin, et que, par ce moyen, Madeleine se trouvait plus riche qu'elle n'avait jamais été. De guerre lasse, la Sévère entra en arrangement, espérant que François s'était mis un peu de ces écus, trouvés si à propos, au bout des doigts, et qu'en l'amadouant elle en verrait encore plus qu'il n'en montrait. Mais elle en fut pour sa peine, et il la mena par un chemin si étroit, qu'elle rendit les billets en échange de cent écus.

Alors, pour se revenger, elle monta la tête de la petite Mariette, en l'avisant que la tirelire de la vieille Blanchet, sa grand'mère, aurait dû être partagée entre elle et Jeannie, qu'elle y avait droit et qu'elle devait plaider contre sa belle-sœur.

Force fut alors au champi de dire la vérité sur la source de l'argent qu'il avait fourni, et le curé d'Aigurande lui en envoya les preuves en cas de procès.

Il commença par montrer ces preuves à Mariette, en la priant de n'en rien ébruiter inutilement et en lui démontrant qu'elle n'avait plus qu'à se tenir tranquille. Mais la Mariette n'était pas tranquille du tout. Sa cervelle avait pris feu dans tout ce désarroi de famille, et la pauvre enfant était tentée du diable. Malgré la bonté dont Madeleine avait toujours usé envers elle, la traitant comme sa fille et lui passant tous ses caprices, elle avait pris une mauvaise idée contre sa belle-sœur et une jalousie dont elle aurait été bien empêchée, par mauvaise honte, de dire le fin mot. Mais le fin mot, c'est qu'au milieu de ses disputes et de ses enragements contre François, elle s'était coiffée de lui tout doucement et sans se méfier du tour que lui jouait le diable. Tant plus il la tançait de ses caprices et de ses manquements, tant plus elle devenait enragée de lui plaire.

Elle n'était pas fille à se dessécher de chagrin, non plus qu'à se fondre dans les larmes ; mais elle n'avait point de repos en songeant que François était si beau garçon, si riche, si honnête, si bon pour tout le monde, si adroit à se conduire, si courageux, qu'il était homme à donner jusqu'à la dernière once de son sang pour la personne qu'il aimerait ; et que tout cela n'était point pour elle, qui pouvait pourtant se dire la plus belle et la plus riche de l'endroit, et qui remuait ses amoureux à la pelle.

Un jour elle en ouvrit son cœur à sa mauvaise amie, la Sévère. C'était dans le patural qui est au bout du chemin aux Napes[1]. Il y a par là un vieux pommier qui se trouvait tout en fleur, parce que, depuis que toutes ces affaires duraient, le mois de mai était venu, et la Mariette étant à garder ses ouailles au bord de la rivière, la Sévère vint babiller avec elle sous ce pommier fleuri.

Mais, par la volonté du bon Dieu, François, qui se trouvait aussi par là, entendit leurs paroles ; car, en voyant la Sévère entrer dans le patural, il se douta bien qu'elle y venait manigancer quelque chose contre Madeleine ; et, la rivière étant basse, il marcha tout doucement sur le bord, au-dessous des buissons qui sont si hauts dans cet endroit-là, qu'un charroi de foin y passerait à l'abri. Quand il y fut, il s'assit, sans souffler, sur le sable, et ne mit pas ses oreilles dans sa poche.

Et voilà comment travaillaient ces deux bonnes langues de femme. D'abord la Mariette avait confessé que de tous ses galants pas un ne lui plaisait, à cause d'un meunier qui n'était du tout galant avec elle, et qui seul l'empêchait de dormir. Mais la Sévère avait idée de la conjoindre avec un gars de sa connaissance, lequel en tenait fort, à telles enseignes qu'il avait promis un gros cadeau de noces à la Sévère si elle venait à bout de le faire marier avec la petite Blanchet. Il paraît même que la Sévère s'était fait donner par avance un denier à Dieu de celui-là comme de plusieurs autres. Aussi fit-elle tout de son mieux pour dégoûter Mariette de François.

— Foin du champi ! lui dit-elle. Comment, Mariette, une fille de votre rang épouserait un champi ! Vous auriez donc nom madame

[1] Nénufar, Nymphéa, Napée.

la Fraise? car il ne s'appelle pas autrement. J'en aurais honte pour vous, ma pauvre âme. Et puis, ce n'est rien ; vous seriez donc obligée de le disputer à votre belle-sœur, car il est son bon ami, aussi vrai que nous voilà deux.

— Là-dessus, Sévère, fit la Mariette en se récriant, vous me l'avez donné à entendre plus d'une fois ; mais je n'y saurais point croire ; ma belle-sœur est d'un âge...

— Non, non, Mariette, votre belle-sœur n'est point d'un âge à s'en passer ; elle n'a guère que trente ans, et ce champi n'était encore qu'un galopin que votre frère l'a trouvé en grande accointance avec sa femme. C'est pour cela qu'un jour il l'assomma à bons coups de manche de fouet et le mit dehors de chez lui.

François eut la bonne envie de sauter à travers le buisson et d'aller dire à la Sévère qu'elle en avait menti, mais il s'en défendit et resta coi.

Et là-dessus la Sévère en dit de toutes les couleurs, et débita des menteries si vilaines, que François en avait chaud à la figure et avait peine à se tenir en patience.

— Alors, fit la Mariette, il tente à l'épouser, à présent qu'elle est veuve : il lui a déjà donné bonne part de son argent, et il voudra avoir au moins la jouissance du bien qu'il a racheté.

— Mais il en portera la folle enchère, fit l'autre ; car Madeleine en cherchera un plus riche, à présent qu'elle l'a dépouillé, et elle le trouvera. Il faut bien qu'elle prenne un homme pour cultiver son bien, et, en attendant qu'elle trouve son fait, elle gardera ce grand imbécile, qui la sert pour rien et qui la désennuie de son veuvage.

— Si c'est là le train qu'elle mène, dit la Mariette toute dépitée, me voilà dans une maison bien honnête, et je ne risque rien de bien me tenir ! Savez-vous, ma pauvre Sévère, que je suis une fille bien mal logée, et qu'on va mal parler de moi? Tenez, je ne peux pas rester là, et il faut que je m'en retire. Ah bien oui ! voilà bien ces dévotes qui trouvent du mal à tout, parce qu'elles ne sont effrontées que devant Dieu ! Je lui conseille de mal parler de vous et de moi à présent ! Eh bien, je vas la saluer, moi, et m'en aller demeurer avec vous ; et, si elle s'en fâche, je lui répondrai ; et, si elle veut me forcer à retourner avec elle, je plaiderai et je la ferai connaître, entendez-vous ?

— Il y a meilleur remède, Mariette, c'est de vous marier au plus tôt. Elle ne vous refusera pas son consentement, car elle est pressée, j'en suis sûre, de se voir débarrassée de vous. Vous gênez son commerce avec le beau champi. Mais vous ne pouvez pas attendre, voyez-vous ; car on dirait qu'il est à vous deux, et personne ne voudrait plus vous épouser. Mariez-vous donc, et prenez celui que je vous conseille.

— C'est dit ! fit la Mariette en cassant son bâton de bergère d'un grand coup contre le vieux pommier. Je vous donne ma parole. Allez le chercher, Sévère, qu'il vienne ce soir à la maison me demander, et que nos bans soient publiés dimanche qui vient.

XXIII

Jamais François n'avait été plus triste qu'il ne le fut en sortant de la berge de rivière où il s'était caché pour entendre cette jaserie de femelles. Il en avait lourd comme un rocher sur le cœur, et, tout au beau milieu de son chemin, en s'en revenant, il perdit quasi le courage de rentrer à la maison, et s'en fut par la traîne aux Napes s'asseoir dans la petite futaie de chênes qui est au bout du pré.

Quand il fut là tout seul, il se prit de pleurer comme un enfant, et son cœur se fendait de chagrin et de honte; car il était tout à fait honteux de se voir accusé et de penser que sa pauvre chère amie Madeleine, qu'il avait toute sa vie si honnêtement et si dévotement aimée, ne retirerait de son service et de sa bonne intention que l'injure d'être maltraitée par les mauvaises langues.

— Mon Dieu ! mon Dieu ! disait-il tout seul en se parlant à lui-même en dedans, est-il possible que le monde soit si méchant et qu'une femme comme la Sévère ait tant d'insolence que de mesurer à son aune l'honneur d'une femme comme ma chère mère? Et cette jeunesse de Mariette, qui devrait avoir l'esprit porté à l'innocence et à la vérité, une enfant qui ne connaît pas encore le mal, voilà pourtant qu'elle écoute les paroles du diable et qu'elle y croit comme si elle en connaissait la morsure! En ce cas, d'autres y croiront, et, comme la grande partie des gens vivant vie mortelle est coutumière du mal, quasi tout le monde pensera que si j'aime madame Blanchet et si elle m'aime, c'est parce qu'il y a de l'amour sous jeu.

Là-dessus le pauvre François se mit à faire examen de sa conscience et à se demander, en grande rêverie d'esprit, s'il n'y avait pas de sa faute dans les mauvaises idées de la Sévère, au sujet de Madeleine; s'il avait bien agi en toutes choses, s'il n'avait pas donné à mal penser, contre son vouloir, par manque de prudence et de discrétion. Et il avait beau chercher, il ne trouvait pas qu'il eût jamais pu faire le semblant de la chose, n'en ayant pas eu seulement l'idée.

Et puis, voilà qu'en pensant et rêvassant toujours, il se dit encore :

— Eh! quand bien même que mon amitié se serait tournée en amour, quel mal le bon Dieu y trouverait-il, au jour d'aujourd'hui qu'elle est veuve et maîtresse de se marier? Je lui ai donné bonne part de mon bien, ainsi qu'à Jeannie. Mais il m'en reste assez pour être encore un bon parti, et elle ne ferait pas de tort à son enfant en me prenant pour son mari. Il n'y aurait donc pas d'ambition de ma part à souhaiter cela, et personne ne pourrait lui faire accroire que je l'aime par intérêt. Je suis champi, mais elle ne regarde point à cela, elle. Elle m'a aimé comme son fils, ce qui est la plus forte de toutes les amitiés, elle pourrait bien m'aimer encore autrement. Je vois que ses ennemis vont m'obliger à la quitter, si je ne l'épouse pas; et la quitter encore une fois, j'aime autant mourir. D'ailleurs, elle a encore besoin de moi, et ce serait lâche de laisser tant d'embarras sur ses bras, quand j'ai encore les miens, en outre de mon argent, pour la servir. Oui, tout ce qui est à moi doit être à elle, et, comme elle me parle souvent de s'acquitter avec moi à la longue, il faut que je lui en ôte l'idée en mettant tout en commun par la permission de Dieu et de la loi. Allons, elle doit conserver sa bonne renommée à cause de son fils, et il n'y a que le mariage qui l'empêchera de la perdre. Comment donc est-ce que je n'y avais pas encore songé et qu'il a fallu une langue de serpent pour m'en aviser? J'étais trop simple, je ne me défiais de rien, et ma pauvre mère est si bonne aux autres, qu'elle ne s'inquiète point de souffrir du dommage pour son compte. Voyons, tout est pour le bien dans la volonté du ciel, et madame Sévère, en voulant faire le mal, m'a rendu le service de m'enseigner mon devoir.

Et, sans plus s'étonner ni se consulter, François reprit son chemin, décidé à parler tout de suite à madame Blanchet de son idée, et à lui demander à deux genoux de le prendre pour son soutien, au nom du bon Dieu et pour la vie éternelle.

Mais, quand il arriva au Cormouer, il vit Madeleine qui filait de la laine sur le pas de sa porte, et, pour la première fois de sa vie, sa figure lui fit un effet à le rendre tout peureux et tout morfondu. Au lieu qu'à l'habitude il allait tout droit à elle en la regardant avec des yeux bien ouverts et en lui demandant si elle se sentait bien, il s'arrêta sur le petit pont comme s'il examinait l'écluse du moulin, et il la regardait de côté. Et, quand elle se tournait vers lui, il se virait d'autre part, ne sachant pas lui-même ce qu'il avait et pourquoi une affaire qui lui avait paru tout à l'heure si honnête et si à propos, lui devenait si poisante à confesser.

Alors Madeleine l'appela, lui disant :

— Viens donc auprès de moi, car j'ai à te parler, mon François. Nous voilà tout seuls, viens t'asseoir à mon côté, et donne-moi ton cœur comme un prêtre qui nous confesse, car je veux de toi la vérité.

François se trouva tout réconforté par ce discours de Madeleine, et, s'étant assis à son côté, il lui dit :

— Soyez assurée, ma chère mère, que je vous ai donné mon cœur comme à Dieu, et que vous aurez de moi vérité de confession.

Et il s'imaginait qu'elle avait peut-être entendu quelque propos qui lui donnait la même idée qu'à lui, de quoi il se réjouissait bien, et il l'attendait à parler.

— François, fit-elle, voilà que tu es dans tes vingt et un ans et que tu peux songer à t'établir : n'aurais-tu point d'idée contraire?

— Non, non, je n'ai pas d'idée contraire à la vôtre, répondit François en devenant tout rouge de contentement; parlez toujours, ma chère Madeleine.

— Bien! fit-elle, je m'attendais à ce que tu me dis, et je crois fort que j'ai deviné ce qui te convenait. Eh bien, puisque c'est ton idée, c'est la mienne aussi, et j'y aurais peut-être songé avant toi. J'attendais à connaître si la personne te prendrait en amitié, et je jugerais que si elle n'en tient pas encore, elle en tiendra bientôt. N'est-ce pas ce que tu crois aussi, et veux-tu me dire où vous en êtes?... Eh bien donc, pourquoi me regardes-tu d'un air confondu? Est-ce que je ne parle pas assez clair? Mais je vois que tu as honte et qu'il faut te venir en aide. Eh bien, elle a boudé tout le matin, cette pauvre enfant, parce qu'hier soir tu l'as un peu taquinée en paroles, et peut-être qu'elle s'imagine que tu ne l'aimes point. Mais moi j'ai bien vu que tu l'aimes, et que si tu la reprends un peu de ses petites fantaisies, c'est que tu te sens un brin jaloux. Il ne faut pas t'arrêter à cela, François. Elle est jeune et jolie, ce qui est un sujet de danger; mais, si elle t'aime bien, elle deviendra raisonnable à ton commandement.

— Je voudrais bien savoir, dit François tout chagriné, de qui vous me parlez, ma chère mère, car pour moi je n'y entends rien.

— Oui, vraiment? dit Madeleine, tu ne sais pas? Est-ce que j'aurais rêvé cela, ou que tu voudrais m'en faire un secret?

— Un secret à vous? dit François en prenant la main de Madeleine; et puis il laissa sa main pour prendre le coin de son tablier, qu'il chiffonna comme s'il était un peu en colère, et qu'il approcha de sa bouche comme s'il voulait le baiser, et qu'il laissa enfin comme il avait fait de sa main, car il se sentit comme s'il allait pleurer, comme s'il allait se fâcher, comme s'il allait avoir un vertige, et tout cela coup sur coup.

— Allons, dit Madeleine étonnée, tu as du chagrin, mon enfant, preuve que tu es amoureux et que les choses ne vont point comme tu voudrais. Mais je t'assure que Mariette a un bon cœur, qu'elle a du chagrin aussi, et que si tu lui dis ouvertement ce que tu penses, elle te dira de son côté qu'elle ne pense qu'à toi.

François se leva en pied et sans rien dire, marcha un peu dans la cour; et puis il revint et dit à Madeleine :

— Je m'étonne bien de ce que vous avez dans l'esprit, madame Blanchet; tant qu'à moi, je n'y ai jamais pensé, et je sais fort bien que mademoiselle Mariette n'a ni goût ni estime pour moi.

— Allons, allons, dit Madeleine, voilà comme le dépit vous fait parler, enfant! Est-ce que je n'ai pas vu que tu avais des discours avec elle, que tu lui disais des mots que je n'entendais point, mais qu'elle paraissait bien entendre, puisqu'elle en rougissait comme une braise au four? Est-ce que je ne vois point qu'elle quitte le pâturage tous les jours et laisse son troupeau à la garde du tiers et du quart? Nos blés en souffrent un peu, si ses moutons y gagnent; mais enfin je ne veux point la contrarier ni lui parler de moutons quand elle a la tête tout en combustion pour l'amour et le mariage. La pauvre enfant est dans l'âge où l'on garde mal ses ouailles, et son cœur encore plus mal. Mais c'est un grand bonheur pour elle, François, qu'au lieu de se coiffer de quelqu'un de ces mauvais sujets dont j'avais crainte qu'elle ne fît la connaissance chez Sévère, elle ait eu le bon jugement de s'attacher à toi. C'est un grand bonheur pour moi aussi de songer que, marié à ma belle-sœur, que je considère presque comme si elle était ma fille, tu vivras et demeureras près de moi, que tu seras dans ma famille, et que je pourrai, en vous logeant, en travaillant avec vous et en élevant vos enfants, m'acquitter envers toi de tout le bien que tu m'as fait. Par ainsi, ne démolis pas le bonheur que je bâtis là-dessus dans ma tête, par des idées d'enfant. Vois clair et guéris-toi de toute jalousie. Si Mariette aime à se faire belle, c'est qu'elle veut te plaire. Si elle est un peu fainéante depuis un tour de temps, c'est qu'elle pense trop à toi; et si quelquefois elle me parle avec un peu de vivacité, c'est qu'elle a de l'humeur de vos picoteries et ne sait à qui s'en prendre. Mais la preuve qu'elle est bonne et qu'elle veut être sage, c'est qu'elle a connu ta sagesse et ta bonté et qu'elle veut t'avoir pour mari.

— Vous êtes bonne, ma chère mère, dit François tout attristé. Oui, c'est vous qui êtes bonne, car vous croyez à la bonté des autres, et vous êtes trompée. Mais je vous dis, moi, que si Mariette est bonne aussi, ce que je ne veux pas renier, crainte de lui faire tort auprès de vous, c'est d'une manière qui ne retire pas de la vôtre, et qui, par cette raison, ne me plaît miette. Ne me parlez donc plus d'elle. Je vous jure bien, ma foi et ma loi, mon sang et ma vie, que je n'en suis pas plus amoureux que de la vieille Catherine, et que, si elle pensait à moi, ce serait un malheur pour elle, car je n'y correspondrais point du tout. Ne tentez donc pas à lui faire dire qu'elle m'aime; votre sagesse serait en faute, et vous m'en feriez une ennemie. Tout au contraire, écoutez ce qu'elle vous dira ce soir, et laissez-la épouser Jean Aubard, pour qui elle s'est décidée. Qu'elle se marie au plus tôt, car elle n'est pas bien dans votre maison. Elle s'y déplaît et ne vous y donnera point de joie.

— Jean Aubard! dit Madeleine; il ne lui convient pas; il est sot, et elle a trop d'esprit pour se soumettre à un homme qui n'en a point.

— Il est riche et elle ne se soumettra point à lui. Elle le fera marcher, et c'est l'homme qui lui convient. Voulez-vous avoir confiance en votre ami, ma chère mère? Vous savez que je ne vous ai point mal conseillée jusqu'à cette heure. Laissez partir cette jeunesse, qui ne vous aime point comme elle devrait, et qui ne vous connaît pas pour ce que vous valez.

— C'est le chagrin qui te fait parler, François, dit Madeleine en lui mettant la main sur la tête et en la secouant un peu pour en faire saillir la vérité.

Mais François, tout fâché de ce qu'elle ne le voulait croire, se retira et lui dit, avec une voix mécontente, et c'était la première fois de sa vie qu'il prenait dispute avec elle:

— Madame Blanchet, vous n'êtes pas juste pour moi. Je vous dis que cette fille ne vous aime point. Vous m'obligez à vous le dire, contre mon gré; car je ne suis pas venu ici pour y apporter la brouille et la défiance. Mais enfin, si je le dis, c'est que j'en suis certain; et vous pensez après cela que je l'aime? Allons, c'est vous qui ne m'aimez plus, puisque vous ne voulez pas me croire.

Et, tout affolé de chagrin, François s'en alla pleurer tout seul auprès de la fontaine.

XXIV

Madeleine était encore plus confondue que François, et elle aurait voulu aller le questionner encore et le consoler; mais elle en fut empêchée par Mariette, qui s'en vint, d'un air étrange, lui parler de Jean Aubard et lui annoncer sa demande. Madeleine, ne pouvant s'ôter de l'idée que tout cela était le produit d'une dispute d'amoureux, s'essaya à lui parler de François; à quoi Mariette répondit, d'un ton qui lui fit bien de la peine et qu'elle ne put comprendre :

— Que celles qui aiment les champis les gardent pour leur amusement; tant qu'à moi, je suis une honnête fille, et ce n'est pas parce que mon pauvre frère est mort que je laisserai offenser mon honneur. Je ne dépends que de moi, Madeleine, et, si la loi me force à vous demander conseil, elle ne me force pas de vous écouter quand vous me conseillez mal. Je vous prie donc de ne pas me contrarier maintenant, car je pourrais vous contrarier plus tard.

— Je ne sais point ce que vous avez, ma pauvre enfant, lui dit Madeleine en grande douceur et tristesse; vous me parlez comme si vous n'aviez pour moi estime ni amitié. Je pense que vous avez une contrariété qui vous embrouille l'esprit à cette heure; je vous prie donc de prendre trois ou quatre jours pour vous décider. Je dirai à Jean Aubard de revenir, et, si vous pensez de même après avoir pris un peu de réflexion et de tranquillité, comme il est honnête homme et assez riche, je vous laisserai libre de l'épouser. Mais vous voilà dans un coup de feu qui vous empêche de vous connaître et qui ferme votre jugement à l'amitié que je vous porte. J'en ai du chagrin; mais, comme je vois que vous en avez aussi, je vous le pardonne.

La Mariette hocha de la tête pour faire croire qu'elle méprisait ce pardon-là, et elle s'en fut mettre son tablier de soie pour recevoir Jean Aubard, qui arriva une heure après avec la grosse Sévère tout endimanchée.

Madeleine, pour le coup, commença de penser qu'en vérité Mariette était mal portée pour elle, d'amener dans sa maison, pour une affaire de famille, une femme qui était son ennemie et qu'elle ne pouvait voir sans rougir. Elle fut cependant honnête à son encontre et lui servit à rafraîchir sans marquer ni dépit ni rancune. Elle aurait craint de pousser Mariette hors de son bon sens en la contrariant. Elle dit qu'elle ne faisait point d'opposition aux volontés de sa belle-sœur, mais qu'elle demandait trois jours pour donner réponse.

Sur quoi la Sévère lui dit avec insolence que c'était bien long. Et Madeleine répondit tranquillement que c'était bien court. Et là-dessus Jean Aubard se retira, bête comme souche, et riant comme un nigaud; car il ne doutait point que la Mariette ne fût folle de lui. Il avait payé pour le croire, et la Sévère lui en donnait pour son argent.

Et, en s'en allant, celle-là dit à Mariette qu'elle avait fait faire une galette et des crêpes chez elle pour les accordailles, et que, quand même madame Blanchet retarderait les accords, il fallait manger le ragoût. Madeleine voulut dire qu'il ne convenait point à une jeune fille d'aller avec un garçon qui n'avait point encore reçu parole de sa parenté.

— En ce cas-là je n'irai point, dit la Mariette toute courroucée.

— Si fait, si fait, vous devez venir, fit la Sévère; n'êtes-vous point maîtresse de vous?

— Non, non, riposta la Mariette; vous voyez bien que ma belle-sœur me commande de rester.

Et elle entra dans sa chambre en jetant la porte; mais elle ne fit qu'y passer, et, sortant par l'autre huisserie de la maison, elle s'en alla rejoindre la Sévère et le galant au bout du pré, en riant et en faisant insolence contre Madeleine.

La pauvre meunière ne put se retenir de pleurer en voyant le train des choses.

FRANÇOIS LE CHAMPI

... Et elle s'en fut mettre son tablier de soie pour recevoir Jean Aubard, qui arriva une heure après avec la grosse Sévère tout endimanchée.

— François a raison, pensa-t-elle, cette fille ne m'aime point et son cœur est ingrat. Elle ne veut point entendre que j'agis pour son bien, que je souhaite son bonheur et que je veux l'empêcher de faire une chose dont elle aura regret. Elle a écouté les mauvais conseils, et je suis condamnée à voir cette malheureuse Sévère porter le chagrin et la malice dans ma famille. Je n'ai pas mérité toutes ces peines, et je dois me rendre à la volonté de Dieu. Il est heureux pour mon pauvre François qu'il y ait vu plus clair que moi. Il aurait bien souffert avec une pareille femme!

Elle le chercha pour lui dire ce qu'elle en pensait; mais elle le trouva pleurant auprès de la fontaine, et, s'imaginant qu'il avait regret de Mariette, elle lui dit tout ce qu'elle put pour le consoler. Mais tant plus elle s'y efforçait, tant plus elle lui faisait de la peine, parce qu'il voyait là dedans qu'elle ne voulait pas comprendre la vérité et que son cœur ne pourrait pas se tourner pour lui en la manière qu'il l'entendait.

Sur le soir, Jeannie étant couché et endormi dans la chambre, François resta un peu avec Madeleine, essayant de s'expliquer. Et il commença par lui dire que Mariette avait une jalousie contre elle, que la Sévère disait des propos et des menteries abominables.

Mais Madeleine n'y entendait malice aucune.

— Et quel propos peut-on faire sur moi? dit-elle simplement; quelle jalousie peut-on mettre dans la tête de cette pauvre petite folle de Mariette? On t'a trompé, François, il y a autre chose : quelque raison d'intérêt que nous saurons plus tard. Tant qu'à la jalousie, cela ne se peut; je ne suis plus d'âge à inquiéter une jeune et jolie fille. J'ai quasi trente ans, et pour une femme de campagne qui a eu beaucoup de peine et de fatigue, c'est un âge à être ta mère. Le diable seul oserait dire que je te regarde autrement que mon fils, et Mariette doit bien voir que je souhaitais de vous marier ensemble. Non, non, ne crois pas qu'elle ait si mauvaise idée, ou ne me le dis pas, mon enfant. Ce serait trop de honte et de peine pour moi.

— Et cependant, dit François en s'efforçant pour en parler encore et en baissant la tête sur le foyer pour empêcher Madeleine de voir sa confusion, M. Blanchet avait une mauvaise idée comme ça quand il a voulu que je quitte la maison!

— Tu sais donc cela, à présent, François? dit Madeleine. Comment le sais-tu? Je ne te l'avais pas dit, et je ne te l'aurais dit jamais. Si Catherine t'en a parlé, elle a mal fait. Une pareille idée doit te choquer et te peiner autant que moi. Mais n'y pensons plus, et pardonnons cela à mon défunt mari. L'abomination en retourne à la Sévère. Mais à présent la Sévère ne peut plus être jalouse de moi. Je n'ai plus de mari, je suis vieille et laide autant qu'elle pouvait le souhaiter dans ce temps-là, et je n'en suis pas fâchée, car cela me donne le droit d'être respectée, de te traiter comme mon fils, et de te chercher une belle et jeune femme qui soit contente de vivre auprès de moi et qui m'aime comme sa mère. C'est toute mon envie, François, et nous la trouverons bien, sois tranquille. Tant pis pour Mariette si elle méconnaît le bonheur que je lui aurais donné. Allons, va coucher, et prends courage, mon enfant. Si je croyais être un empêchement à ton mariage, je te dirais de me quitter tout de suite. Mais sois assuré que je ne peux pas inquiéter le monde, et qu'on ne supposera jamais l'impossible.

François, écoutant Madeleine, pensait qu'elle avait raison, tant il avait l'accoutumance de la croire. Il se leva pour lui dire bonsoir, et s'en alla; mais, en lui prenant la main, voilà que pour la première fois de sa vie il s'avisa de la regarder avec l'idée de savoir si elle était vieille et laide. Vrai est, qu'à force d'être sage et triste, elle se faisait une fausse idée là-dessus, et qu'elle était encore jolie femme autant qu'elle l'avait été.

Et voilà que tout d'un coup François la vit toute jeune et la trouva belle comme la bonne dame, et que le cœur lui sauta comme s'il avait monté au faîte d'un clocher. Et il s'en alla coucher dans son moulin où il avait son lit bien propre dans un carré de planches emmi les saches de farine. Et quand il fut là tout seul, il se mit à trembler et à étouffer comme de fièvre. Et si, il n'était malade que d'amour, car il venait de se sentir brûlé pour la première fois par une grande bouffée de flamme, ayant toute sa vie chauffé doucement sous la cendre.

XXV

Depuis ce moment-là le champi fut si triste, que c'était pitié de le voir. Il travaillait comme quatre, mais il n'avait plus ni joie ni repos, et Madeleine ne pouvait pas lui faire dire ce qu'il avait. Il avait beau jurer qu'il n'avait amitié ni regret pour Mariette, Madeleine ne le voulait croire et ne trouvait nulle autre raison à sa peine. Elle s'affligeait de le voir souffrir et de n'avoir plus sa confiance, et c'était un grand étonnement pour elle que de trouver ce jeune homme si obstiné et si fier dans son dépit.

Comme elle n'était point tourmentante dans son naturel, elle prit son parti de ne plus lui en parler. Elle essaya encore un peu de faire revenir Mariette, mais elle en fut si mal reçue, qu'elle en perdit courage et se tint coi, bien angoissée de cœur, mais ne voulant en rien faire paraître, crainte d'augmenter le mal d'autrui.

François la servait et l'assistait toujours avec le même courage et la même honnêteté que devant. Comme au temps passé, il lui tenait compagnie le plus qu'il pouvait, mais il ne lui parlait plus de la même manière. Il était toujours dans une confusion auprès d'elle. Il devenait rouge comme feu et blanc comme neige dans la même minute, si bien qu'elle le croyait malade et lui prenait le poignet pour voir s'il n'avait pas la fièvre; mais il se retirait d'elle comme si elle lui avait fait mal en le touchant, et quelquefois il lui disait des paroles de reproche qu'elle ne comprenait pas.

Et tous les jours cette peine augmentait entre eux. Pendant ce temps-là le mariage de Mariette avec Jean Aubard allait grand train, et le jour en fut fixé pour celui qui finissait le deuil de mademoiselle Blanchet. Madeleine avait peur de ce jour-là; elle pensait que François en deviendrait fou, et elle voulait l'envoyer passer un peu de temps à Aigurande, chez son ancien maître Jean Vertaud, pour se dissiper. Mais François ne voulait point que la Mariette pût croire ce que Madeleine s'obstinait à penser. Il ne montrait nul ennui devant elle. Il parlait de bonne amitié avec son prétendu, et, quand il rencontrait la Sévère par les chemins, il plaisantait en paroles avec elle, pour lui montrer qu'il ne la craignait pas. Le jour du mariage, il voulut y assister; et, comme il était tout de bon content de voir cette petite fille quitter la maison et débarrasser Madeleine de sa mauvaise amitié, il ne vint à l'idée de personne qu'il s'en fût jamais coiffé. Madeleine mêmement commença à croire la vérité là-dessus, ou à penser tout au moins qu'il était consolé. Elle reçut les adieux de Mariette avec son bon cœur accoutumé; mais, comme cette jeunesse avait gardé une pique contre elle à cause du champi, elle vit bien qu'elle en était quittée sans regret ni bonté. Coutumière de chagrin qu'elle était, la bonne Madeleine pleura de sa méchanceté et pria le bon Dieu pour elle.

Et quand ce fut au bout d'une huitaine, François lui dit tout d'un coup qu'il avait affaire à Aigurande et qu'il s'en allait y passer cinq ou six jours, de quoi elle ne s'étonna point et se réjouit même, pensant que ce changement ferait du bien à sa santé, car elle le jugeait malade pour avoir trop étouffé sa peine.

Tant qu'à François, cette peine dont il paraissait revenu lui augmentait tous les jours dans le cœur. Il ne pouvait penser à autre chose, et, qu'il dormît ou qu'il veillât, qu'il fût loin ou près, Madeleine était toujours dans son sang et devant ses yeux. Il est bien vrai que toute sa vie s'était passée à l'aimer et à songer d'elle. Mais jusqu'à ces temps derniers ce pensement avait été son plaisir et sa consolation, au lieu que c'était devenu d'un coup tout malheur et tout désarroi. Tant qu'il s'était contenté d'être son fils et son ami, il n'avait rien souhaité de mieux sur la terre. Mais, l'amour changeant son idée, il était malheureux comme une pierre. Il s'imaginait qu'elle ne pourrait jamais changer comme lui. Il se reprochait d'être trop jeune, d'avoir été connu trop malheureux et trop enfant, d'avoir donné trop de peine et d'ennui à cette pauvre femme, de ne lui être point un sujet de fierté, mais de souci et de compassion. Enfin, elle était si belle et si aimable dans son idée, si au-dessus de lui et si à désirer, que, quand elle disait qu'elle était hors d'âge et de beauté, il pensait qu'elle se posait comme cela pour l'empêcher de prétendre à elle.

Cependant la Sévère et la Mariette, avec leur clique, commençaient à la déchirer hautement à cause de lui, et il avait grand'peur que le scandale lui en revenant aux oreilles, elle n'en prît de l'ennui et souhaitât de le voir partir. Il se disait qu'elle avait trop de bonté pour le lui demander, mais qu'elle souffrirait encore pour lui comme elle en avait déjà souffert, et il pensa à aller demander conseil sur tout cela à M. le curé d'Aigurande, qu'il avait reconnu pour un homme juste et craignant Dieu.

Il y alla, mais ne le trouva point. Il s'était absenté pour aller voir son évêque, et François s'en revint coucher au moulin de Jean Vertaud, acceptant d'y passer deux ou trois jours à leur faire visite, en attendant que M. le curé fût de retour.

Il trouva son brave maître toujours aussi galant homme et bon ami qu'il l'avait laissé, et il trouva aussi son honnête fille Jeannette en train de se marier avec un bon sujet qu'elle prenait un peu plus par raison que par folleté, mais pour qui elle avait heureusement plus d'estime que de répugnance. Cela mit François plus à l'aise avec elle qu'il n'avait encore été, et, comme le lendemain était un dimanche, il causa longuement avec elle, et lui marqua la confiance de lui raconter toutes les peines dont il avait eu contentement de sauver madame Blanchet.

Et, de fil en aiguille, Jeannette, qui était assez clairvoyante, devina bien que cette amitié-là secouait le champi plus fort qu'il ne le disait. Et tout d'un coup elle lui prit le bras et lui dit :

— François, vous ne devez plus rien me cacher. A présent, je suis raisonnable, et vous voyez, je n'ai pas honte de vous dire que j'ai pensé à vous plus que vous n'avez pensé à moi. Vous le saviez et vous n'y avez pas répondu. Mais vous ne m'avez pas voulu tromper, et l'intérêt ne vous a pas fait faire ce que bien d'autres eussent fait en votre place. Pour cette conduite-là, et pour la fidélité que vous avez gardée à une femme que vous aimiez mieux que tout, je vous estime, et, au lieu de renier ce que j'ai senti pour vous, je suis contente de m'en ressouvenir. Je compte que vous me considérerez d'autant mieux que je vous le dis, et que vous me rendrez cette justice de reconnaître que je n'ai eu dépit ni rancune de votre sagesse. Je veux vous en donner une plus grande marque, et voilà comme je l'entends. Vous aimez Madeleine Blanchet, non pas tout bonnement comme une mère, mais bien bellement comme une femme qui a de la jeunesse et de l'agrément, et dont vous souhaiteriez d'être le mari.

— Oh! dit François rougissant comme une fille, je l'aime comme ma mère, et j'ai du respect plein le cœur.

— Je n'en fais pas doute, reprit Jeannette; mais vous l'aimez de deux manières, car votre figure me dit l'une, tandis que votre parole me dit l'autre. Eh bien, François, vous n'osez lui dire, à elle, ce que vous n'osez non plus me confesser, et vous ne savez point si elle peut répondre à vos deux manières de l'aimer.

Jeannette Vertaud parlait avec tant de douceur, de raison, et se tenait devant François d'un air d'amitié si véritable, qu'il n'eut point le courage de mentir, et, lui serrant la main, il lui dit qu'il la considérait comme sa sœur et qu'elle était la seule personne au monde à qui il avait le courage de donner ouverture à son secret.

Jeannette alors lui fit plusieurs questions, et il y répondit en toute vérité et assurance. Et elle lui dit:

— Mon ami François, me voilà au fait. Je ne peux pas savoir ce qu'en pensera Madeleine Blanchet; mais je vois fort bien que vous resteriez dix ans auprès d'elle sans avoir la hardiesse de lui dire votre peine. Eh bien, je le saurai pour vous et je vous le dirai. Nous partirons demain, mon père, vous et moi, et nous irons comme pour faire connaissance et visite d'amitié à l'honnête personne qui a élevé notre ami François; vous promènerez mon père dans la propriété, comme pour lui demander conseil, et je causerai durant ce temps-là avec Madeleine. J'irai bien doucement, et je ne dirai votre idée que quand je serai en confiance sur la sienne.

François se mit quasiment à genoux devant Jeannette pour la remercier de son bon cœur, et l'accord en fut fait avec Jean Vertaud, que sa fille instruisit du tout avec la permission du champi,

Ils se mirent en route le lendemain, Jeannette en croupe derrière son père, et François alla une heure en avant pour prévenir Madeleine de la visite qui lui arrivait.

Ce fut à soleil couchant que François revint au Cormouer. Il attrapa en route toute la pluie d'un orage; mais il ne s'en plaignit pas, car il avait bon espoir dans l'amitié de Jeannette, et son cœur était plus aise qu'au départ. La nuée s'égouttait sur les buissons, et les merles chantaient comme des fous pour une risée que le soleil leur envoyait avant de se cacher derrière la côte du Grand-Corlay. Les oisillons, par grand'bandes, voletaient devant François de branche en branche, et le piaulis qu'ils faisaient lui réjouissait l'esprit. Il pensait au temps où il était tout petit enfant et où il s'en allait rêvant et baguenaudant par les prés, et sifflant pour attirer les oiseaux. Et là-dessus il vit une belle pive, que dans d'autres endroits on appelle bouvreuil, et qui frétillait à l'entour de sa tête comme pour lui annoncer bonne chance et bonne nouvelle. Et cela le fit ressouvenir d'une chanson bien ancienne que lui disait sa mère Zabelle pour l'endormir, dans le parlage du vieux temps de notre pays :

> Une pive
> Cortive,
> Auc ses piviots,
> Cortiviots,
> Livardiots,
> S'en va pivant
> Livardiant,
> Cortiviant.

Madeleine ne l'attendait pas sitôt à revenir. Elle avait même eu crainte qu'il ne revînt plus du tout, et, en le voyant, elle ne put se retenir de courir à lui et de l'embrasser, ce qui fit tant rougir le champi, qu'elle s'en étonna. Il l'avertit de la visite qui venait, et, pour qu'elle n'en prît pas d'ombrage, car on eût dit qu'il avait autant de peur de se faire deviner qu'il avait de chagrin de ne l'être point, il lui fit entendre que Jean Vertaud avait quelque idée d'acheter du bien dans le pays.

Alors Madeleine se mit en besogne de tout préparer pour fêter de son mieux les amis de François.

Jeannette entra la première dans la maison, pendant que son père mettait leur cheval à l'étable; et, dès le moment qu'elle vit Madeleine, elle l'aima de grande amitié, ce qui fut réciproque; et, commençant par une poignée de main, elles se mirent quasi tout aussitôt à s'embrasser comme pour l'amour de François et à se parler sans embarras, comme si de longtemps elles se connaissaient. La vérité est que c'étaient deux bons naturels de femme et que la paire valait gros. Jeannette ne se défendait point d'un reste de chagrin en voyant Madeleine tant chérie de l'homme qu'elle aimait peut-être encore un brin; mais il ne lui en venait point de jalousie, et elle voulait s'en reconsoler par la bonne action qu'elle faisait. De son côté, Madeleine, voyant cette fille bien faite et de figure avenante, s'imagina que c'était pour elle que François avait eu de l'amour et du regret, qu'elle lui était accordée et qu'elle venait lui en faire part elle-même; et pour son compte elle n'en prit point de jalousie non plus, car elle n'avait jamais songé à François que comme à l'enfant qu'elle aurait mis au monde.

Mais dès le soir, après souper, pendant que le père Vertaud, un peu fatigué de la route, allait se mettre au lit, Jeannette emmena Madeleine dehors, faisant entendre à François de se tenir à un peu d'éloignement avec Jeannie, de manière à venir quand il la verrait de loin rabattre son tablier, qui était relevé sur le côté; et alors elle fit sa commission en conscience, et si adroitement, que Madeleine n'eut pas le loisir de se récrier. Et si, elle fut beaucoup étonnée à mesure que la chose s'expliquait. D'abord elle crut voir que c'était encore une marque du bon cœur de François, qui voulait empêcher les mauvais propos et se rendre utile à elle pour toute sa vie. Et elle voulait refuser, pensant que c'était trop de religion pour un si jeune homme de vouloir épouser une femme plus âgée que lui; qu'il s'en repentirait plus tard et ne pourrait lui garder longtemps sa fidélité sans avoir de l'ennui et du regret. Mais Jeannette lui fit connaître que le champi était amoureux d'elle si fort et si rude, qu'il en perdait le repos et la santé.

FRANÇOIS LE CHAMPI

... Car ils y étaient encore à minuit, et elle pleurait de joie, et il la remerciait à deux genoux de ce qu'elle l'acceptait pour son mari.

Ce que Madeleine ne pouvait s'imaginer, car elle avait vécu en si grande sagesse et retenue, ne se faisant jamais belle, ne se montrant point hors de son logis et n'écoutant aucun compliment, qu'elle n'avait plus idée de ce qu'elle pouvait paraître aux yeux d'un homme.

— Et enfin, lui dit Jeannette, puisqu'il vous trouve tant à son gré et qu'il mourra de chagrin si vous le refusez, voulez-vous vous obstiner à ne point voir et à ne point croire ce qu'on vous dit? Si vous le faites, c'est que ce pauvre enfant vous déplaît et que vous seriez fâchée de le rendre heureux.

— Ne dites point cela, Jeannette, répondit Madeleine; je l'aime presque autant, si ce n'est autant que mon Jeannie, et, si j'avais deviné qu'il m'eût dans son idée d'une autre manière, il est bien à croire que je n'aurais pas été aussi tranquille dans mon amitié. Mais, que voulez-vous? je ne m'imaginais rien comme cela, et j'en suis encore si étourdie dans mes esprits, que je ne sais comment vous répondre. Je vous en prie de me donner le temps d'y penser et d'en parler avec lui, pour que je puisse connaître si ce n'est point une rêvasserie ou un dépit d'autre chose qui le pousse, ou encore un devoir qu'il veut me rendre; car j'ai peur de cela surtout, et je trouve qu'il m'a bien assez récompensée du soin que j'ai pris de lui, et que me donner sa liberté et sa personne encore, ce serait trop, à moins qu'il ne m'aime comme vous croyez.

Jeannette, entendant cela, rabattit son tablier, et François, qui ne se tenait pas loin et qui avait les yeux sur elle, vint à leur côté. Jeannette adroitement demanda à Jeannie de lui montrer la fontaine, et ils s'en allèrent, laissant ensemble Madeleine et François.

Mais Madeleine, qui s'était imaginé pouvoir questionner tout tranquillement le champi, se trouva du coup interdite et honteuse comme une fille de quinze ans; car ce n'est pas l'âge, c'est l'innocence de l'esprit et de la conduite qui fait cette honte-là, si agréable et si honnête à voir; et François, voyant sa chère mère devenir rouge comme lui et trembler comme lui, devina que cela valait encore mieux pour lui que son air tranquille de tous les jours. Il lui prit la main et le bras, et il ne put lui rien dire du tout. Mais, comme tout en tremblant elle voulait aller du côté où étaient Jeannie et Jeannette, il la retint comme de force et la fit retourner avec lui. Et Madeleine, sentant comme sa volonté le rendait hardi de résister à la sienne, comprit mieux que par des paroles que ce n'était plus son enfant le champi, mais son amoureux François qui se promenait à son côté.

Et quand ils eurent marché un peu de temps sans se parler, mais en se tenant par le bras, aussi serrés que la vigne à la vigne, François lui dit :

— Allons à la fontaine, peut-être y trouverai-je ma langue.

Et, à la fontaine, ils ne trouvèrent plus ni Jeannette ni Jeannie, qui étaient rentrés. Mais François retrouva le courage de parler en se souvenant que c'était là qu'il avait vu Madeleine pour la première fois, et là aussi qu'il lui avait fait ses adieux onze ans plus tard. Il faut croire qu'il parla très-bien et que Madeleine n'y trouva rien à répondre, car ils y étaient encore à minuit, et elle pleurait de joie, et il la remerciait à deux genoux de ce qu'elle l'acceptait pour son mari.

— Là finit l'histoire, dit le chanvreur, car des noces j'en aurais trop long à vous dire ; j'y étais, et le même jour que le champi épousa Madeleine, à la paroisse de Mers, Jeannette se mariait aussi à la paroisse d'Aigurande. Et Jean Verlaud voulut que François et sa femme, et Jeannie, qui était bien content de tout cela, avec tous leurs amis, parents et connaissances, vinssent faire chez lui comme un retour de noce, qui fut des plus beaux, honnête et divertissant comme jamais je n'en vis depuis.

— L'histoire est donc vraie de tous points ? demanda Sylvine Courtioux.

— Si elle ne l'est pas, elle le pourrait être, répondit le chanvreur, et, si vous ne me croyez, allez-y voir.

FIN DE FRANÇOIS LE CHAMPI.

PROMENADES

AUTOUR D'UN VILLAGE

PROMENADES

AUTOUR D'UN VILLAGE

1857.

I

Dans les derniers jours de juin 1857, je me mis en route avec deux compagnons qui ne demandaient qu'à courir, un naturaliste et un artiste, qui est, en même temps, naturaliste amateur. Il s'agissait pour eux d'explorer sous certains rapports la faune entomologique, en langue vulgaire la nature des insectes qui habitent notre département. N'étant qu'un parfait ignorant pour mon compte, je leur avais seulement promis, en leur servant de guide, un charmant pays à parcourir.

Mais, avant d'aller plus loin, il faut que, pour la facilité de mon récit, je baptise ces deux personnages que j'accompagne. Je leur laisserai les noms dont ils s'étaient gratifiés l'un l'autre dans leurs promenades entomologiques. L'artiste est, à ses moments perdus, grand collectionneur et préparateur de premier ordre. Un charmant petit papillon bleu fort commun était tombé en poussière à la collection, et notre ami est si difficile dans le choix des individus qu'il juge digne d'y figurer, qu'il n'en trouve pas toujours un sur cent. Il poursuivit donc, durant toute une saison, la jolie lycænide *amyntas*. De là le nom bucolique d'Amyntas qu'il porte fort complaisamment et dont je ne vois pas, au reste, qu'il ait sujet de se fâcher.

Le naturaliste, un savant modeste, bien que très-connu à Paris de tous les amateurs d'entomologie, était absorbé, depuis quelques jours, dans la recherche des coques de certaines chrysalides sur les branches mortes de certains arbres. De là le nom pompeux de *Chrysalidor*, gracieusement accepté par notre compagnon.

On partit par une matinée très-fraîche, munis de provisions de bouche, à seules fins de gagner du temps en route, car on trouve partout à manger maintenant dans notre Bas-Berry; mais on n'y est pas encore très-vif. Le Berrichon des plaines n'est jamais pressé, et avec lui il faut savoir attendre. Or nous voulions arriver et ne pas perdre les belles heures du jour à voir tourner les broches, lesquelles tournent aussi gravement que les gens du pays. Quant aux tables, je doute qu'elles y tournent jamais, ou ce serait avec une nonchalance si désespérante, que les plus fervents adeptes s'endormiraient au lieu de penser à les interroger.

Nous déjeunâmes donc sur l'herbe, dans les ruines d'une vieille forteresse, et, deux heures après, nous quittions la route pour un chemin vicinal non achevé, et plus gracieux à la vue que facile aux voitures.

Nous avions traversé un pays agréable, des ondulations de terrain fertile, de jolis bois penchés sur de belles prairies, et partout de larges horizons bleus qui rendent l'aspect de la contrée assez mélancolique.

Mais je me rappelais avoir vu par là un site bien autrement digne de remarque, et, quand le chemin se précipita de manière à nous forcer de descendre à pied, j'invitai mes naturalistes, fureteurs de buissons, à jeter les yeux sur le cadre qui les environnait.

Au milieu des vastes plateaux mouvementés qui se donnent rendez-vous comme pour se toucher du pied, en s'abaissant vers une sinuosité cachée aux regards, le sol se déchire tout à coup, et dans une brisure d'environ deux cents mètres de profondeur, revêtue de roches sombres ou de talus verdoyants, coule, rapide et murmurante, la Creuse aux belles eaux bleues rayées de rochers blancs et de remous écumeux. C'est cette grande brisure qui se découvrait tout à coup au détour du chemin et qui ravissait nos regards par un spectacle aussi charmant qu'inattendu. En cet endroit, le torrent forme un fer à cheval autour d'un mamelon fertile couvert de blondes moissons. Ce mamelon, incliné jusqu'au lit de la Creuse, ressemble à un éboulement qui aurait coulé paisiblement entre les deux remparts de rochers, lesquels se relèvent de chaque côté et enferment, à perte de vue, le cours de la rivière dans les sinuosités de leurs murailles dentelées.

Le contraste de ces âpres déchirements et de cette eau agitée, avec la placidité des formes environnantes, est d'un *réussi* extraordinaire. C'est une petite Suisse qui se révèle au sein d'une contrée où rien n'annonce les beautés de la montagne. Elles y sont pourtant discrètement cachées et petites de proportions, il est vrai, mais vastes de courbes et de perspectives, et infiniment heureuses dans leurs mouvements souples et fuyants. Le torrent et ses précipices n'ont pas de terreurs pour l'imagination. On sent une nature abordable et comme qui dirait des abîmes hospitaliers. Ce n'est pas sublime d'horreur; mais la douceur a aussi sa sublimité, et rien n'est doux à l'œil et à la pensée comme cette terre généreuse soumise à l'homme, qui semble ne s'être permis de montrer ses dents de pierre que là où elles servent à soutenir les cultures penchées au bord du ravin.

Quand vous interrogez une de ces mille physionomies que revêt la nature à chaque pas du voyageur, ne vous vient-il pas toujours à l'idée de la personnifier dans l'image d'une déesse aux traits humains? La terre est femelle, puisqu'elle est essentiellement mère. C'est donc une déité aux traits changeants, et elle se symbolise par une beauté de femme tour à tour souriante et désespérée, austère et pompeuse, voluptueuse et chaste. Le travail de l'homme, jusqu'à ce jour ennemi de sa beauté, réussit à lui ôter toute physionomie, et cela sur de grandes étendues de pays. Livrée à elle-même, elle trouve toujours moyen d'être belle ou frappante d'une manière quelconque. Voilà pourquoi, dès qu'on aborde une région où les conquêtes de la culture n'ont pu effacer la trace des grands bouleversements ou des grands nivellements primitifs, on est saisi d'émotion et de respect.

Cette émotion tient du vertige devant les scènes grandioses des hautes montagnes et les débris formidables des grands cataclysmes. Rien de semblable ici. C'est un mouvement gracieux de la bonne déesse; mais dans ce mouvement, dans ce pli facile de son vêtement frais, on sent la force et l'ampleur de ses allures. Elle est là comme couchée de son long sur les herbes, baignant ses pieds blancs dans une eau courante et pure; c'est la puissance en repos; c'est la bonté calme des dieux amis. Mais il n'y a rien de mou dans ses formes, rien d'énervé dans son sourire. Elle a la souveraine tranquillité des immortels, et, toute mignonne et délicate qu'elle se montre, on sent que c'est d'une main formidablement aisée qu'elle a creusé ce vaste et délicieux jardin dans cet horizon de son choix.

Ce jardin naturel qui s'étend sur les deux rives de la Creuse, c'est l'oasis du Berry. Chère petite Indre froide et muette de nos prairies, pardonne-le-nous! tu es notre compagne légitime; mais nous tous qui habitons tes rives étroites et ombragées, nous sommes les amoureux de la Creuse, et, quand nous avons trois jours de liberté, nous te fuyons pour aller tremper le bout de nos doigts dans les petits flots mutins de la Naïade de Châteaubrun et de Crozant. Les bons bourgeois et les jeunes poëtes de nos petites villes vont voir ces rochers, après lesquels ils croient naïvement que les Alpes et les Pyrénées n'ont plus rien à leur apprendre. Faisons comme eux, oublions le mont Blanc et le pic du Midi. Oublions même Mayorque et l'Auvergne, et le Soracte plus facile à oublier. Qu'importe la dimension des choses! C'est l'harmonie de la couleur et la proportion des formes qui constituent la beauté. Le sentiment de la grandeur se révèle parfois aussi bien dans la pierre antique gravée d'un chaton de bague que dans un colosse d'architecture.

La journée était devenue brûlante, nos chevaux avaient faim et soif : nous descendîmes au village du Pin, où le chemin finissait. Mais le malheureux village, il est assis au bord du ravin de la Creuse, et il lui tourne le dos! Pas une maison, pas un œil qui se soucie de plonger dans cette belle profondeur; les habitants aiment mieux regarder leur chemin neuf et poudreux et le talus aride qui l'enferme.

Malgré cette absence de goût, on peut dire, comme dans les relations des grands voyages, que les habitants de ce lieu sont *fort affables*. Nous sommes encore en plein Berry, et pourtant ce sont d'autres types, d'autres manières, d'autres costumes que ceux des bords de l'Indre. L'air avenant, l'obligeance hospitalière, la confiance soudaine, je ne sais quelle familiarité sympathique, voilà d'emblée, et de la part de toutes gens, un bon accueil assuré. En un instant, étables et granges s'ouvrent pour remiser au mieux notre véhicule et recevoir nos chevaux.

— Ah! vous voilà enfin revenu chez nous? dit, derrière moi, une voix d'homme en m'appelant par mon nom. Votre cheval blanc ne valait pas ceux-ci. Et votre fils, où est-il donc? Je ne le vois pas. Où voulez-vous aller, cette fois? A la Roche-Martin ou à la Preugne-au-Pot? Nous aurons, j'espère, meilleur temps que la dernière fois, et nous passerons la rivière sans danger dans le bateau.

Cet homme, qui me parlait de nos dernières courses avec lui en 1844, comme s'il se fût agi d'hier, et dont je reconnaissais la figure de contrebandier espagnol, c'était Moreau, le pêcheur de truites, le loueur d'ânes et de chevaux, le messager, le guide, le factotum actif et intelligent des voyageurs en Creuse.

— Conduisez-nous à l'autre village, lui dis-je, vos chemins sont tout changés; je ne me reconnais plus.

— Ah! dame! nos chemins sont mieux dessinés qu'autrefois. On va plus droit; mais ils ne sont pas encore commodes aux voitures, et vous irez plus vite à pied.

— C'est notre intention d'aller à pied.

— Alors, marchons.

— J'ai grand'soif, dit Amyntas en soupirant.

— Voulez-vous du lait de ma chèvre? lui cria une pauvre femme devant la porte de laquelle nous passions.

Amyntas accepta, tout joyeux d'avoir à donner à cette aimable villageoise une pièce de monnaie. Elle ne la refusa pas, mais elle la reçut avec étonnement.

— Comment, dit-elle, vous voulez payer une écuellée de lait? Ça n'en valait pas la peine, et j'étais bien aise de vous l'offrir.

— Vous ne me connaissez pourtant pas?

— Non; mais on aime à faire plaisir aux passants.

— Oh! oh! me dit Amyntas, sommes-nous donc déjà si loin de la Vallée noire? Je n'y ai jamais vu un paysan prévenir les désirs d'un inconnu. Je sais bien que ce n'est pas avarice, mais c'est méfiance ou timidité.

Le soleil baissait; nous ne savions pas où nous trouverions à dîner et à coucher, et, une fois engagés dans le ravin, où la nuit se fait de bonne heure et où les sentiers ne sont vraiment pas commodes, il n'y a rien de mieux à faire que de s'en remettre à la Providence. Amyntas doubla le pas en chantant. Chrysalidor ne chantait pas; il ne pensait même plus à récolter des insectes. Tandis que son compagnon s'enivrait de bien-être et de mouvement, il était tranquillement ravi du charme particulier de ce doux et agreste paysage. Tout savant exact et chercheur minutieux qu'il soit, il connaît les jouissances de l'artiste, il n'a pas l'intelligence atrophiée par l'amour du détail. Il comprend et il aime l'ensemble. Il sait respirer la saveur du grand tout. Cependant il voyait comme qui dirait des deux yeux. Il en avait un pour le grand aspect du temple de la nature, et l'autre pour les pierres précieuses qui en revêtent le sol et les parois.

— Je vois ici, nous dit-il, une flore tout à coup différente de celle que nous traversions il y a un quart d'heure. Voici des plantes de montagne qui ont le *facies* méridional : où donc sommes-nous? Je n'y comprends plus rien. Et cette chaleur écrasante à l'heure où l'air devrait fraîchir, la sentez-vous? Il n'y a pourtant pas un nuage au ciel.

— Si je la sens? répondit Amyntas. Je le crois bien! Nous sommes pour le moins en Afrique.

— Il serait fort possible, reprit le savant d'un air absorbé, que nous fissions ici quelque *rencontre* étonnante!

— Oh! n'ayez pas peur, monsieur, s'écria Moreau, qui crut que notre savant s'attendait à rencontrer tout au moins quelque lion de l'Atlas. Il n'y a point ici de méchantes bêtes.

Le chemin fit encore un coude, et le village, le vrai village cherché, se présenta magnifiquement éclairé, sous nos pieds. Il faut arriver là au soleil couchant ; chaque chose a son heure pour être belle.

C'est un nid bâti au fond d'un entonnoir de collines rocheuses où se sont glissées des zones de terre végétale. Au-dessus de ces collines s'étend un second amphithéâtre plus élevé. Ainsi de toutes parts le vent se brise au-dessus de la vallée, et de faibles souffles ne pénètrent au fond de la gorge que pour lui donner la fraîcheur nécessaire à la vie. Vingt sources, courant dans les plis du rocher, ou surgissant dans les enclos herbus, entretiennent la beauté de la végétation environnante.

La population est de six à sept cents âmes. Les maisons se groupent autour de l'église, plantée sur le rocher central, et s'en vont en pente, par des ruelles étroites, jusque vers le lit d'un délicieux petit torrent dont, à peu de distance, les eaux se perdent encore plus bas dans la Creuse.

C'est un petit chef-d'œuvre que l'église romano-byzantine. La commission des monuments historiques l'a fait réparer avec soin. Elle est parfaitement homogène de style au dehors et charmante de proportions. A l'intérieur, le plein cintre et l'ogive molle se marient agréablement. Les détails sont d'un grand goût et d'une riche simplicité. On descend par un bel escalier à une crypte qui prend vue sur le ravin et le torrent. Mais, des curieuses fresques que j'ai vues autrefois dans cette crypte, il ne reste que des fragments épars, quelques personnages vêtus à la mode de Charles VII et de Louis XI, des scènes religieuses d'une laideur naïve et d'un sens énigmatique. Ailleurs, quelques anges aux longues ailes effilées, d'un dessin assez élégant et portant sur la poitrine des écussons effacés. Malgré la sécheresse de la roche, l'humidité dévore ces précieux vestiges.

Quelque source voisine a trouvé assez récemment le moyen de suinter dans le mur où j'ai encore vu, il y a trente ans, les restes d'une danse macabre extrêmement curieuse. Les personnages glauques semblaient se mouvoir dans la mousse verdâtre qui envahissait le mur : c'était d'un ton inouï en peinture et d'un effet saisissant.

Le Christ assis, nimbé entièrement, qui surmonte le maître-autel de la nef supérieure, est d'une époque plus primitive, contemporaine, je crois, de la construction de l'église. Je l'ai toujours vu aussi frais qu'il l'est maintenant, et je suppose qu'il avait été, dès lors, restauré par quelque artiste de village, qui lui a conservé, par instinct, conscience ou tradition, sa naïveté barbare. Tant il y a qu'on jurerait d'une fresque exécutée d'hier par un de ces peintres gréco-byzantins qui, en l'an 1000, parcouraient nos campagnes et décoraient nos églises rustiques.

II

Le tombeau de Guillaume de Naillac, seigneur du lieu au treizième siècle, représente un personnage couché, vêtu d'une longue robe, l'aumônière au flanc, la tête appuyée sur un coussin que soutiennent deux angelots. Sa colossale épée repose près de lui; à ses pieds est le *léopard passant* de son blason. Il y a trente ans, ce sévère personnage était encore en grande vénération, sous le nom grotesque et la renommée cynique d'un certain saint que l'on ne doit pas nommer en bonne compagnie. Je ne sais quel honnête curé a trouvé moyen de détruire cette superstition et de conserver le sire de Naillac en bonne odeur auprès des dévots de sa paroisse, en faisant de lui (à tort, il est vrai), le fondateur de l'église; si bien qu'aujourd'hui on vous montre l'ancien saint sous ce titre prosaïque : l'*entrepreneur de bâtiment*. Son nez et sa bouche sont entaillés de coupures qui l'ont un peu défiguré. L'usage était encore, il y a trente ans, de gratter ainsi au couteau certaines statues, et même certaines pierres. La poudre qu'on en retirait était mêlée à un verre d'eau que s'administraient les femmes stériles.

Cette précieuse église était bâtie au centre de l'antique forteresse dont les tours et la muraille ruinées jalonnent l'ancien développement sur le roc escarpé. Le château moderne, bâti au siècle dernier dans un style quasi monastique, soutient le chevet de l'église. L'ancienne porte, flanquée de deux tours, espacée d'une ogive au-dessus de laquelle se dessinent les coulisses destinées à la herse, sert encore d'entrée au manoir. Le pied des fortifications plonge à pic dans le torrent. Nul château n'a une situation plus étrangement mystérieuse et romantique. Un seul grand arbre ombrage la petite place du bourg, qui, d'un côté, domine le précipice, et, de l'autre, se pare naturellement d'un énorme bloc isolé d'une forme et d'une couleur excellentes. Arbre, place, ravin, herse, église, château et rocher, tout cela se tient et forme, au centre du bourg, un tableau charmant et singulier qui ne ressemble qu'à lui-même.

Le châtelain actuel est un solide vieillard de quatre-vingts ans qui s'en va encore tout seul, à pied, par une chaleur torride, à travers les sentiers escarpés de ses vastes domaines. Riche de cinquante mille livres de rente, dit-on, il n'a jamais rien restauré que je sache; mais il n'a jamais rien détruit; sachons-lui en gré. Les pans écroulés de ses vieilles murailles sombres dentellent son rocher dans un désordre pittoresque, et les longs épis historiés de ses girouettes tordues et penchées sur ses tours d'entrée ne peuvent être taxés d'imitation et de charlatanisme.

Un autre monument du village, c'est une maison renaissance fort élégante d'aspect, habitée par des paysans. Elle tombe en ruines. A quelque distance, on la croirait bâtie en beaux moellons de granit; mais, comme toutes les autres, elle n'est qu'en pierre feuilletée et schisteuse de la localité. On l'a seulement revêtue de filets de mastic blanchâtre en relief, qui font un trompe-l'œil très-harmonieux. Son pignon aigu est percé d'une petite fenêtre soutenue par un meneau déjeté, en vrai granit, taillé en prisme. La porte cintrée est enfoncée sous le balcon de bois du premier étage et sous l'avancement de l'escalier, lequel est formé de gros blocs irréguliers à peine dégrossis. Une vigne folle court sur le tout et complète la physionomie pittoresque de cette élégante et misérable demeure, dont un appendice écroulé gît à son flanc depuis des siècles, sans qu'il soit question d'ôter les décombres.

Au reste, cette maison, dans ses dispositions générales, paraît avoir servi de modèle à toutes celles du village. Sauf les grands pignons, qui ont été remplacés par des toits tombants, communs à plusieurs habitations mitoyennes, toutes sont construites sur le même plan. Le rez-de-chaussée, avec une porte à cintre surbaissé, ou à linteau droit, formée d'une seule pierre gravée en arc à contre-courbe, n'est qu'un cellier dont l'entrée s'enfonce sous le balcon du premier étage, quelquefois entre deux escaliers de sept à huit marches assez larges, descendant de face. Au premier, une ou deux chambres; au dessus, un grenier dont la mansarde en bois ne manque pas de caractère. Beaucoup de ces maisons paraissent dater du quatorzième ou du quinzième siècle. Elles ont des murs épais de trois ou quatre pieds, et d'étroites fenêtres à embrasures profondes, avec un banc de pierre posé en biais. On a presque partout remplacé le manteau des antiques cheminées par des cadres de bois; mais les traces de leurs grandes ouvertures se voient encore dans la muraille. Les chambres de ces vieilles maisons rustiques sont mal éclairées, d'autant plus qu'elles sont très-spacieuses. Le plafond à solives nues est parfois séparé en deux par une poutre transversale et s'inclinant, en forme de toit, des deux côtés. Le pavé est en dalles brutes, inégales et raboteuses. L'ameublement se compose toujours de grands lits à dossier élevé, à couverture d'indienne piquée, et à rideaux de serge verte ou jaune sortant d'un lambrequin découpé, de hautes armoires très-belles, de tables massives et de chaises de paille. Le coucou y fait entendre son bruit monotone, et les accessoires encombrent les solives; partout le filet de pêche et le fusil de chasse.

Il y a, dans ce village, des constructions plus modernes, des maisonnettes neuves et blanches, crépies à l'extérieur, et dont les entourages, comme ceux du château, sont en brique rouge. Grâce à leurs petits perrons et aux vignes feuillues qui s'y enlacent, elles ne sont pas trop disparates à côté des constructions primitives qui montrent leurs flancs de pierres sèches d'un brun roux, leurs toits de vieilles tuiles toutes pareilles de ton et de forme à cette pierre plate du pays, et leurs antiques encadrements de granit à pans coupés. La couleur générale est sombre, mais harmonieuse, et les grands noyers environnants jettent encore leur ombre à côté de celle des ruines de la forteresse.

— Les maisons sont chères ici, nous dit notre guide. Vous voyez, il n'y a pas de place pour bâtir : le rocher ne veut pas.

— Qu'est-ce que vous appelez chères, dans ce pays-ci ?

— De cinq cents à mille francs, suivant la bonté de la carcasse.

— Croyez-vous qu'on pourrait trouver ici des chambres pour passer la nuit ?

— Tenez ! dit-il en marchant devant nous pour ouvrir une porte qui n'avait pas de gâche à la serrure, regardez si ça vous convient.

Nous montâmes l'inévitable perron, dont les rampes sont toujours revêtues de grands carrés de micaschiste jaune brun ou de galets granitiques des bords de la Creuse, ce qui rappelle les constructions pyrénéennes en dalles de baatte et en cailloux des gaves. Nous trouvâmes là deux petites chambres blanchies à la chaux, plafonnées en bois brut, meublées de lits de merisier et de grosses chaises tressées de paille. C'était très-propre. Nous voilà logés.

II

Il s'agissait de dîner.

— Dîner ? s'écria Moreau, la belle affaire ! Regardez ! le village est rempli de poules et de poulets qui ne sont pas farouches. On en aura vite attrapé deux ou trois. Voyez combien de vaches rentrent du pré ! Chacun à la sienne, tout au moins. Croyez-vous qu'on manque ici de lait et de beurre? Et les œufs ! il n'y a qu'à se baisser pour en ramasser. Enfin la Creuse n'est pas loin. Je m'y en vas donner un coup d'épervier, et, si je ne vous rapporte pas une belle truite, à tout le moins je trouverai bien une belle friture de tacons.

Or le tacon est le saumon en bas âge ; les saumons de mer, remontant la Loire, viennent frayer dans les eaux vives de la Creuse, et ce n'est point là un mets à dédaigner. On n'a pas encore à se tourmenter ici de pisciculture, à moins que ce ne soit pour étudier les procédés de l'ingénieuse et bonne nature, afin de les appliquer en d'autres pays. Outre ce menu, nous avions cueilli en route de beaux ceps. Tout cela était fort alléchant pour des gens affamés, même ces pauvres poulets qui couraient encore. Mais il fallait une cuisine et une femme, car aucun de nous ne possédait les utiles talents de l'auteur des *Impressions de voyage*.

— De quoi diable vous inquiétez-vous? dit le guide. Il y a ici une auberge dont la maîtresse cuisinerait pour un archevêque. C'est elle qui vous prêtera les chambres où vous voilà, à condition que vous irez dîner chez elle, en haut du village. Est-ce convenu? restez-vous ici? Je vas commander la soupe. En attendant, descendez ce chemin, et vous vous trouverez à la rencontre de la petite rivière et de la grande. Restez-y une heure et revenez : tout sera prêt, même le café, car je me souviens que vous n'aimez point à vous passer de ça.

— Mais je me reconnais très-bien, lui dis-je ; il n'y a point de pont en bas du village.

— Si fait, il y en a un maintenant. Allez devant vous.

Nous trouvâmes le chemin rapide, mais commode, le pont très-joli et le confluent des deux torrents admirable de fraîcheur et de mystère. Le soleil était déjà couché pour nous, il était descendu derrière les rochers qui nous faisaient face ; mais, au loin, il envoyait, à travers ses brisures, de grandes lueurs chaudes et brillantes sur les fonds d'émeraude de la gorge.

Quand on est tout au fond de cette brèche qui sert de lit à la Creuse, l'aspect devient quelquefois réellement sauvage. Sauf les pointes effilées de quelques clochers rustiques qui, de loin en loin, se dressent comme des paratonnerres sur le haut du plateau, et quelques moulins charmants échelonnés le long de l'eau, avec leurs longues écluses en biais ou en éperons, qui rayent la rivière d'une douce et fraîche cascatelle, c'est un désert.

Pour peu que l'on se trouve engagé dans un de ces coudes rocailleux, assez escarpés pour ne pas livrer passage aux troupeaux, on se croirait au sein d'une nature âpre et désolée. Mais, un peu plus loin, la rivière tourne et la scène change. Le ravin s'adoucit un instant et laisse couler des zones d'herbe fraîche et de beaux arbres, jusqu'à de délicieuses pelouses, où les pieds meurtris se reposent dans du velours. Et puis, ce sont de longues flaques de sable fin et humide où croissent des plantes exquises, diverses espèces de sauges et de baumes, et ces grandes menthes aux grappes lilas, dont les mouches, les papillons et les coléoptères semblent se disputer le nectar avec une sorte de rage.

Tout ce monde-là était endormi pendant que le soleil s'en allait, et on ne voyait plus voler que le satyre janira, ce papillon si abondant dans toute la France, hardi et pullulant comme le moineau, dont il a la couleur brune, et qui, comme lui, se couche tard, après avoir fait beaucoup de façons et essayé beaucoup de gîtes.

La Creuse occupe déjà un lit assez large dans ces parages ; elle est presque partout semée de longues roches aiguës, qu'un léger sédiment blanchit au temps des crues. Quelquefois ce sont des crêtes quartzeuses, d'un vrai blanc de marbre, qui se dressent au milieu du sol primitif : on croirait pouvoir la franchir partout aisément en sautant de pierre en pierre ; mais, vers son milieu, elle a presque toujours un canal rapide assez profond. Chaque moulin a son petit bateau, qui peut transporter quelques individus d'une rive à l'autre ; mais rarement les propriétaires occupent les deux rives, et le besoin de communiquer entre eux se fait peu sentir aux habitants des deux plateaux, si bien que, d'un côté à l'autre du précipice, on passe très-bien plusieurs années sans se connaître et sans nouer de relations, du moins dans la partie qui s'étend de la grande ruine de Châteaubrun au point où nous étions.

Nous rêvions fort tranquillement sur les îlots de roches du rivage, quand nous fûmes assaillis par les naturels du pays sous la forme de quatre gamins occupés, ou plutôt nullement occupés, à garder quatre cochons. Chacun avait le sien par rang de taille, et le dernier bambin avait la gouverne du cochon de lait. Les cochons étaient bien sages, les enfants l'étaient moins ; ils accoururent autour de nous, criant, hurlant, gambadant et nous montrant quatre effroyables petits museaux qui semblaient écorchés à vif et baignés d'un sang noirâtre, le tout dans l'évidente intention de nous effrayer. C'est un divertissement bien connu chez nous que ce barbouillage avec le jus des guignes noires qui pendent au-dessus des buissons et jonchent la terre à leur maturité.

Amyntas répondit à ce défi par un prodige non moins terrible. Il tira de sa poche un de ces petits cornets qui servent à se rappeler quand on est trop éparpillé à la promenade, et dont nous sommes toujours munis. Le cri rauque de cet instrument fit merveille. Nos petits sauvages s'enfuirent à toutes jambes, en proie à une frayeur indicible, et le plus petit, beuglant et pleurant comme un veau, se laissa choir en criant merci. Il fallut aller le relever et le consoler.

Le dîner fut excellent, le café fort passable, l'hôtesse très-obligeante et très-empressée. La promenade du lendemain fut réglée, des mesures prises pour le réveil et le départ. Puis nous descendîmes le village, chacun une lumière à la main, précaution indispensable pour la première fois dans ces rues difficiles ; et notez que nous avions trouvé de la bougie, sybarites que nous étions !

Notre rue est la plus encaissée et la plus enfouie du bourg, dans une coulisse de rochers ; d'un côté les ruines de la forteresse, de l'autre une série de petites cours ouvertes, que l'on pourrait appeler des *squares*, fermés au fond par le roc qui se relève brusquement, et par un ruisselet d'eau vive, à peu près muet en cette saison, mais grouillant et joyeux à la moindre pluie. Les maisonnettes sont généralement disposées par trois, soudées ensemble, faisant face à deux ou trois autres toutes pareilles. Cela fait cinq ou six familles se voyant les unes chez les autres à toutes les heures du jour, élevant ensemble marmots, poules et pigeons, tout cela s'échelonnant sur les perrons ou se groupant dans la cour commune de la façon la plus pittoresque.

Voilà donc un vrai village, non pas un village d'opéra-comique d'autrefois, lorsque les bergères avaient des robes de satin et les moutons des rubans roses, mais un village d'opéra-comique moderne, c'est-à-dire un décor à la fois charmant et vrai, un décor de Rubé et consorts, permettant une mise en scène heureuse et naïve, des détails empruntés avec amour à la nature ; du réalisme comme il faut en faire, en choisissant dans le réel ce qui vaut la peine d'être peint : une petite ogive basse sur le ruisseau, un fond dont le toit en tourelle disparaît sous les fleurs sauvages, un buisson heureusement jeté sur les décombres, que sais-je?

L'art aime et voit aujourd'hui tout ce qui est naïf, même la brouette cassée qui, avec une urne renversée, compose un tableau sur le fumier blond où le coq se promène d'un air aussi vaniteux que s'il foulait un tapis de pourpre, et où la poule gratteuse et affairée semble toujours absorbée dans la recherche de cette fameuse perle dont elle ne saurait que faire.

Sentir que tout est du ressort de l'artiste, voilà, quant à moi, tout ce que je peux entendre au mot de réalisme, arboré comme une nouveauté par les uns, et repoussé comme une hérésie par les autres.

Mais laissons les discussions littéraires. J'y reviendrai certainement, car il y a beaucoup à dire en faveur d'un certain sentiment de la réalité qui peut être trop dédaigné, et contre ce même sentiment poussé trop loin. Continuons notre exploration. Celle de l'appartement ne fut pas longue ; au dehors, la lune avait un si mince croissant d'argent, qu'il n'y avait pas à regarder beaucoup par la fenêtre. Tout était sombre. La porte ne fermant pas, il était bien évident que le vol était chose inconnue en ce pays. Que les misanthropes disent ce qu'ils voudront, qu'ils raillent amèrement ceux qui croient encore à la vie rustique, voici, me disais-je, une porte sans loquet qui répond victorieusement. Cette maison appartient à quelqu'un qui ne l'habite pas, qui demeure à l'autre bout du village et qui y laisse un petit mobilier sous la bonne foi publique. La cour n'a aucune espèce de clôture : s'il n'y a pas un seul larron sur sept cents habitants, c'est toujours quelque chose, il faut en convenir.

Le silence de la nuit fut inouï. Pas un souffle dans l'air et pas un souffle humain ; pas un bruissement d'animal quelconque. Je croyais avoir trouvé chez nous l'idéal du silence nocturne. Mais notre silence est un vacarme à côté de celui-ci. Je ne m'en suis pas encore rendu compte. Dans un si petit espace rempli de gens et de bêtes, vivant, pour ainsi dire, en un tas, d'où vient que rien ne bouge et ne transpire? Avec cette nuit sombre, c'était presque solennel.

Mais, à peine fit-il jour, que les coqs vinrent chanter à notre porte. Si nous ne l'eussions soutenue d'une chaise, pour nous préserver du frais de la nuit, toutes les volailles du pays seraient entrées chez nous pour nous annoncer l'approche du soleil. Et puis, des voix d'enfants espiègles et rieuses chantèrent, avec les oiseaux, dès que les rayons du matin dépassèrent le haut du rocher. Je regardai la maison neuve et propre qui nous faisait face. C'est l'école communale. Fillettes et garçons arrivaient en belle humeur, et le pauvre petit instituteur, bossu comme Ésope, assis, je ne sais comment, sur son escalier en plein air, les attendait d'un air doux et mélancolique.

Nous partîmes à pied pour Châteaubrun, escortés d'un âne qui portait notre déjeuner. Avant d'étudier plus à fond le village, je voulais montrer à mes compagnons une des ruines les plus pittoresques du pays et refaire connaissance avec tous les remarquables environs du village.

III

Nous prîmes le plus court, par égard pour l'âne, que madame Rosalie, notre aubergiste, avait chargé comme un mulet d'Espagne. Il portait, en outre, un gamin chargé de le ramener, et l'épervier de pêche de Moreau, qui ne saurait faire un pas sans ce compagnon fidèle.

Ce chemin est insipide, comme tous les bons chemins. Il s'en va tout droit sur un plateau tout nu. Les six kilomètres en plaine nous parurent plus longs que douze en montagne. Les entomologistes allaient devant, peu surpris de rencontrer de temps à autre le *Grand Mars*, qu'ils avaient signalé dès la veille comme un hôte logique de ces régions, mais se plaignant beaucoup de l'absence de papillons et de l'aridité du sol.

Je fis la conversation avec Moreau. C'est un malin, un sceptique et un railleur : mais c'est un grand philosophe.

— J'ai eu bien du mal depuis que nous ne nous sommes vus, me dit-il. Je ne sais pas si vous vous souvenez que j'étais marié. J'ai perdu ma femme. J'étais un peu meunier et un peu ouvrier. Mais, seul du village où vous avez laissé hier votre voiture, je n'ai que mon corps et ma maison. Dans nos petits bourgs, tout le monde est propriétaire, et il n'y a point de malheureux. Moi, j'ai bien un roc... A propos, le voulez-vous, mon roc? Vous savez, vous disiez dans le temps que vous voudriez avoir un coin sur la Creuse? Je ne vous vends pas le mien; je vous le donne. Il n'y pousse que de la fougère, et je n'ai pas de quoi y nourrir un mouton. Je paye cinq sols d'imposition pour ce rocher, et voilà tout ce que j'en retire. Dame! il est grand, vous auriez de quoi y bâtir une belle maison, en dépensant d'abord une dizaine de mille francs pour tailler la roche et faire l'emplacement. Allons, vous n'en voulez pas? vous avez raison. Je n'en veux pas non plus. Aussi il reste là bien tranquille. Y va qui veut... c'est-à-dire qui peut!

— Comment avez-vous pu élever votre famille, car vous aviez des enfants?

— Ils se sont élevés comme ils ont pu, un peu chez moi, un peu chez les autres. Ma fille est une belle fille, vous l'avez vue hier. Elle sait faire la cuisine et parler espagnol.

— Espagnol?

— Oui, elle a suivi en Espagne une bourgeoise d'ici, mariée avec un monsieur de ce pays-là. Mon garçon est au service. C'est un bon enfant, bien doux, *fait à tout*, comme moi. Vous me demanderez ce que je fais, à présent; je n'en sais rien, une chose et l'autre; je ne peux plus travailler. Voyez : en chassant, j'ai mal tourné mon fusil ; j'ai eu la main traversée, et l'autre moitié de la charge m'a caressé la tête. On dit dans le pays qu'il ne m'y est pas resté assez de plomb. Je crois bien ! pendant quinze jours le médecin n'a pas fait autre chose que de m'en arracher. Tous les matins, je l'entendais dire en sortant : « C'est un homme mort ; » et moi, je me dressais sur mon lit pour lui crier, du mieux que je pouvais : « Vous dites des bêtises, je n'en veux pas mourir, et je n'en mourrai pas. »

Après que j'en ai été revenu, j'ai recommencé à pêcher et à chasser. J'ai voulu encore un peu travailler, mais le travail m'a porté malheur. Un maladroit m'a démis l'épaule en me jetant à faux un sac de blé du haut d'une voiture. Ça ne fait rien, je marche, je chasse et je pêche toujours. Je conduis les artistes et les voyageurs. Je sais les chemins comme personne, et je vous dirais comment sont faits tous les cailloux de la Creuse. Je fais les commissions du château et de l'auberge, j'approvisionne l'un et l'autre avec mon poisson. Je me passe de tout quand je n'ai rien ; je n'use pas les draps, je dors une heure sur douze. Je passe mes nuits dans l'eau à guetter les truites.

Dans le jour, si je suis las, je fais un somme où je me trouve. Si c'est sur une pierre ou sur un banc, j'y dors aussi bien que sur la paille. Je ne me soucie point de la toilette. Fêtes et dimanches j'ai les mêmes habits que dans la semaine, puisque je n'ai que ceux que mon corps peut porter. Je suis toujours de bonne humeur, soit qu'on me donne cinq francs ou cinquante centimes pour mes peines. Le voyageur est toujours aimable, et, pourvu que je coure et que je cause, je suis content de m'instruire. Voilà ! Quand je ne serai plus bon à rien, ma famille s'arrangera pour me nourrir, et si elle me laisse crever comme un chien, ce sera tant pis pour elle au dernier jugement.

Des anciens chemins périlleux par où l'on arrivait à Châteaubrun, nous ne retrouvâmes plus que l'emplacement. On y descend doucement par le plateau, et la nouvelle route qui côtoie tranquillement le précipice a ôté beaucoup de caractère à cette scène autrefois si sauvage. La ruine est toujours grandiose. Le marquis de *notre village* l'a achetée, avec son vaste enclos, pour deux mille cinq cents francs. Il la tient fermée, et il avait bien voulu nous en confier les clefs. Nous vîmes que ce noble lieu était moins fréquenté qu'autrefois. L'herbe haute et fleurie du préau était vierge de pas humains. Toutes choses d'ailleurs exactement dans le même état qu'il y a douze ans : la grande voûte d'entrée avec sa double herse, la vaste salle des gardes avec sa monumentale cheminée, le donjon formidable de cent vingt pieds de haut d'où l'on domine un des plus beaux sites de France, les geôles obscures et cet étrange débris de la portion la plus belle et la plus moderne du manoir, le *logis* renaissance que dans ma jeunesse j'ai vu intact et merveilleusement frais et fleuri de sculptures, aujourd'hui troué, informe, démantelé et dressant encore dans les airs des âtres à encadrements fleuronnés d'un beau travail. Le marquis a acheté, dit-il, cette ruine pour la préserver du vandalisme des bandes noires. Il s'y est pris un peu tard.

Telle qu'elle est, c'est un romantique débris où, au clair de la lune, on voudrait entendre l'admirable symphonie de la *Nonne sanglante* de Gounod, ou encore mieux la *Chasse infernale* de Weber.

En plein midi, cette solitude avait encore quelque chose de solennel. Une multitude de tiercelets et de chevêches effarouchés se croisaient dans les airs, sur nos têtes, avec des milliers de martinets glapissants. C'étaient des cris aigus, des râles étranges, une agitation sauvage et des querelles inouïes. Nous fûmes étonnés de voir des moineaux nichés effrontément au beau milieu de cette société d'oiseaux de proie, toujours en chasse par centaines autour d'eux. Cela faisait penser au petit vassal du temps passé vivant dans la caverne des seigneurs féodaux et abritant ses petites rapines sous les grandes.

Nous fûmes témoins d'un drame entre tous ces pillards. Un pauvre scarabée, échappé, demi-mort, au large bec d'un martinet, fut happé au passage, sur le haut d'une tour, par une femelle de moineau. Survint l'époux à l'air mutin, à la moustache noire, hérissant ses plumes, faisant grand bruit et menace au martinet, qui

voulait reprendre sa proie, quand survint à son tour le troisième
larron, la crécerelle, attirée par la voix imprudente de ces petites
gens. Elle sortit, muette et agile, du sommet d'une tour voisine,
n'osa s'attaquer au martinet, qui ne paraissait pas la craindre, et
se dirigea sur les moineaux d'une aile si rapide et si sûre, que tout
semblait fini pour eux. Mais, s'ils ne l'avaient vue guetter, ils l'avaient
sentie. Ils disparurent tout à coup. Le brigand tourna d'une manière sinistre autour de la crevasse où ils étaient réfugiés dans leur
nid; mais l'entrée était trop petite pour qu'il y pût pénétrer. Il retourna à son guettoir. Les moineaux ressortirent aussitôt, et, plantés
sur leur petit seuil, l'accablèrent d'injures et de railleries. Il revint
plusieurs fois à la charge. Toujours après avoir lestement battu en
retraite, ces audacieux oisillons reparurent pour le provoquer, l'insulter et le maudire. Que lui fut-il reproché? De quelles représailles
le menacèrent-ils? Il faut bien croire que quelque chose de sanglant
lui fut dit, car l'oiseau de proie se lassa de les tourmenter, et, quelques moments après, nous vîmes les moineaux, pleins de gaieté,
sautiller sur la muraille et picorer dans les plantes pariétaires, sans
aucun souci de l'ennemi terrible, et ne manquant jamais d'adresser
quelque impertinence aux martinets qui les effleuraient de leur vol,
et avec lesquels, du reste, ils ne paraissent avoir qu'une guerre de
gros mots.

Les véritables victimes de ces grandes hirondelles noires, aux
griffes acérées, sont probablement les lézards, dont les squelettes
digérés tout entiers jonchaient les ruines du donjon. Ainsi les faibles passereaux, dont les moyens de défense seraient nuls contre
tant et de si redoutables ennemis, viennent à bout d'élever leur
famille au milieu d'eux et de lui enseigner encore le caquet et le sar-
casme de la dispute au sein de l'éternel danger. D'où vient cela? De
la supériorité d'intelligence apparemment. Michelet nous l'eût
expliqué, lui qui a daigné étudier la vie des oiseaux avec presque
autant d'amour et d'émotion que celle des hommes.

Nous renvoyâmes le gamin et son âne, et, après un déjeuner
copieux dans les ruines, nous eûmes à descendre au fond du ravin
pour retourner au village en suivant le bord de la Creuse. Je n'avais

jamais eu le loisir de faire cette marche, qui est de quatre heures au moins, la plupart du temps sans chemin frayé sur le roc tranchant ou sur les pierres aiguës. Mais, malgré l'effroyable chaleur engouffrée dans les méandres de la gorge, nous ne songeâmes point à regretter d'avoir entrepris cette dure promenade. C'est le Paradis et le Chaos que l'on trouve tour à tour; c'est une suite ininterrompue de tableaux adorables ou grandioses, changeant d'aspect à chaque pas, car la rivière est fort sinueuse, et, comme en bien des endroits elle bat le rocher, il faut monter et descendre souvent, par conséquent voir de différents plans, toujours heureux, ces sites merveilleusement composés et enchaînés les uns aux autres comme une suite de rives poétiques. La verdure était dans toute sa puissance, et, cette année-ci, elle est remarquablement vigoureuse. C'était l'*heure de l'effet*, le baiser lent et toujours splendide du soleil. Ah! monsieur, je ne souhaite au plus méchant homme de la terre que la petite fatigue de cette course, et, si la vue d'une si belle nature ne le dispose pas à une religieuse bienveillance pour le monde où Dieu nous a mis, je le trouverai assez puni de son ingratitude par la privation du bien-être moral et de la tendre admiration que ce pays inspire à qui ne s'en défend point.

C'est une douceur pénétrante, je dirais presque attendrissante, tant la physionomie de cette région est naïve et comme parée des grâces de l'enfance. C'est de la pastorale antique, c'est un chant de naïades tranquilles, une églogue fraîche et parfumée, une mélodie de Mozart, un idéal de santé morale et physique qui semble planer dans l'air, chanter dans l'eau et respirer dans les branches.

Nous traversions parfois d'étroites prairies, ombragées d'arbres superbes. Pas un brin de mousse sur leurs tiges brillantes et satinées, et dans les foins touffus pas un brin d'herbe qui ne soit fleur. Sur une nappe de plantes fourragères d'un beau ton violet, nous marchâmes un quart d'heure dans un flot de pierreries. C'était un semis de ces insectes d'azur à reflets d'améthiste et glacés d'argent qui pullulent chez nous sur les saules et qui, de là, se laissent tomber en pluie sur les fleurs. Elles en étaient si chargées en cet endroit et elles s'harmonisaient si bien avec les tons changeants de ces petits buveurs d'ambroisie, que cela ressemblait à une fantaisie de fée ou à une illusion d'irisation dans les reflets rampants du soleil à son déclin. Notre naturaliste n'avait que faire d'une denrée si connue en France, mais il ne pouvait se défendre d'en remplir ses mains pour les admirer en bloc. A propos de ces petites bêtes, il me dit tenir d'un naturaliste de ses amis que, dans un moment où ce fut la mode d'en faire des parures, on les achetait à un prix exorbitant. Nos petits bergers de la Creuse ne l'ont pas su! Si la mode revient, il faudra le leur dire. Au prix qui a existé, de soixante à quatre-vingts francs le cent, la prairie où nous étions en contenait bien pour plusieurs millions.

IV

Mais notre émail de hannetons bleus fut tout à coup traversé et bouleversé par la course effrénée d'Amyntas. Il poursuivait quelque chose avec une sorte de rage désespérée. Il disparut dans les rochers, dans les précipices : il reparut dans les buissons, dans les halliers. Il volait avec son papillon sur les fougères. Il avait les yeux hors de la tête. Moreau, effrayé, crut à un accès de fièvre chaude, et se mit à le poursuivre comme un chien de Terre-Neuve pour sauver son maître. Le sage Chrysalidor suivait des yeux cette course ardente, ne songeant pas à notre ami qui risquait ses os dans les abîmes, ou tout au moins sa peau dans les trous épineux, et ne s'occupant que du papillon en fuite, le papillon merveilleux dont il croyait reconnaître l'allure et le ton. Deux fois il pâlit en le voyant échapper au filet de gaze, et s'envoler plus haut, toujours plus haut!

Enfin, Amyntas poussa, de la cime du mont, un cri de triomphe, et revint, d'un trait, vers nous avec sa capture.

— Je crois que c'est *elle!* s'écria-t-il tout essoufflé. Oui, ce doit être *elle!* Voyez!

Le naturaliste et l'amateur, aussi passionnés l'un que l'autre, se regardèrent, l'un tremblant, l'autre stupéfait, et cette exclamation sortit simultanément de leurs lèvres : *Algira!*

Je ne suis pas de ceux qui se moquent des candides et saintes joies de la science. Je répétai avec l'intonation d'un profond respect : *Algira!* mais sans savoir le moins du monde en quoi consistait l'importance de la découverte, et sans voir autre chose qu'un joli lépidoptère à la robe noire et rayée de gris blanchâtre, de médiocre dimension, et très-frais pour une capture au filet.

Il me fut expliqué alors qu'Algira était originaire d'Alger, où elle est fort commune; qu'on la trouve aussi en Italie et dans certaines régions abritées de la France méridionale, où sa chenille pullule sur le grenadier; mais que la rencontrer sur les buis, au centre de la France, était un fait inouï, renversant toutes les notions acquises jusqu'à ce jour et donnant un démenti formel aux meilleurs catalogues.

Nous étions à peine revenus de cette surprise, qu'une nouvelle capture poussa jusqu'à l'enthousiasme l'émotion de nos lépidoptéristes. Cette fois, Chrysalidor faillit sortir de son caractère, et ses lèvres frémissantes invoquèrent le nom de l'Éternel sous la forme d'un jurement énergique à demi articulé; mais il s'interrompit en souriant, demanda pardon de sa vivacité, et, reprenant son air doux et modeste :

— J'en étais bien sûr, dit-il, que nous trouverions ici des choses étonnantes! C'est *Gordius*, mes amis, c'est *Gordius!* le polyommate des régions méridionales! Faites donc des catalogues après cela, et comprenez donc quelque chose aux arcanes de la nature!

Au fait, il y a là un mystère. Les papillons ne sont pas voyageurs. Ils ne franchissent pas les terres et les mers comme les oiseaux de passage. Ils s'accouplent, pondent et meurent là où ils sont élevés, une première fois à l'état de chenille, une seconde fois à l'état d'insecte parfait. Ceux-ci n'avaient donc pas traversé la France; ils étaient originaires de ce coin de rochers, où un accident fortuit de configuration et d'incolation leur procure, dans un très-petit espace, le climat nécessaire à leur existence. Je dis dans un très petit espace et crois pouvoir le dire, parce que dans une promenade ultérieure, en suivant, pendant cinq lieues environ, cette même dentelure de la Creuse, nos amateurs ne virent voler ces lépidoptères méridionaux qu'en un certain coude remarquablement abrité où la chaleur était véritablement accablante.

Mais que le rayon habité par ces hôtes étrangers ait un ou plusieurs kilomètres d'étendue, le fait de leur existence au centre de la France n'en est pas moins fort curieux. C'est un peu comme si on rencontrait des gazelles ou des antilopes dans la forêt des Ardennes, par la seule raison, je suppose, qu'une des vallées de cette forêt serait assez abritée du froid et assez exposée au soleil pour leur avoir permis d'y rester depuis les âges primitifs, où l'on sait qu'ils y vivaient dans d'autres conditions atmosphériques que celles d'aujourd'hui.

Donc Gordius, Algira et plusieurs coléoptères non moins étranges, qui furent trouvés ensuite au même lieu, sont bien originaires de ce coin de rochers et s'y reproduisent depuis que le monde a produit leur race, avant l'homme, aux jours d'enfantement de la création.

Ceci ne prouve qu'une chose, c'est qu'aussitôt que les conditions d'existence des différents êtres ont été établies sur le globe, les êtres capables de peupler ce milieu s'y sont développés et fixés, quelle que fût la latitude. Mais le problème, c'est de découvrir en quoi consistent toutes ces conditions d'existence, et principalement les conditions d'alimentation de ces bestioles, si obstinément attachées, pour la plupart, à se nourrir chacune d'une certaine plante, qu'il est souvent impossible d'élever des chenilles transportées d'un lieu à un autre. C'est toute une science pratique que l'élevage des chenilles, et certaines éducations font le désespoir des entomologistes. Pourtant, ici, si le climat se rapproche de celui de l'Afrique et de la Provence, la flore en diffère à beaucoup d'égards. Par exemple, pour *Algira*, je ne vois pas dans ces régions, et je cherche en vain dans la *Flore centrale*, de Boireau (l'ouvrage le plus complet et le plus consciencieux possible), le moindre analogue avec le grenadier. Ces êtres non domesticables, que l'on croit invariablement soumis aux lois générales et inflexibles de l'instinct, sont donc susceptibles de modifier le premier de tous les instincts, celui de l'alimentation, en raison des ressources que leur offre le milieu où ils se trouvent. Gordius doit vivre sur les bruyères, et pourtant il n'y a pas de bruyères dans la région où nous l'avons rencontré. Que mangent donc ici les chenilles d'Algira et de Gordius? Grande question de nos entomologistes ; question qui fait rire au premier abord, mais qui se rattache à une question fondamentale en histoire naturelle et même en philosophie : à savoir si certains animaux obéissent aveuglément à des nécessités fatales, ou s'ils ont, dans la mesure de leurs besoins, le discernement raisonné qu'on leur refuse. Moi, je penche pour la dernière hypothèse. Et, puisque nous sommes en Creuse, demandons-nous pourquoi le saumon quitte les eaux salées pour venir déposer sa progéniture dans les eaux douces? Lui qui est un grand voyageur, fait-il deux ou trois cents lieues contre le courant, dans les méandres et dans les obstacles des fleuves et des rivières torrentueuses, sans savoir où il va, sans avoir un projet, un but, une volonté, par conséquent une idée? Allons donc! Raconte-nous, ô Algira! l'histoire de la petite tribu oubliée dans les grandes crises de l'atmosphère terrestre, sur le petit rocher où te voici. Dis-nous quelle myrtacée a fleuri autour du berceau de tes ancêtres, si là, dans quelque roche inaccessible, végète encore la plante nourricière, aussi peu soupçonnée des statisticiens de la flore centrale, que tu l'étais toi-même de ceux de la faune entomologique il n'y a qu'un instant !

Je crains de trop m'éloigner de *mon village*. Mais il s'agit de description, et je ne peux pas tout à fait isoler le tableau de son cadre. Qu'on prenne donc note de ceci, que mon village est situé dans une région aussi chaude que les rives de la Méditerranée, et qu'il pourrait devenir, si quelqu'un daignait découvrir son existence et faire l'étude attentive et scientifique de sa température, aussi achalandé de malades que Nice, Pise, Hyères ou la Spezia. Cela arrivera, je parie, car tout se découvre et s'exploite au temps où nous vivons; on fera des routes dans les escaliers de rochers ; deux lieues de chemin de fer pour embrancher mon village à Argenton : ce n'est qu'une plaisanterie quand on le voudra. Ce voyage sera plus économique de temps et d'argent que celui de l'Italie. On bâtira des villas à la place des chaumières. Quelque ingénieux docteur, frappé de la beauté des dents indigènes, et informé des cas fréquents de longévité, découvrira, dans la qualité de ces eaux courantes qui jaillissent de toutes parts, et dans la pureté de cette atmosphère qui refuse la mousse aux arbres et le lierre aux rochers, des conditions essentielles de guérison pour les victimes des brouillards de Paris ; et voilà un pays transformé en un clin d'œil !

En attendant que la mode étende son sceptre sur ces agrestes solitudes, je me garde bien de nommer le village en question : je l'appelle sans façon *mon village*, comme on dit *ma trouvaille* ou *mon rêve*. Il me semble qu'il ne sera plus *mien* dès que j'aurai trahi son nom. Il le faudra pourtant, mais à la fin de mon récit, et quand je l'aurai fait aimer un peu, si j'en viens à bout.

Tant il y a qu'en y revenant, le long de la Creuse, à travers des éblouissements de paysages délicieux embrasés de soleil rouge et coupés de verdures splendides, je songeais en égoïste à cette découverte d'Algira et de Gordius. La présence de ces beaux, petits frileux (Gordius est tout en or chaud teinté de bronze florentin) me faisait faire ce raisonnement bien simple : la vigne gèle en Toscane au 1er mai. En avril, des humains gèlent faute de feu, de bois et de cheminées, à Frascati et à Tivoli. La moindre chaumière de *** (mon village) est mieux close et mieux chauffée que la plupart des palais d'Italie. Majorque (latitude de la Calabre) est l'endroit de la terre, à moi connu, où j'aie eu le plus froid et où j'aie vu les pluies les plus intarissables en hiver. Et là beaucoup moins de cheminées qu'en Italie ! Les vitres aux fenêtres sont objets de luxe.

Pour fuir l'hiver, il est donc souvent fort inutile de faire beaucoup de chemin, de s'embarquer et de perdre quinze jours en déplacements et en déceptions, surtout quand on a sous la main des oasis où, avec très-peu de temps, de dépense et d'industrie, on pourrait à tout instant trouver un nid propre et tranquille, des promenades charmantes, se réchauffer et se refaire, se forcer soi-même à prendre un exercice vivifiant sans rompre avec ses habitudes de travail et ses devoirs de famille, enfin sans cesser d'être en France, ce qui veut dire sans cesser de vivre à un certain point de vue prohibé en Italie et en Espagne; et notez bien qu'il n'est guère de localités civilisées en France qui n'aient leur petit Éden sauvage, leur Suisse en miniature, voire leur coin d'Italie et d'Espagne, aussi beau et mieux exposé que ne le sont les trois quarts de ces péninsules fameuses.

Pourtant ces heureux et riches accidents de terrain sont souvent déserts. Aucun voyageur ne daigne y porter ses pas, et ce sont, la plupart du temps, des Anglais qui les découvrent.

— J'y songeais aussi précisément, me dit Amyntas, à qui je communiquais ces réflexions en rentrant au village, et je me suis rappelé notre conversation dans le ravin de Marino. Depuis cette promenade autour de Frascati, nous avons vu ensemble de bien belles choses, plus grandes, plus bizarres que celles d'ici; je suis bien content de les avoir vues, mais je n'éprouve pas le besoin de les revoir; tandis que la facilité de venir ici me donne le plus grand désir d'y revenir souvent. On dit qu'il faut payer la jouissance des voyages par d'inévitables fatigues et de nombreuses contrariétés. Eh bien, s'il en est ainsi, si c'est une loi générale d'acheter cher le plaisir de l'admiration, ce pays-ci est vraiment trop beau pour être si près, si facile à aborder, si hospitalier et si rempli de bien-être.

C'était aussi l'avis de notre naturaliste. Il regrettait d'être forcé de partir le lendemain. Il n'avait jamais rencontré un pays si suave et si sympathique. Il rêvait d'y revenir avec nous l'année prochaine. Nous rêvions, nous autres qui ne sommes pas forcés de vivre à Paris, de nous arranger un pied-à-terre au village. La maisonnette où nous avions dormi était à vendre pour ce prix modeste de cinq cents à mille francs dont on nous avait parlé. Amyntas la voulait pour lui. Moi, j'avais envie de la maisonnette renaissance. Tout se passa en projets ce jour-là.

V

Le lendemain, il faisait encore plus chaud. Nous devions ramener notre naturaliste chez nous afin de l'embarquer pour Paris, où ses affaires le rappelaient impérieusement. On s'arrachait au village à grand regret. Nous fîmes encore deux lieues dans l'eau et les rochers, pour explorer le cours du torrent qui descend au bas du village et qui lui donne son nom. C'est une toute petite gorge couverte de bois charmants et toute hérissée de roches superbes. La marche est dure dans cette déchirure tourmentée en zigzags; mais, à chaque pas, il y a un tableau délicieux de fraîcheur et de sauvagerie. Nous fîmes halte dans un joli moulin, où la meunière, aimable et avenante, avec un air de candeur qui ne gâtait rien, nous servit du lait et du beurre exquis, pendant que nous bercions son nouveau-né dans le plus joli berceau rustique qui se puisse imaginer, une vraie petite crèche en bois, suspendue par deux anneaux à un double pied. Le marmot est au ras de sa couche, mais protégé par des lanières de laine bleue artistement agencées pour le retenir sans le gêner pendant qu'on le balance à grande volée. Les berceaux, les armoires et les crédences sont encore, dans la demeure de beaucoup de ces paysans, des meubles très-anciens et très-remarquables.

Avant de quitter l'oasis, que notre éminent historien, M. Raynal, appelle avec raison le *High land* du Berry, nous donnâmes grande attention aux figures, soit dans le village, soit sur les chemins et dans les hameaux environnants. La physionomie humaine est là aussi explicite que le climat et la végétation; elle respire une aménité particulière, avec une dignité tranquille. Le paysan n'a pas le salut banal de certaines autres localités du Berry. Mais, dès qu'il est prévenu, il répond avec une dignité douce. Il doit être fin, puisqu'il est paysan, mais il n'est pas sournois. Son tempérament est sec et sain, sa démarche plus d'aplomb et moins lourde que celle des gens de nos plaines. Les enfants sont admirables, et presque toutes les jeunes filles jolies ou gracieuses. Parmi ces dernières, deux types très-distincts nous frappèrent. La blonde fine, svelte, avec des yeux bleus d'une limpidité et d'une mélancolie particulières : la brune plus forte, très-accentuée, d'un ton pâle et uni vraiment magnifique, avec des yeux espagnols bistrés en dessous et ombragés de longs cils, l'air sérieux, même en riant. Toutes, quand elles rient, brunes et blondes, montrent des dents extraordinairement jolies et finement plantées dans des gencives roses. Les laides ont encore la bouche belle et l'œil pur, et ceci est propre aux deux sexes, bien que, comme dans d'autres portions du Berry, le masculin nous ait paru le moins bien partagé.

Du reste, là comme ailleurs, la beauté des paysannes passe vite dans les fatigues de la maternité jointes à celles du ménage. Dans nos plaines, elles devraient se conserver mieux, car elles n'ont pas de travail en dehors de la maison, si ce n'est de garder au soleil quelques chèvres et moutons en pays plat. Celles du *haut pays de bas Berry* nous ont paru beaucoup plus actives et plus fortes, portant de lourds fardeaux dans les rudes montées, ramenant hardiment leurs troupeaux à cheval dans les sentiers des plateaux, ou gravissant, à pied, comme des chèvres, les talus escarpés de la Creuse.

Le gros bétail nous a paru très-beau et abondant. Chez nous, le ménageot ne se permet que la chèvre et l'*ouaille*. Au bord de la Creuse, toute famille a plusieurs vaches, plusieurs ânes et un ou deux chevaux ou mulets. Le pays le veut, disent-ils ; on ne peut faire la récolte qu'à dos de bête sommière. Ceci prouve qu'ils ont tous des récoltes à faire. Les vaches sont remarquablement jolies, petites, mais propres et luisantes comme des vaches suisses. On n'entretient pas sur elles, avec amour, cette affreuse culotte de croûte de fumier que, chez nous, on croit nécessaire à leur santé.

On achevait alors la récolte des foins, à peine commencée chez nous. Les blés étaient jaunes et dorés quand les nôtres ne faisaient que blondir. La fenaison avait un tout autre aspect que dans nos prairies. Au lieu de ces énormes bœufs magnifiquement attelés à de monumentales charrettes, et traînant avec une lenteur imposante de véritables montagnes de fourrage dans de grands chemins verts, on ne voyait que chevaux maigres et agiles, mulets et baudets vigoureux, portant sur leur dos des charges très-artistement serrées en bottes tordues, et descendant avec une adresse incroyable des sentiers rapides. La moindre petite ânesse porte ainsi dix fois par jour trois cent kilos et ne bronche jamais. Le conducteur a fort à faire. Au lieu de trôner nonchalamment sur le haut de son char, il faut qu'il accompagne et soutienne chaque bête dans les passages difficiles. Le chargeur et le botteleur ne sont pas moins affairés. Il faut plus de science pour établir solidement une charge si fuyante sur des cacolets qui garnissent toute la largeur des étroits passages, que pour étaler en larges couches sur une large voiture à qui la plaine fait large place. Aussi on va vite, on cause peu, on ne perd pas le temps en raisonnements à perte de vue, le bras passé dans sa fourche, un sabot planté sur l'autre, pendant que les nuages montent et que la pluie se hâte. On a moins d'éloquence et de majesté ; on a plus de vie et de feu ; on est moins orateur, mais on est plus homme.

On est aussi plus industrieux et plus artiste. Toutes les bâtisses sont jolies ; la menuiserie est belle, et les intérieurs annoncent du goût. Enfin, un détail nous prouva que cette petite population était riche et indépendante. Madame Rosalie, notre éminente cuisinière, nous avait préparé, pour le second jour, un dîner d'une abondance insensée : nous étions las d'être à table. Nous demandions qu'on fît nos lits ; nous étions fatigués. Il fut impossible de trouver une *femme de peine* pour les faire. Excepté au château, il n'y a pas de servantes dans le village, et comme nous admirions le fait, notre hôtesse nous dit sur un ton de désespoir fort plaisant : «Hélas! que voulez-vous, ils sont tous heureux ici! Ils n'ont pas besoin de *gagner!* » Terre de Cocagne, adieu, et à revoir bientôt, j'espère.

Ici, lecteur, si vous le permettez, je me servirai de notre journal; car, dès notre féconde excursion à G..., nous tînmes note de chaque chose.

Nohant, 7 juillet.

Maurice, arrivé d'avant-hier, a la tête montée par les récits d'Amyntas. Je découvre qu'il se rappelle fort peu notre village. Il n'y a passé qu'une seule fois, il y a douze ans, et vite, la pluie au dos.

Il a vu à Paris M. Depuizet (notre Chrysalidor), qui lui a parlé avec enthousiasme de notre promenade et des captures entomologiques d'Amyntas. Voici donc la passion du lépidoptère qui se rallume chez lui. Il ne croira, je pense, à ces captures merveilleuses que quand il les aura faites lui-même. Il paraît, au reste, que le célèbre M. Boisduval, lequel en a été informé de suite, n'en est pas moins surpris que nous. Rapport en sera fait à la Société entomologique de France, dont ces messieurs ont l'honneur d'être membres.

Ainsi nos jeunes savants ont fait leur découverte. Ai-je fait la mienne? Ai-je réellement rencontré un village typique, un petit champ d'observations particulières, se rattachant assez à la vie générale? Il faut le revoir. Nous y retournerons demain.

On a beaucoup discuté une question fort simple que j'appellerai, si l'on veut, le *secret de la chaumière*. Tout artiste aimant la campagne a rêvé de finir ses jours dans les conditions d'une vie simplifiée jusqu'à l'existence pastorale, et tout homme du monde se piquant d'esprit pratique a raillé le rêve du poëte et méprisé l'idéal champêtre. Pourtant il y a une mystérieuse attraction dans cet idéal, et l'on pourrait classer le genre humain en deux types : celui qui, dans ses aspirations favorites, se bâtit des palais, et celui qui se bâtit des chaumières.

Quand je dis *chaumière*, c'est pour me conformer à la langue classique. Le chaume est un mythe à présent, même dans notre bas Berry. On ne s'en sert plus que pour les petits hangars et appentis provisoires : la tuile ne coûte guère plus cher aujourd'hui, dure davantage, est moins exposée à l'incendie, et n'engendre pas des populations d'insectes nuisibles. La police rurale a donc très-bien fait d'interdire l'usage du chaume pour la couverture des nouvelles constructions. Les peintres seuls s'en plaindront et les littérateurs aussi ; car une chaumière, cela se voit d'un mot ; cela exprime et résume toute la vie rustique, toute la poésie du hameau. Le *cottage* n'est pas la chaumière, c'est un faux bonhomme, un fastueux mal déguisé. La maison et la maisonnette sont des désignations trop générales qui s'appliquent à des chalets aussi bien qu'à des villas. On aura beau se moquer de la vieille chaumière des ballades et romances, on ne comprendra pas de quoi il est question pour une maison de paysan, tant que l'on n'aura pas trouvé un nouveau nom pour la chaumière sans chaume.

Va pour chaumière ! Trouverai-je mon idéal dans ce village ? Non, un idéal, cela ne se trouve nulle part. Combien j'ai salué, en passant, de ces chaumières décevantes dans des sites séduisants ! Combien j'en ai dessiné dans ma tête, enfouies dans des solitudes à ma fantaisie ! Je n'avais jamais songé à les placer dans un village. Aussi, je ne les plaçais nulle part ; car, pour vivre au sein d'un désert, il faut la force d'un anachorète ou la fortune d'un prince. N'ayant ni l'une ni l'autre, je ferai, je crois, aussi bien de m'en tenir à quelques observations sur la vie de paroisse. Elle doit avoir de grands charmes et de terribles inconvénients ! Connaissons les inconvénients et sachons s'ils sont compensés par les charmes. S'il n'en est rien, nous rêverons encore la chaumière, car nous ne pouvons pas venir à bout de vieillir à nos fantaisies, mais nous les rêverons dans d'autres conditions.

Nous aurons gagné à cette étude de connaître à fond un petit coin de ce monde réel que quelques amis nous ont reproché de voir en beau. Comme si c'était notre faute ! Nous serons plus réaliste, puisqu'il paraît que nous ne l'avons pas toujours été assez. Pourquoi non ? On apprend tous les jours, je ne dirai pas quelque chose, mais beaucoup de choses.

Le fait est que, dans notre situation présente, nous pouvons très-bien connaître la couleur et le dessin de la vie rustique, sans pouvoir peut-être pénétrer assez avant dans la vie morale du paysan. Il se farde peut-être un peu devant nous, le rusé qu'il est ! Nous ne dormons pas sous son toit, nous ne vivons pas avec lui côte à côte à toutes les heures du jour. Il a son travail, nous avons le nôtre. Quand nous nous rencontrons, il a souvent des habits et sa belle humeur du dimanche ; ou bien, dans la semaine, avec son sarrau de toile sur le dos et sa pioche à la main, il prend ce grand air sérieux et rêveur qui lui vient toujours quand il regarde la terre. Chez lui, en famille, il est peut-être l'horrible scélérat qui, en d'autres contrées, a frappé les yeux de notre grand Balzac et de plusieurs autres romanciers énergiques.

J'ai cependant bien de la peine à croire qu'il en soit ainsi partout et même qu'il y ait une campagne où l'*homme de campagne* soit si pervers et si malin. J'ai vu, partout où j'ai passé, l'ingénuité de l'enfant chez ces hommes qui ne sont jamais que des enfants à barbe noire ou blanche. L'enfant aussi est un grand diplomate quand il s'agit de se faire gâter ; mais ses finesses sont *cousues de fil blanc*, on y cède sans en être dupe.

Enfin, j'ai toujours vécu optimiste en principe et pas plus abusé qu'un autre en pratique ; je crois savoir, peut-être plus que bien d'autres, que la misère est mariée avec la paresse, c'est-à-dire avec l'ennui et le découragement, que l'ambition du mieux, dans des conditions difficiles, est fiancée avec l'astuce et l'égoïsme ; mais si je regarde la classe industrielle riche ou pauvre, la caste nobiliaire progressiste ou retardataire, la classe artiste aspirante ou parvenue ; si j'examine enfin toutes les classes de la société, j'y vois les mêmes qualités et les mêmes vices que chez le paysan. Seulement, chez les gens *éduqués*, les qualités sont plus habiles à se faire valoir et les vices plus habiles à se cacher. C'est donc parce que ce sournois de paysan est maladroit dans ses ruses et très-facile à pénétrer, qu'il serait considéré comme le type de la fausseté? J'aurais cru justement tout le contraire.

Je lisais dernièrement dans une critique, très-juste à beaucoup d'égards, mais trop ardente pour l'être toujours, que la Muse était en général trop aristocratique, et que, pour être un vrai peintre, il fallait consentir, comme le paysan, à mettre ses mains dans le fumier. Je relus trois fois la phrase, ce n'était pas une métaphore.

Mais c'était une erreur. Le paysan ne met pas ses mains dans le fumier. Il n'y touche qu'avec des outils à long manche. Il est quatre fois plus dégoûté qu'il n'est utile de l'être. Il fait beaucoup plus de bruit à sa ménagère pour une chenille dans sa salade que nous à nos domestiques. Il ne boit pas comme nous à la première source venue. Il ne touche pas à une bête malade sans de grandes craintes et de grandes précautions. Les insectes des champs lui font souvent peur ou lui répugnent. Il a une foule de préjugés qui font qu'il s'abstient de tout contact avec une foule de choses que nous bravons, parce que nous les savons inoffensives.

Il y a des exceptions, des paysans malpropres; tous les goûts, même les goûts immondes, sont dans la nature. Mais, chez nous, je pourrais compter ces exceptions. La villageoise se fait gloire de sa propreté scrupuleuse. Entrez dans quelque *chaumière* que ce soit, elle ne vous présentera rien sans l'avoir, avec ostentation, rincé, essuyé, épousseté devant vous. A de meilleures tables, vous n'êtes pas toujours certain de pouvoir vous fier à tant de conscience. Cette conscience est une loi de savoir-vivre chez le paysan. Le grand essuyage de la table, et le grand lavage des *vaisseaux* en présence de l'hôte, est une indispensable politesse. Si cet hôte est un paysan, il se trouvera choqué et boira avec méfiance pour peu qu'on y manque.

Si les *réalistes* voient parfois le paysan plus grossier qu'il ne l'est *réellement*, il est certain que les idéalistes l'ont parfois quintessencié. Mais quelle est cette prétention de le voir sous un jour exclusif et de le définir comme un échantillon d'histoire naturelle, comme une pierre, comme un insecte? Le paysan offre autant de caractères variés et d'esprits divers que tout autre *genre* ou *tribu* de la race humaine. Ce n'est pas un troupeau de moutons, et se vanter de connaître à fond le paysan, c'est se vanter de connaître à fond le cœur humain, ce qui n'est pas une modeste affirmation.

Il a, j'en conviens, un grand air de famille qui provient de l'uniformité d'éducation et d'occupations. L'air simple et malin en même temps, la prudence et la lenteur des idées et des résolutions, voilà le cachet général. Ces hommes des champs sont-ils meilleurs ou pires que ceux des villes? Je n'ai jamais prétendu qu'ils fussent des bergers de Théocrite, des continuateurs de l'âge d'or; mais je vois et crois savoir que, dans la vraie campagne, au delà des banlieues, et dans la véritable vie des champs, il y a moins de causes de corruption qu'ailleurs. Donc j'aime ce milieu, cette innocence relative, ces grands enfants qui veulent faire les malins et qui sont plus candides que moi, puisque je les vois venir, et même *avec leurs gros sabots*, comme dit le proverbe.

Le Berry est-il une oasis où les grands vices n'ont pas encore pénétré? Peut-être. Mon amour-propre de localité veut bien se le persuader. Pourtant, je vois que les esprits inquiets de chez nous, il y en a partout, se plaignent du paysan avec amertume, et je vois que les esprits réalistes, il y en a aussi chez nous, sont frappés du côté rude et chagrinant de la vie paysanne. Je veux bien m'en plaindre aussi pour mon compte. Je sens à toute heure, entre ces natures méfiantes et mes besoins d'initiative, une barrière que je dois souvent renoncer à franchir, dans leur propre intérêt, vu qu'ils feraient fort mal ce qu'ils ne comprennent pas bien. Mais, de ce que ces hommes sont autres que moi, ai-je sujet de les haïr et de les mépriser? J'entendais l'un d'eux dire à un monsieur qui le traitait de *bête* parce qu'il s'obstinait dans son idée : « On a le droit d'être bête si on veut. »

Parole profonde dans sa niaiserie apparente. Toute âme humaine sent qu'elle ne doit pas aller en avant, sans avoir acquis sa pleine conviction, et il me semble qu'il y a un fonds de grande sagesse à être ainsi. On pourra compter beaucoup sur l'homme qui aura franchi avec réflexion ses propres doutes.

Voici ce que dit sur le paysan berruyer le très-grave et très-excellent historien M. Louis Raynal, premier avocat général à la cour royale de Bourges en 1845. Notez ce titre, qui exclut l'idée d'une candeur trop enfantine et d'une inexpérience trop romanesque.

« Ces populations, auxquelles manquent, il faut en convenir, un certain éclat et une certaine vivacité d'intelligence, sont *généralement, sous le rapport moral, dignes d'une haute estime.* Sans doute, les progrès du temps, qui n'amène pas toujours des perfectionnements sans mélange, n'ont pas assez complètement respecté leur moralité et leurs croyances. Mais il reste encore, *surtout dans nos campagnes, un fonds remarquable de probité et de loyauté*. Des esprits chagrins le nient, soit pour exalter le passé au préjudice du présent, soit parce que les intérêts établissent trop souvent, entre la classe qui possède le sol et celle qui l'exploite, une sorte de rivalité malveillante. Mais ne calomnions pas notre temps et notre pays. Combien n'existe-t-il pas encore dans les *domaines* du Berry de familles vraiment patriarcales ? Ne confie-t-on pas tous les jours à nos paysans de riches troupeaux à vendre au loin, des marchés importants à conclure, sans que le maître puisse exercer de surveillance ? Et citerait-on beaucoup d'exemples que cette confiance ait été trompée ? »

Digne magistrat, je ne vous le fais pas dire, et vous n'écriviez pas ceci pour les besoins de la cause, car votre grand ouvrage est l'œuvre d'une haute impartialité. Je me rassure en vous lisant, car j'ai été taxé souvent de bienveillance aveugle et de point de vue trop *florianesque*. Je ne tiens pas à m'en disculper, ne prenant pas le reproche pour une injure, tant s'en faut. Mais si le doute fût entré dans mon cœur, j'en eusse été bien attristé. Je ne sais rien de plus amer que de mépriser son semblable.

Sortons donc, allons au jour, au chemin, aux champs, au village. Tranquille vallée, je te remercie d'avoir résumé pour moi l'antique inscription qu'on lisait encore, en 1845, sur un pilier de la porte d'Auron, à Bourges :

INGREDERE. QUISQUIS
MORUM. CANDOREM
AFFABILITATEM
ET. SINCERAM. RELIGIONEM. AMAS
REGREDI. NESCIES.

Entrez, vous qui aimez la candeur, l'affabilité dans les mœurs et la piété sincère. Vous ne saurez plus vous éloigner.

Et nous, ne nous inquiétons plus de ceux qui nous crient : « Vous vous trompez, tout est mal ! » Cela ne prouve qu'une chose, c'est que, des choses humaines, ils ne voient que les mauvaises. Allons-nous-en par les prés et par les sentes, sans parti pris d'avance, mais avec le cœur aussi ouvert que les yeux. Nous ne sommes pas fâchés de pouvoir, une fois de plus, surprendre l'homme des champs dans sa tâche et le tableau dans son cadre, les grands bœufs dans les herbes et les petites fleurs dans le *riot qui riole*, sans être forcés de nous dire que cet homme est un scélérat, ce tableau une vision, ces bœufs des alambics à fumier, ces fleurettes des poissons et ce ruisselet une sentine d'immondices. D'autres peuvent prendre le réel par ce côté âpre et triste et avoir du talent pour le peindre. Mais ce qui me plaît et me charme dans la réalité est tout aussi réel que ce qui pourrait m'y choquer. On voit souvent sur les fenêtres, dans les faubourgs des petites villes, de beaux œillets fleurir dans des vases étranges. Le vase fait rire, l'œillet n'en est pas moins beau et parfumé. Ils sont aussi réels l'un que l'autre. J'aime mieux l'œillet. Chacun son goût.

VI

8 juillet

Nous sommes en route en plein midi. La chaleur est tombée. Il fait même très-froid en voiture découverte, à cinq heures. L'orage d'avant-hier nous fait espérer de ne pas trouver *notre Afrique* trop *réelle*, cette fois. Nous sommes quatre, car nous avons entraîné à notre promenade notre jeune et chère ***, une artiste adorable qui est aussi de la famille à présent, et qui veut avoir son nom entomologique comme les autres. Blanche et blonde, elle a droit au nom d'*Herminea*, d'autant plus que cette belle *Notodontide* s'étant posée sur sa robe, a été, par sa fraîcheur, jugée digne de servir d'individu dans la collection. Il fallait bien que Maurice eût aussi son surnom emprunté à ses plus récentes préoccupations. Il s'appellera Parthénias jusqu'à nouvel ordre, car ces noms recherchés ont la facilité de changer tous les ans, selon la recherche dominante de la saison des courses.

J'aurais bien eu le droit d'en prendre un aussi, car j'avais *cueilli* sur une fleur, à la dernière excursion, la variété de la zygène du trèfle *aux cinq taches réunies*, et j'avais eu une mention honorable. Mais je pensai que la modestie me faisait un devoir de ne pas exploiter une capture toute fortuite, et dont je n'avais pas assez senti l'importance.

Nous avions cinq heures de route.

Nous voici, direz-vous, bien loin de notre village. Mais non; nous y arrivons. Parthénias se reconnaît, Herminea se récrie, Amyntas trouve le site encore plus joli que la première fois. Mais la jeune voyageuse a la migraine; elle s'endort. Les deux naturalistes descendent au lit de la Creuse. Je m'en vas flânant ou plutôt flairant par le village. Je cherche la réalité triste et chagrine de très-bonne foi : est-ce ma faute? je ne puis la trouver là. Sur tous les escaliers sont groupées les jolies filles ou les bonnes femmes qui me regardent avec de bons ou beaux yeux, et qui sourient, attendant que je les prévienne. J'aime cette discrétion ou cette fierté. Je fais les avances : étranger, c'est mon devoir. La réponse est prompte, très-familière, mais vraiment bienveillante. On parle très-bien ici, encore mieux que dans la vallée Noire, ce qui n'est pas peu dire. Plus nous touchons à la limite de notre langue d'*Oil*, plus le langage s'épure, plus l'accent s'efface. J'aurais cru le contraire, mais c'est ainsi. Ici, point de *j'avons, j'allons*, etc., à la première personne. Pas plus que chez nous on ne fait cette faute grossière.

On se sert même ici de mots qui sentent la civilisation et qui dépassent le vocabulaire à moi connu du bas Berry. On dit *énorme, immense*, ce qui paraît singulier dans ces bouches rustiques. Sylvain, notre cocher berrichon, croit qu'on se sert de mots latins et ouvre de grands yeux. Le seul mot patois qui se glisse dans la conversation quelquefois, c'est *ie* pour *elle*.

Les femmes d'ici sont très-supérieures en caquet facile ou sensé à celles de chez nous, mais elles ont moins de retenue.

Tout en causant, j'apprends une particularité. Elles travaillent beaucoup plus que les hommes, et se piquent d'être plus actives, plus courageuses et plus avisées. Elles se plaignent de la fatigue, mais elles s'en prennent au rocher, et non au père ou au mari, qui me paraît être l'enfant gâté de chaque maison.

Comme chez nous, la maternité est très-tendre; de plus, les femmes sont orgueilleuses de la beauté de leurs enfants, et chacune va chercher le sien pour vous le montrer. J'en regarde un tout seul de l'autre côté de la rue. Il est fort barbouillé, ce qui ne l'empêche pas d'avoir une tête d'ange. C'est un ange qui a mangé des guignes, voilà tout, et pourquoi pas ? Je m'approche pour l'admirer, une belle femme s'avance sur le perron et me crie d'un air brusque et charmant : « Il est à moi, celui-là. Il n'est pas plus mal *bâti* qu'un autre, hein? »

Bâti n'est pas le mot dont elle se servit, elle jura bel et bien, mais d'une voix douce, et avec l'aisance triomphante d'une reine à qui tout est permis. Réalité, tu ne me gênes pas!

Du haut d'un chemin rocheux qui s'en va, comme il peut, rejoindre la grande route, on embrasse tout le village. De quelque côté qu'on le regarde, il est charmant, ce village privilégié. Les collines qui l'enserrent ont des formes suaves, ses masses de verdure sont bien disposées, ses rochers ont, de loin, ce beau ton lilas qui est particulier aux micaschistes des bords de la Creuse, couleur tendre qui se forme, je ne sais comment, de plusieurs tons sombres. Mystères de la couleur, les vrais peintres vous saisissent, et vous constatent, mais ils ne vous expliquent pas. Quel artiste a jamais connu le secret de son art? C'est par le sentiment que la révélation lui arrive, mais le sentiment ne s'explique pas par des raisonnements.

Je redescends au village par un autre chemin. Je vais revoir la maison renaissance, j'en suis épris; deux vieilles sœurs l'habitent, deux paysannes très-pauvres. Elles ne sont nullement étonnées de mon attention; elles m'invitent à entrer; elles savent que leur maison est intéressante; elles ne sourient pas dédaigneusement, comme on fait chez nous, quand l'artiste s'arrête pour regarder avec amour un vieux mur. Elles voient souvent des peintres, elles savent que *ce qui est ancien est beau*. C'est ainsi qu'elles s'expriment.

Elles savent aussi que nous sommes tentés de l'acquisition d'une chaumière; mais elles ne se soucient pas de vendre, et moi, je ne me sens pas assez capitaliste pour faire réparer cette ruine. Je fais le tour du village, et j'interroge chacun. Tout le monde est enchanté de mon idée. On m'accueille comme si j'avais déjà droit de bourgeoisie; on m'invite à rester, on m'offre bonne amitié et on me promet bon voisinage; mais, quand il s'agit de quitter son toit pour me le céder, on secoue la tête : « Vendre sa maison ! est-ce qu'on vend sa maison ! » Je ne peux me défendre d'être touché de ce sentiment qui se manifeste avec une austérité antique. J'offrirais en vain de quoi faire bâtir une belle et bonne maison à la place de la masure qui s'écroule; ce ne serait pas celle où l'on a vécu et où l'on veut mourir. Fussé-je assez riche pour m'obstiner dans ma fantaisie, car je sais bien qu'à prix d'argent on arrive à triompher de tout, je ne me sentirais pas le courage d'insister pour vaincre cette sainte répugnance.

Je constate encore une particularité. Tout le monde, ici, est *monsieur* ou *madame*. Chez nous, ces dénominations aristocratiques sont tout à fait inconnues, et si on appelle un paysan monsieur, il croit qu'on le raille et il vous reprend. Ici on vous reprend quand vous dites le nom des gens tout court; et quand je demande Moreau par le village, on me répond : « Quel Moreau ? M. Moreau du Pin ? »

J'entre dans un bouge misérable, et je demande qui demeure là.

— Monsieur ***. — Quel est l'état de ce M. *** ? Il cherche son pain. C'est un homme qui n'a rien. — Un ancien bourgeois ? — Mon Dieu, non; un homme comme nous.

Me voilà bien averti. Je donne du monsieur, même aux mendiants, et ils m'y paraissent fort habitués. Au reste, ces mendiants sont rares : on en compte deux ou trois dans la commune.

Les gallinacés sont magnifiques. Aujourd'hui que *la mode y est*, on peut constater, dans le fond des campagnes, des localités qui ont su profiter de l'amélioration des races. Le petit poulet noir étique et maraudeur, impossible à engraisser, parce qu'il dépérit dans les basses-cours, tend à disparaître. Le coq de Cochinchine pur sang ne le remplace pas d'emblée avec avantage. Il demande trop de soins et craint nos longs hivers. Il devient goutteux de bonne heure. Ses filles, nées de la poule normande ou de la poule du Mans, sont riches pondeuses, couveuses assez fidèles, mères sans souci et sans constance pour leurs poussins, qu'elles abandonnent trop vite. Voilà les résultats obtenus chez nous.

Ici les croisements ont produit une superbe espèce, très-robuste. On n'a pu me dire le nom du type qui l'a amenée. « Ce sont de gros œufs qu'on a donnés à *madame* une telle, du village, et qu'elle a fait couver. Il lui est venu un beau coq qui a *causé* avec nos poules, et, depuis quatre ou cinq ans, toutes nos volailles sont *venues* belles. »

Il faut dire aussi que les conditions d'élevage sont excellentes dans ce bourg. La communauté de passages et l'absence de clôtures aux habitations en font une vaste basse-cour où la volaille trotte, gratte, mange et grimpe partout en liberté. Le roi de ce pays de Cocagne est un coq blanc glacé de jaune-citron, à large crête d'un rouge de corail. Il est escorté de deux poules : l'une pareille à lui, l'autre plus blonde et non moins belle. Je ne sais de quel croisement ils résultent, mais ils seraient dignes de figurer chez un amateur. Ce n'est pas le lourd coq cochinchinois sans queue, ridiculement jambé, à l'air stupide et féroce. Celui-ci a une robe charmante et des formes parfaites, des pattes délicatement découpées, la démarche aisée et la physionomie fière, mais fort affable.

Je suis très-reconnaissant envers l'éminent peintre Jacque de m'avoir inspiré par ses études ingénieuses et savantes sur la matière, et surtout par ses adorables tableaux et dessins (ceux-ci publiés dans le *Magasin pittoresque* et dans le *Journal d'Agriculture pratique*), un redoublement d'amitié pour le Coq et la Poule. Au point de vue de l'alimentation, il y a le côté de haute utilité que tout le monde apprécie ; mais, au point de vue de cette amitié de bonhomme dont on s'éprend dans la vie domestique pour les animaux apprivoisés, le Coq et la Poule méritaient mieux de nous que le supplice de l'engraissage forcé et les tristes honneurs de la broche. Ils sont des types d'affection conjugale et de touchante maternité, et ils ont cet avantage sur la plupart des animaux dont nous nous entourons, que nous pouvons les rendre parfaitement heureux. Il y a de petites espèces ravissantes qui ne *grattent pas*, et que l'on pourrait laisser vivre dans les jardins. Ces oiseaux ont le naturel si raisonnable, qu'ils ne s'écartent presque pas de la petite cabane qu'on leur bâtit sous un arbre, et ne franchissent jamais une étroite limite qu'ils s'imposent à eux-mêmes. Ils connaissent, sans banalité de confiance, les gens qui les aiment ; ils les suivent, mangent dans leur main, perchent à côté d'eux sur les branches, dînent à leurs côtés si l'on dîne en plein air par le beau temps, et se rendent en grande hâte, à toute heure, au moindre appel d'une voix amie.

A ce caractère sociable et à cette domesticité fidèle ils joignent la beauté merveilleuse dans certaines espèces même très-rustiques et très-communes, et l'infinie variété dans l'imprévu des reproductions et dans le caprice des croisements. A chaque éclosion, on voit arriver des surprises, des petits qui diffèrent essentiellement du père et de la mère, et qui aussitôt forment des genres et des sous-genres intéressants.

. . . .

Il n'y a pas eu moyen, aujourd'hui, de contempler le village *intra muros* : nos compagnons veulent voir le pays ; c'est le village qui se promènera avec nous. Tandis qu'Herminea équite vaillamment un âne modèle, un âne qui passe partout comme un bipède, Moreau nous suit avec sa belle-sœur, madame Anne, son filet de pêcheur, son cheval chargé de provisions, et son neveu, *monsieur Fred* (diminutif d'Alfred). Ce dernier n'a d'autre motif de nous accompagner que celui de porter une poêle.

— Une poêle? Oui, une poêle à frire. Moreau a son idée, et il faut le laisser faire. D'ailleurs, ce détail fait bien, en queue de la caravane. Nous avons l'air d'une tribu qui se déplace, d'autant plus que nous partons au milieu de la pluie et du tonnerre, comme des gens forcés de partir.

Où déjeunera-t-on? Où l'on voudra, et quand tout le monde aura faim. Nous sommes sûrs de trouver partout du gazon pour siége, des roches pour table et des arbres pour tente. On remonte le cours de la Creuse. Comment s'arracher de cette oasis? Et puis, là sont les insectes à l'existence fantastique et l'espoir de nouvelles découvertes.

Au bout d'une heure de marche, tout le monde regarde avec amour le cheval porteur du déjeuner. On fait halte au milieu des roches blanches, en face du grand rocher noirâtre dit le *roc à Gayot*. Pendant que les uns déballent des provisions, les autres se mettent en quête du dessert. Les cerneaux ne sont pas formés, mais *monsieur Fred* grimpe sur les cerisiers, et apporte sans façon des rameaux chargés de fruits. Je m'inquiète de ce mode de contributions trop directes.

— Ça ne fait rien, répond Moreau, les gens seraient là qu'ils vous offriraient ce qu'ils ont. D'ailleurs, ce qui est planté sur les sentiers est au passant, et ce qui est loin des habitations est aux oiseaux.

Sylvain fait, avec des roches plates et des galets ronds, des siéges et des tables; il élève des dolmens sans le savoir. C'est le moment d'examiner ces galets. Ce sont des blocs de granit magnifiques, roulés et amenés là par la Creuse, et qui n'appartiennent nullement au terrain primitif où nous nous trouvons. Ils sont en si grand nombre dans certains coudes de la rivière, qu'on pourrait les utiliser. On l'a essayé pour le pavage et les ponts d'Argenton; mais les transports étaient trop coûteux et trop difficiles; on y a renoncé.

Hélas! on n'y renoncera pas toujours. L'homme s'emparera de tous les sanctuaires. Il y aura une route sur cette rive charmante où aujourd'hui le sentier existe à peine, et tous ces sauvages accidents où l'on se sent à mille lieues de la civilisation disparaîtront pour faire place au grand droit de tous, au progrès!

Nous retournons les galets brisés; leurs flancs sont d'un grain micacé compacte et des plus beaux tons, depuis le gris de fer jusqu'au rose vif, en passant par le gris de perle rosé et le lilas bleuâtre. La Creuse a apporté là les plus beaux échantillons des divers bancs granitiques qu'elle parcourt depuis sa source. Elle vous présente un musée complet de sa minéralogie; des gneiss brillants et variés, des micaschistes qui ont l'apparence et l'éclat de l'or et de l'argent disposés en veines sinueuses, des quartz d'une beauté qui rivalise pour l'œil avec les marbres les plus précieux, et des sables de mica pulvérisé qui font briller les sentiers comme des ruisseaux au soleil.

Pendant cet examen, madame Anne cherche une cheminée. Elle trouve un bloc bien exposé pour que la fumée ne nous incommode pas. Elle ramasse du bois mort, elle allume son feu et retrousse ses manches. Sylvain veut laver la poêle.

— Ah! malheureux! que faites-vous là? s'écrie-t-elle. Laver la poêle d'avance! vous voulez donc faire manquer la pêche? Ça porte malheur au pêcheur, ne le savez-vous point?

En effet, Moreau n'est pas heureux; il s'en va tout habillé dans les rochers submergés et dans les courants, lançant son filet avec maëstria, avec rage, avec majesté, avec douleur : rien n'y fait. Pas de truites, pas de saumons! Mais nous n'étions pas si ambitieux. Une friture de barbillons sortant de l'eau, rissolés dans l'huile et servis brûlants, c'est un excellent mets. Les poulets froids, les œufs mollets, les artichauts crus, la galette, les guignes et le café, voilà, j'espère, un festin royal. La salle à manger est si belle et l'appétit si ouvert! Moreau, éreinté, trempé comme un canard, rit quand on s'étonne de son régime. Il boit et mange sobrement, fait un somme sur l'herbe, et s'éveille gai comme un pinson, prêt à recommencer. Madame Anne a déjeuné de bon cœur avec nous; mais son fils, *monsieur Fred*, s'est exalté. Il devient d'une loquacité désespérante. Heureusement il s'en retourne au village avec sa mère et le cheval portant les débris du festin. Nous reprenons le cours de la Creuse jusqu'au roc du Cerisier, le plus beau de toute cette région. Il surplombe la rivière qui bat sa base, et Moreau, qui nous a fait grimper par-dessus la dernière fois, veut nous faire recommencer l'ascension à cause de l'âne. Mais nous nous obstinons à passer sur les roches à fleur d'eau, et l'âne y passe sans broncher. De mémoire d'âne on n'avait vu pareille chose; mais aussi quel âne!

Derrière le grand rocher, sur un espace d'une centaine de pas, s'étend le site ardu et sévère que nous avons baptisé le Sahara. Pas un souffle d'air, pas un arbre pour s'abriter, pas une place herbue pour séparer les pieds du roc brûlant. En plein midi, il y a un peu de quoi devenir fou; mais Algira et Gordius apparaissent instantanément, comme s'ils attendaient nos naturalistes. Alors tout est oublié : le soleil ne darde pas de feux dont on se soucie. Voilà nos enragés tout en haut du précipice, oubliant de songer aux vipères qui abondent et au moyen de redescendre tout ce qu'ils ont gravi. N'importe, les captures sont effectuées, et on descend comme on peut.

Cette roche feuilletée se divise en escaliers friables et perfides, et les herbes brûlées qui s'y attachent sont glissantes comme de la glace. L'émotion fait oublier à ceux qui regardent la chasse les souffrances de la fournaise. Outre les papillons désirés (ce que les entomologistes appellent leur *desideratum*), on rapporte des merveilles inattendues, des coléoptères avec lesquels on avait fait connaissance à la Spezia, dont le climat est aussi un peu celui de l'Afrique.

On va plus loin, on se retourne pour regarder encore la belle silhouette du rocher, qui paraît rgandiose par sa proportion avec le site environnant. Au pied des Alpes, ce serait un grain de sable; là où il est, c'est un pic alpestre.

Mais on avance et les talus s'abaissent, la rivière n'a plus de rochers, et, pendant un certain temps, ombragée de beaux arbres, elle semble noire et morte. Les gazons refleurissent, l'air circule et les insectes méridionaux disparaissent. Moreau nous trouve des sources fraîches, et, après une nouvelle halte, on reprend à travers champs, par le plateau, la direction du village.

En général, ces plateaux sont tristes et nus, mais ils sont courts et s'abaissent brusquement vers de jolis bouquets de bois de hêtres et de chênes enfouis dans des déchirures de terrains très-amusantes.

On remonte, on traverse, en soupirant un peu, des moissons au-dessus desquelles la chaleur danse et miroite. Enfin, on redescend rapidement au village par une fente profonde, chemin en été, torrent en hiver.

On ne saurait définir la production générale du pays, tant elle est inégale et variée sur ces terrains tourmentés de mouvements capricieux. Dans des veines ombragées et humides, les fourrages sont magnifiques à la vue, bien que grossiers de qualité; le *brin* est trop gros, et nos chevaux le refusent absolument : ceux du pays, moins délicats, en font leurs délices. Sur les hauteurs pierreuses croissent de maigres froments, gravement malades cette année, et dont le grain éclate en poudre noire. Mais à deux pas plus bas, ou plus au nord, ou plus au sud, la moisson du blé, de l'orge ou de l'avoine, est superbe. Ailleurs et non loin, c'est la vigne qui souffre ou prospère. La culture se fait industrieuse, essayeuse, observatrice, comme dans tous les pays accidentés. On finit par utiliser les recoins les plus rebelles et par ne rien abandonner au désert de ce qui est praticable, c'est-à-dire ce que le pied et la main peuvent atteindre.

Somme toute, la contrée est riche, le vin très-potable, le pain excellent, les légumes aussi. La grande variété des produits est toujours une source d'aisance pour le paysan, parce que bien rarement tout manque à la fois. C'est ce qui leur fait dire avec raison que les *chétifs* pays sont les meilleurs. En effet, dans les terres légères et inégales des varennes, on trouve parfois plus de ressources que dans l'uniforme et opulent fromental. On possède dix fois plus d'espace, et, bien qu'une *boisselée* de chez nous paraisse en valoir dix des autres, le résultat général prouve que ces terres médiocres rapportent, en proportion de leur prix, un bon tiers de plus que celles de première qualité.

Cela provient surtout de ce que l'on s'ingénie davantage. « Nous nous *artificions* à toute chose, me disait un paysan de par là. Nous savons faire pousser le noyer et le châtaignier côte à côte, chose réputée impossible dans vos endroits. Nous greffons toutes sortes d'arbres fruitiers les uns sur les autres : tant pis pour ceux qui manquent. Nous ne craignons pas de recommencer, pas plus que d'apporter de la terre à dos de mulet, à dos d'âne, et même à notre dos de chrétien, dans des hottes, pour nous faire un petit jardin dans un trou de rocher. On *s'invente* tout ce qu'on peut, et, si les courants d'eau emportent l'ouvrage à la mauvaise année, on recommence un peu plus haut, on endigue, on s'arrange et on se sauve. »

Ce paysan industrieux et entreprenant est, je le répète, moins solennel et moins poétique que le nôtre : il ressemble plus à un Auvergnat moderne qu'à un vieux Gaulois. Il manque de cette majesté qu'on peut appeler *bovine* chez l'homme de la vallée Noire ; mais il est plus intéressant dans son combat avec la terre, et, s'il rêve moins, il comprend davantage. Encore un trait caractéristique : le paysan de chez nous a peur de l'eau. Il croit que le bain de rivière est malsain, le dimanche, pour qui a sué la semaine. Il croit que la natation est un plaisir d'oisif. Il se noie dans un pied d'eau.

Ici tout le monde va à l'eau comme les canards. Le dimanche soir, toute la population nage, plonge, dresse les bambins à se jeter dans les bassins profonds du haut des rochers et à pêcher à la main sous les blocs de la rivière. Quelques femmes nagent aussi. On se partage gaiement la pêche et on rentre pour la manger toute fraîche en famille, sauf les belles pièces, qui sont vendues à Argenton quand il n'y a pas d'étrangers au village.

Ce poisson est exquis, même le fretin. Il a la chair ferme et savoureuse. La bonne et vraie pêche se fait avant le jour; aussi vous pourriez marcher la nuit tout le long de ce désert, avec la certitude de rencontrer, à chaque pas, des figures affairées, mais bienveillantes.

Les meuniers et les pêcheurs vivent en bonne intelligence : filets et bateaux sont prêtés à toute heure, et ce continuel échange constitue une sorte de communauté. On ne se gêne guère pour lever la vergée qu'on rencontre sur les îlots dans le courant. Mais c'est à charge de revanche, et la grande prudence du Berrichon évite les reproches et les querelles. Les pêcheurs ont un soin de prévoyance qui ne viendrait jamais à ceux de l'Indre. Quand on pêche les étangs, ils achètent le fretin et *rempoissonnent* leur rivière pour l'avenir.

En traversant une ravissante prairie, nous eûmes à saluer une très-vieille dame du hameau des Cerisiers, qui gardait ses vaches en cornette et jupon court. Elle était seule dans cet Éden champêtre, droite, rose, enjouée. Moreau m'apprit que c'était une personne riche, la mère d'un de nos amis, avoué très considéré dans notre ville.

— Comprenez-vous, nous dit-il quand nous fûmes à quelques pas de cette vénérable pastoure, qu'une dame comme elle, qui a le moyen d'avoir trois vachères pour une, prenne son plaisir à être là toute seule, à son âge, par chaud ou froid, vent ou pluie?

— Ma foi, oui, pensai-je; je le comprends très-bien. Je sais que son fils, qui la respecte et la chérit, a fait son possible pour la fixer à la ville auprès de lui. Mais elle s'y mourait d'ennui; le bien-être et le repos lui retiraient l'âme du corps. Il y a dans ces natures agrestes une poésie qui ne sait pas rendre compte de ses jouissances, mais que l'esprit savoure dans une quiétude mystérieuse. Oui, oui, encore une fois, l'aspiration à la vie pastorale, le besoin d'identifier notre être avec la nature et d'oublier tous les faux besoins et toutes les vaines fatigues de la civilisation, ce n'est pas là un vain rêve; c'est un gout inné et positif chez la grande majorité de la race humaine, c'est une passion muette et obstinée qui suit partout, comme une nostalgie, ceux qui ont mené, dès l'enfance, la vie libre et rêveuse au grand air.

Et, quand cette passion s'est développée dans une contrée adorable, est-il un artiste qui ne la comprenne pas et qui ne la voie pas flotter dans ses pensées comme le songe d'un vie meilleure?

Tout le monde la comprendrait, cette passion, si la nature était belle partout. Elle le serait, si l'homme voulait et savait. Il ne s'agirait pas de la laisser à elle-même, là où elle se refuse à nourrir l'homme. Il s'agirait de lui conserver son type et de lui restituer, avec les qualités de la fécondité, le caractère de grâce ou de solennité qui lui est propre.

Ceci viendra, ne nous désolons pas pour notre descendance. Nous traversons les jours d'enfantement de l'agriculture. La terre n'est ingrate que parce que le génie de l'homme a été paresseux. Nous sortons des ténèbres de la routine. La science et la pratique prennent un magnifique essor au point de vue de l'utilité sociale. La vie matérielle absorbe tout, la question du pain enfante des prodiges. Les artistes et les rêveurs ont tort pour le moment.

Il le faut, et n'importe! car le sentiment du beau et les besoins de l'âme reviendront quand la production aura payé l'homme de ses dépenses et de ses peines. La question des arbres viendra le préoccuper quand il aura trouvé le chauffage sans bois. La question des fleurs descendra des régions du luxe aux besoins intellectuels de tous les hommes. La question des eaux et des abris de rochers fera des prodiges quand il y aura communauté, je ne dis pas de propriété (je ne soulève pas cette question), mais de culture en grand avec une direction savante et intelligente. Déjà les efforts particuliers de quelques riches amis du beau font pressentir ce que sera la campagne en France dans une centaine d'années peut-être. On comprend déjà très-bien qu'un parc de quelques lieues carrées soit une fantaisie réalisable, et que, au milieu de ses grandes éclaircies et de ses immenses pelouses, les moissons et les fauchailles s'effectuent facilement à travers des allées ombragées et doucement sinueuses. Il n'y a donc pas de raisons pour qu'un jour, quand l'intérêt social aura prononcé qu'il est indispensable de réunir tous les efforts vers le même but, des départements entiers, des provinces entières, ne deviennent pas d'admirables jardins agrestes, conservant tous leurs accidents de terrains primitifs devenus favorables à la nature de la végétation qu'on aura su leur confier, distribuant leurs eaux dans des veines artificielles fécondantes et gracieuses, et se couvrant d'arbres magnifiques là où ne poussent aujourd'hui que de stériles broussailles.

A mesure qu'on obtiendra ce résultat, en vue du beau en même temps qu'en vue de l'utile, les idées s'élèveront. Le goût ira toujours en s'épurant, le sentiment du pittoresque deviendra un besoin, une jouissance, une ivresse pour le laboureur, aussi bien que pour le poëte. Ce sera un crime que d'abattre ou de mutiler un bel arbre; une grossièreté que de négliger les fleurs et d'aplanir sans nécessité les aspérités heureuses du sol; un crétinisme que de détruire l'harmonie des formes et des couleurs sur un point donné, par des bâtisses disproportionnées ou criardes. L'artiste ne souffrira plus de rien, l'idéalisme et le réalisme ne se battront plus. Toute rêverie sera douce, toute promenade charmante. Et vous croyez que, vivant dans le beau et le respirant comme un air vital dans la nature redédiée à Dieu, les hommes ne deviendront pas plus intelligents en devenant plus riches, plus vrais en devenant plus habiles, et plus aimables en devenant plus satisfaits?

Amyntas s'est décidément épris de la maisonnette où nous sommes logés. Il y rêve une intallation possible, un pied-à-terre tolérable au milieu d'un monde enchanté de fleurs, de ruisseaux et de papillons. Pourquoi pas? Il a bien raison. J'avais grande envie aussi de cette chaumière, bien qu'elle ne réalise pas mon ambition pittoresque. Vingt autres sont plus jolies; mais c'est la seule en vente, et j'allais m'en emparer... Mais notre ami réclame la priorité de l'idée. Il nous demande de lui laisser arranger cette chaumière à son gré et de devenir ses hôtes dans nos excursions sur la Creuse. Nous retirons nos prétentions. Il échange quelques paroles avec madame Rosalie. Le voilà propriétaire d'une maison bâtie à pierres sèches, couverte en tuile, et ornée d'un perron à sept marches brutes; d'une cour de quatre mètres carrés; d'un bout de ruisseau avec droit d'y bâtir sur une arche; plus, d'un talus de rocher ayant pour limite un buis et un cerisier sauvage.

A partir de ce moment, je vois bien que l'insouciant Amyntas n'est plus le même. Après le souper, car nous n'avons dîné qu'à neuf heures, le voilà qui lève des plans, qui mesure ses deux petites chambres, plante en imagination des porte manteaux, creuse des armoires dans l'épaisseur de *son mur*, et dit à chaque instant : *Ma maison, ma cour, mon rocher, mon buis, mon cours d'eau, mes voisins, mes impôts,* — il en aura pour deux francs vingt-cinq centimes! — *mes droits, mes servitudes, mon acte, ma propriété, enfin!* C'est tout dire.

— N'en riez pas, dit-il; qui sait si ce n'est pas là que, par goût ou par raison, je viendrai terminer mes jours?

Ah! qui sait, en effet? La même idée m'était venue pour mon

compte, quand je lorgnais cette splendide acquisition à laquelle il me faut renoncer. Mais l'aimable acquéreur s'en fait un si grand amusement que je suis dédommagé de mon sacrifice. Et puis, il n'est pas dit absolument que la voisine, l'affable et obligeante madame Anne, ne se laissera pas séduire par mes offres un peu plus tard. Nous verrons, si elle n'a pas trop de chagrin! J'avoue que je ne me pardonnerais pas d'apporter un chagrin dans ce village. Un chagrin surmonté par des considérations d'intérêt, c'est presque une corruption exercée et subie. Certes, l'Eldorado champêtre où nous voici recèle ses plaies secrètes comme les autres; mais je voudrais bien que ma main n'y apportât pas une égratignure.

Ce remords n'empoisonnera pas les jouissances de notre nouveau propriétaire. L'aubergiste qui lui cède la maisonnette est enchanté de pouvoir faire agrandir et arranger désormais son auberge. Il paye quelques dettes avec le surplus, et se loue beaucoup de l'aventure.

10 juillet.

Une voix creuse et sépulcrale me réveille, et une pensée triste me traverse l'esprit. Le pauvre petit maître d'école qui demeure en face, dans notre *square*, s'est laissé choir hier de son âne. On le disait brisé. Il est peut-être mourant. Sans doute, cette voix de la tombe, c'est celle du prêtre qui vient prier pour son âme.

J'entr'ouvre le rideau et je me rassure. Il n'y a là qu'un vieux mendiant aveugle, récitant un long *oremus* en l'honneur du généreux Amyntas, qui vient de le bien traiter. Aussi, tandis que le *propriétaire* s'enfuit modestement dans les ruines de la forteresse, pour échapper à la litanie du remercîment, le vieux fait les choses en conscience et récite jusqu'au bout son antienne édifiante. Une jolie petite fille de dix ans sort de la maison d'école, apporte au pauvre un gros morceau de pain blanc, le lui met dans sa besace et lui demande où il veut aller. Le bonhomme lui ordonne d'un air grave de le conduire au château. Elle lui prend la main et l'emmène, en écartant devant lui, avec son petit sabot, les pierres qui pourraient le faire trébucher.

On déjeune chez madame Rosalie, on lui dit adieu, et on part pour le Pin par le chemin d'en haut. On redescend avec Moreau à la Creuse, et on fait encore une lieue dans les rochers pour aller au Trou-Martin, un bel endroit, le plus hérissé de la contrée, rochers en aiguilles sur les deux rives de la Creuse, aridité complète, découpure romantique autour du courant devenu plus rapide : l'un fait un croquis, l'autre un somme. Au retour, à un méandre où le torrent est calme et profond, une barque glisse lentement d'une rive à l'autre. Le batelier conduit trois femmes chargées de paniers de fruits ; tous quatre sont superbes de pose et de costume à leur insu; l'eau est un miroir; les rivages herbus, les arbres, les terrains, sont étincelants au soleil, qui baisse et rougit. Tout est rose, chaud et d'un calme sublime. Ce n'est pas le lac Némi ; ce ne sont pas les femmes d'Albano, c'est autre chose : c'est moins beau et plus touchant. Ici rien ne pose. En Italie, le moindre brin d'herbe fait ses embarras et attend le peintre.

Belle et bonne France, on ne te connaît pas !

On part à cinq heures, on flâne un peu en route, on boit de l'eau fraîche à Cluis. On peut y manger des goires, gâteau au fromage de la localité. C'est étouffant, mais quand on a faim ! On arrive à la maison à onze heures du soir. On soupe, on range les papillons, on se couche à deux heures.

14 juillet.

Notre ami l'avoué, le fils de la vénérable pastoure, est venu nous voir ce matin. Amyntas lui confie le soin de régulariser son acquisition et le traite de *mon avoué* avec une aisance importante.

On dirait qu'il n'a fait autre chose de sa vie que d'être propriétaire. Il ne dit plus ma chaumière, il ne dit même plus ma maison, il dit *ma villa*. L'avoué nous donne des renseignements sur le pays, dont il est né *natif*, comme on dit chez nous. Il a été élevé pieds nus, sur les roches du *Cerisier*. I soupire au souvenir du temps où, lui aussi, gardait ses vaches dans les grandes herbes. Il a l'excellent esprit de comprendre que sa mère n'ait pu s'habituer à l'air mou d'une ville et au parfum de renfermé d'une étude. Puis il nous dit, lui qui connaît la réalité des choses humaines et qui est rompu au contact des intérêts et des passions des gens de campagne :

— Vous avez eu une bien bonne idée de vouloir planter là une tente. Je ne crois pas que vous le regrettiez jamais. Ce village est un nid de braves gens.

— En vérité? Il nous semblait, mais nous ne savions pas ! Nous cherchions des fleurs et des papillons. Aurions-nous trouvé des hommes?

— Des hommes très-bons et très-sincèrement religieux, des mœurs très-douces, vous verrez ! Et puis une grande fierté, l'orgueil d'un certain bien-être, joint au plaisir de l'hospitalité. Nous avons peu à faire par là, nous autres gens de procédure. J'en suis fier pour mon endroit. Pas de procès comme dans la Marche. C'est une oasis. Ces gens ne sont jamais sortis de leur manière d'être depuis des siècles. Faute de chemins, ils ne se sont jamais écartés du beau jardin que leur a creusé la nature. Ils ont su garder leur bonheur, et il y a chez eux un grand cachet d'association et d'homogénéité. Ne vous défendez pas de les estimer. Ils sont tous ce qu'ils vous paraissent.

Espérons que ce réaliste de profession n'est pas trop romanesque d'instinct, et retournons au village le plus tôt qu'il nous sera possible.

26 juillet.

Parthénias est dans le Midi, Amyntas est parti avant hier pour *son village*, afin de mettre les ouvriers en besogne à *sa villa*. Il nous permet cependant d'y passer encore une bonne journée avant de leur céder la place. Nous partons demain, Herminea et moi; aujourd'hui nous voyons la fête de notre hameau d'ici; c'est la Sainte-Anne, qui en est la patronne et que l'on fête le dimanche, car la moisson est commencée et on ne pourra se déranger dans la semaine.

Toutes les réjouissances de chez nous se bornent à danser, du matin au soir, la bourrée. La bourrée du Berry va se perdant sans qu'on y songe; elle ne se danse plus que dans un assez petit rayon. J'ai bien peur qu'on ne se soit laissé entraîner à la contredanse dans notre village de là-bas. Je n'ai pas encore osé le demander.

La contredanse du paysan est absurde et grotesque. Sa valse est, comme rhythme et comme allure, quelque chose de disloqué et d'incompréhensible. La bourrée est monotone, mais d'un vrai caractère. Pourtant il ne faut pas la voir folichonner par les artisans de petite ville; ils y sont aussi absurdes que le paysan à la contredanse. Il y a aussi les *beaux* de village de la nouvelle école, qui y introduisent des contorsions prétentieuses et des airs impertinents tout à fait contraires à l'esprit de cette antique danse. La bourrée n'est elle-même que dans les jambes molles et les allures traînantes de ce qui nous reste de vrais paysans; les jeunes bouviers et les minces pastoures de nos plaines. Ces naïfs personnages s'y amusent tranquillement en apparence; mais l'acharnement qu'ils y portent prouve qu'ils y vont avec passion. Leur danse est souple, bien rhythmée et très-gracieuse dans sa simplicité. Les filles sont droites, sérieuses, avec les yeux invariablement fixés à terre. J'ai toujours vu les étrangers qui venaient à notre fête très-frappés de leur air modeste.

Notre *assemblée* est une des moins brillantes du pays. Il en a toujours été ainsi; c'est parce qu'elle *tombe en moisson* et que la jeunesse est éparpillée au loin en ce moment. Je doute que le cabaretier qui nous dresse une ramée y fasse de brillantes affaires. Bien qu'il offre aux consommateurs liqueurs, bière et café, nos paysans, qui ne sont guère friands de ces nouveautés, n'en usent que *par genre*, et préfèrent le vin du cru, qui se débite au *pichet* dans les cabarets de la localité.

Les ménétriers semblent fort occupés; mais deux sonneurs de musette, c'est trop pour si peu de monde, et leur journée a été mauvaise. Le vieux Doré se targue pourtant d'avoir des droits à la préférence des gens d'ici. Il a été assez habile dans son temps, et il a beaucoup gagné. Il était seul alors pour cinq ou six paroisses et faisait souvent des journées de dix écus. Mais il s'est négligé dans son art, et, quelquefois distrait dès le matin, il coupait tout le jour les jambes à son monde, en sortant plus que de raison du ton et de la mesure. Et puis, le cornemuseux croit que le souffle et le succès ne le trahiront jamais, tandis que l'un est aussi fugitif que l'autre. Il n'amasse guère; et, aux champs comme ailleurs, tout artiste veut mener la vie d'artiste. Bien qu'il travaille de ses bras dans la semaine, il n'est pas réputé bon ouvrier et ne trouve pas beaucoup d'ouvrage. Aux champs comme ailleurs règne le préjugé du positiviste contre l'idéaliste.

Bref, Doré est devenu vieux, maladif et pauvre. Il a fait la folie de se marier en secondes noces avec une jeune femme qui lui a donné beaucoup d'enfants. L'aîné, âgé de dix ans, est là debout sur le banc, à ses côtés, l'accompagnant sur la vielle avec beaucoup de nerf et de justesse. Le pauvre petit bonhomme est charmant; c'est un élève qui lui fait honneur et qui le ramène à la mesure, avec laquelle il s'était trop longtemps brouillé. L'enfant est intéressant, et en outre Doré a fait la dépense d'une vaste tente sous laquelle on peut danser seize, à l'abri du soleil et de la pluie.

Hélas! c'est peine perdue! Les délicats sont en petit nombre, et, malgré trente-deux degrés de chaleur, on danse en plein soleil à la musette du concurrent, qui est venu fièrement planter son tréteau dos à dos avec lui. Les deux musettes braillent chacune un air différent. A distance, c'est un charivari effroyable. Mais telle est la puissance de l'instrument, que de près l'un ne peut étouffer l'autre et que le cri strident de la vielle du petit se perd dans le mugissement du grand bourdon de Blanchet.

Et puis, Blanchet, de Condé, est dans la force de l'âge et du talent. C'est un véritable maître sonneur, plus instruit et mieux doué que le vieux Doré. Il n'a pas dédaigné les traditions et sait de fort belles choses, aussi bien pour la messe que pour le bal. Il sait accompagner le plain-chant et s'accorder avec trois autres cornemuses à l'offertoire. Je l'ai entendu une fois consacrer la cérémonie du chou, à un lendemain de noce, par un chant grave d'une originalité extrême et d'une facture magnifique. Je le priai de venir le lendemain pour moi seul, et il me joua des bourrées de sa composition, très-bien faites et nullement pillées dans les airs de vaudevilles que nos sonneurs modernes ramassent, tant bien que mal, sur les routes et dans les cabarets.

Aussi, quand le pauvre Doré vint me porter sa plainte, à la fin de l'assemblée, me remontrant que Blanchet, de Condé, avait mal agi en faisant danser sur une paroisse de son ressort; quand il me montra en pleurant son gentil vielleux et les vingt-six sous de sa journée, tous frais faits, je fus attendri sans doute, et lui donnai le dédommagement qu'il pouvait réclamer d'une vieille amitié; mais je ne pus prendre parti contre le maître sonneur de Condé, qui était dans son droit et qui, avec trois pintes de vin dans le ventre, n'a jamais failli aux lois de la mesure.

La scène fut assez pathétique. Doré gémissait et me reprochait doucement, mais tristement, d'être de ceux qui lui avaient fait *du tort*. J'avais prôné d'autres maîtres sonneurs autrefois : Marcillat, du Bourbonnais, ensuite Moreau, de la Châtre, et maintenant ce maudit Blanchet, de Condé, dont pourtant il parlait avec un certain respect. Mais pourquoi ne m'étais-je pas contenté de lui, le vieux sonneur de Saint-Chartier, l'unique, l'inévitable des anciens jours ? « Il fut un temps, disait-il, où, quand vous vouliez entendre la cornemuse ou faire danser la jeunesse, c'était toujours moi que vous appeliez. Et puis, tout d'un coup, vous avez eu une dame de Paris, une fameuse Pauline Viardot, qui voulait écrire nos airs, et vous avez demandé Marcillat, qui était à plus de douze lieues d'ici, pendant que j'étais sous votre main. Ça a été un crève-cœur pour moi ; je me suis questionné l'esprit pour savoir en quoi j'avais manqué, et, de chagrin, j'ai quitté l'endroit pour aller vivre à la ville, où je vis encore plus mal. »

Que pouvais-je répondre à ce pauvre homme? Il est malheureux et pas assez artiste pour comprendre que l'art et l'amitié obéissent à des lois différentes. Mais il me faisait peine, et je me gardai bien de lui dire que j'avais douté de son talent. J'arrangeai la chose de mon mieux en l'engageant à pardonner au grand Marcillat, mort il y a longtemps, à la suite d'une querelle suscitée par d'autres sonneurs, pour des causes analogues à celle dont il était là question. Quant à Moreau, de la Châtre, ce n'est pas moi qui ai fait sa réputation. Elle s'est établie et soutenue sans moi. Doré m'avoua qu'il n'essayait pas de lutter contre cet artiste redoutable, sur son terrain, les bals de la ville, et qu'il cherchait modestement sa vie aux alentours. Je lui rendis un peu de contentement en louant son petit et en lui disant qu'à eux deux ils jouaient très-bien, ce qui est la vérité.

Un autre *idéaliste* des environs, que l'on rencontre dans toutes les foires et assemblées, voire sur tous les chemins, comme un bohème dont il mène la vie, c'est Caillaud-la-*Chièbe* (c'est-à-dire la *Chèvre*), ainsi surnommé parce que, durant quelques mois, il promena et montra pour de l'argent le phénomène ainsi décrit sur l'écriteau (avec portrait) de sa pancarte : *Ici l'on voit la chièbe à Caillaud qu'a trois pattes de naissance.*

La chèvre à trois pattes n'enrichit point Caillaud. Caillaud est plein d'idées et d'activité, mais il se blouse dans toutes ses spéculations. Il appartient à la grande race des Barnum et compagnie, mais il a plus d'ambition que de prévoyance. A peine la chèvre phénoménale fut-elle sevrée qu'il recommença, pour la centième fois de sa vie, l'histoire du pot au lait. Il lui fit construire une petite voiture, acheta un âne, et, après avoir promené son monstre dans le département, il partit pour Paris dans l'espoir de revenir millionnaire.

Le Jardin des Plantes acheta vingt-cinq francs, je crois, la chèvre à trois pattes ; c'était bien tout ce qu'elle valait, mais non tout ce qu'en frais de voyage et d'exhibition elle avait coûté à son naïf propriétaire.

Il revint au pays, Gros-Jean comme devant, vendit du ruban, des allumettes, des tortues d'eau douce, des poissons, des boutons, des écrevisses, des cochons d'Inde, que sais-je? Toujours par monts et par vaux, brocantant sur toutes choses, se plaignant toujours de l'ingrate fortune, et toujours recommençant, avec accompagnement d'illusions et de déboursés préalables, l'édifice de sa prospérité. Excellent garçon d'ailleurs, doux, sobre, point vicieux et très-serviable avec ou sans profit. Il s'est jeté dans la bohème par imagination et non par paresse ; car il se donne du mal comme dix pour gagner quelques sous. Il est assez menteur, encore par excès d'imagination, car il ne sait pas soutenir ses hâbleries, et ses finesses sont cousues d'un câble.

La moralité que l'on peut tirer de sa vie fantaisiste, c'est qu'il y a des gens si habiles, qu'ils sont fatalement dupes de tout et d'eux-mêmes par-dessus le marché. Ils cherchent la renommée de profonds diplomates, et, une fois posés ainsi, ils ne peuvent plus dire un lieu commun qui ne mette en méfiance. On se fait un droit, un plaisir, presque un honneur et un devoir de les attraper, si bien qu'en somme ils succombent dans une lutte où ils se trouvent seuls contre tous. N'en est-il pas ainsi ailleurs qu'au village ? et, aux premiers plans du monde financier et industriel, ne trouve-t-on pas, sous des dehors moins naïfs, mais avec des effets et des résultats aussi vains, plus d'un Caillaud à trois pattes ?

Ledit Caillaud a inventé, depuis trois ans, de tenir un jeu de bonbons pour les enfants, dans les assemblées. Il a une table sur laquelle sont collées des cartes ; sur chacune de ces cartes est un lot plus ou moins friand, soit trois dragées au plâtre, soit une tour en sucre, soit un demi-bâton de sucre d'orge, soit un cheval en candi couleur de rose. Il fait payer un sou, et on tire dans un sac des cartes roulées, crasseuses, Dieu sait ! pour amener le lot placé sur la carte correspondante du tableau. La ruse du marchand consiste à placer des pièces d'une certaine apparence sur les intervalles, de manière que presque tous les lots soient couverts d'objets qui ne représentent pas la valeur d'un centime.

A cet honnête trafic Caillaud fit d'abord quelques bonnes journées. L'an passé, il récolta trente-huit francs. Mais il ne faut pas longtemps pour que les plus niais y voient clair. Sans nous, cette année, sa boutique eût été déserte. Heureusement pour lui, tous les gamins vinrent nous demander de tenir la banque, et nous la fîmes sauter à son profit avec des joueurs qui ne payaient pas.

Mais quoi ! aussi bien que le vieux Doré, Caillaud a déjà un concurrent. Au bout de la place, dans un coin honteux, se tient un pauvre être disloqué, horrible, qu'agite en outre une sorte de danse Saint-Gui des plus bizarres. Lui aussi a son jeu de friandises, un tourniquet à macarons, dont les mouches sont les seuls chalands, le pauvre homme n'ayant pas, comme le magnifique Caillaud, le moyen d'abriter sa marchandise sous un parasol; et voilà Caillaud qui pourrait bien gémir et murmurer, parce que j'ai été aussi donner un encouragement au petit commerce de l'estropié. Pour le coup, je perdrais patience et j'enverrais promener mon ami à trois pattes, s'il réclamait en vain le monopole de la misère et de la commisération.

Les bohémiens sont fort gentils : c'est une race aimable et vivace, qui se trouve la même relativement à tous les échelons de la société. La profession est relativement la même aussi : elle consiste à s'isoler des conditions regulières de l'existence générale et à se frayer une route de fantaisie à travers le troupeau du vulgaire. Ce serait tout à fait légitime pour quiconque a le goût des aventures, le courage des privations et l'heureuse philosophie de l'espérance, si, même en s'abstenant du vice qui avilit et de l'intempérance qui hébète, on n'était pas fatalement entraîné un jour ou l'autre à oublier toute notion de dignité, et partant de charité humaine.

L'homme qui s'endurcit trop vis-à-vis de lui-même s'endurcit peu à peu à l'égard de ses semblables. Il trouve naturel d'exploiter leur travail au profit de son industrie, qui consiste à se faire plaindre jusqu'au jour où il n'y réussit plus du tout et se laisse mourir dans un coin, fatigué de l'ingratitude de sa fonction d'ingrat.

A côté de la figure à la fois souriante et larmoyante du bohème rustique, mélange de timidité et d'audace, de douleur et d'ironie, passe la face sérieuse et un peu hautaine du paysan aisé, bien établi dans la famille et la propriété. Dans nos pays, celui-ci est honnête homme en général, et très-charitable envers les individus. Il a même un sourire de protection pour celui qui a trois pattes de naissance et qui va clopin-clopant dans la vie. Lui, fièrement établi dans la société sur ses quatre pieds de banc, il n'avance pas, mais il ne tombe pas. Il dit, en parlant du bancal, qu'il n'a pas pris la rége (le sillon) du bon côté, et que, pourtant, il n'est pas mauvais homme pour ça. Il ne le pousse pas à terre, car il met tout son tort sur le compte du progrès, le grand ennemi, le chemin de perdition de la jeunesse. A l'égard des masses souffrantes, le paysan aisé est très-dur en théorie. Il se révolte à l'idée du mieux général ; cependant il plaint et assiste les maux particuliers ; mais il a horreur des conclusions, de quelque côté qu'elles lui soient présentées, et ce sera sagesse que de chercher le moyen de l'y amener sans qu'il s'en aperçoive.

VII

Au village de ***, 27 et 28 juillet.

Nous voici dans nos torrents et dans nos rochers. Amyntas est venu au-devant de nous à pied avec Moreau, jusqu'au joli bois entre le chatelier et la croix. Ils rendent l'âme, notre cheval aussi. On fait halte. La chaleur devient torride dès qu'on s'engage dans les vallons qui conduisent à la Creuse.

Cette fois, nous avons quelque peine à remiser la voiture. Les récoltes sont presque finies, les granges sont pleines. Nous descendons à la Creuse et nous la remontons jusqu'à l'embouchure du torrent de notre village. Il n'y a pas pour une heure de marche, et c'est en somme le plus beau coin de la gorge. La Creuse y est resserrée et traverse deux ou trois petits chaos très-romantiques. J'ai vu autrefois ce paysage encore plus beau : on a abattu de grands chênes qui le complétaient. On a fait un nouveau pont, qui sera encore emporté comme celui que nous passions autrefois pour aller à la *Prune au Pot*, un vieux manoir qui a eu l'honneur d'héberger Henri IV, et qui est très-bien conservé. La Creuse est terrible quelquefois. Je l'ai vue bien méchante. En ce moment, elle est si basse et si tranquille, que l'on a besoin de regarder la position de ses énormes blocs de granit pour se persuader que c'est elle qui les a apportés là.

Le village se présente encore mieux en montant qu'en descendant. On y arrive par des prairies délicieuses.

Nous y voilà. Décidément on est ici plus démonstratif que chez nous. Nous sommes déjà reçus comme de vieux amis, et nous trouvons Amyntas lié avec tout le monde. Un artiste éminent, qui a découvert aussi le village, et dont le nom se recommande de lui-même, est invité par nous à déjeuner le lendemain sur le rocher, et nous recommençons la partie de pêche et de friture au bord de la Creuse. Il est ravi de la douceur et de la grâce de cette nature; il fait rapidement des croquis adorables. Les peintres qui comprennent le vrai sont d'heureux poëtes. Ils saisissent tout à-la fois ensemble et détails, et résument en cinq minutes ce que l'écrivain dit en beaucoup de pages, ce que le naturaliste ne pénètre qu'en beaucoup de jours d'observation et de fatigue. Ils s'emparent du caractère des choses, et, sans savoir le nom des arbres et la nature des pierres, ils font le portrait des aspects sentis, portrait pénétrant et intelligent, saisissant et fidèle, sans l'effort des pénibles investigations.

Ils écrivent la vie et traduisent le champ de la nature dans une langue dont les difficultés mystérieuses nous échappent, tant elle paraît claire et facile quand ils la possèdent bien. En regardant ces croquis de M. Grandsire, nous retrouvions toutes les douces émotions de nos rêveries à travers ces promenades enchantées, et quant à moi, il m'eût été bien impossible de dire comment ce petit bout de papier crayonné si promptement contenait tant de choses auxquelles j'avais songé, et qui m'apparaissaient de nouveau avec la traduction des objets dont j'avais savouré la couleur et la forme.

Nous avons poussé, encore une fois, jusqu'à l'anse du grand rocher noir. Amyntas s'est donné la satisfaction de l'escalader tout entier, pour se réchauffer d'un bain pris résolûment avec ses habits dans la Creuse, à la manière de Moreau ; mais Moreau est amphibie et ne sent ni l'eau ni le soleil, tandis qu'Amyntas s'enrhume comme un simple petit mortel.

Les trente jours de chaleur tropicale qui viennent de passer sur notre beau pays n'ont fait que dilater la verdure ; les arbres sont aussi fastueux de feuillage qu'en juin, et, sous leur ombrage épais, les petites sources murmurent encore et les mousses veloutent le rocher. Les buis sauvages qui tapissent les talus ont toujours leur air de fête des Rameaux. Mais les fleurs ont fait leur temps, les prés sont fauchés, les vaches et les chèvres broutent partout, et les moissons achèvent de tomber sous la faucille. Dans quelques jours, il faudra chercher un reste de vie et de fête dans les endroits incultes. Heureusement ils ne manquent pas ici, et le féroce mois d'août, si triste et si dur dans nos plaines, ne se fera pas trop sentir dans ces bosquets d'Arcadie.

Mais j'oublie qu'il nous faut partir et laisser la villa d'Amyntas aux réparations urgentes. Nous ne reviendrons qu'à l'automne, et c'est alors seulement que nous deviendrons assez citoyens de ce village pour en pénétrer les mœurs et coutumes.

En attendant, voici les nouvelles du jour. Le marquis fait faire en dehors du village, au fond du ravin, un cimetière pour la paroisse, qui entasse ses défunts dans l'étroite cour de l'église, comme en plein moyen âge. Le maître d'école va mieux. Il prend l'air sur son escalier et nous fait bon accueil. Nous caressons un enfant rose et blond, beau comme l'amour, et nous découvrons qu'il est le fils du pauvre difforme. Nous en félicitons celui-ci. Sa figure anguleuse et pâle rayonne de plaisir. Il sent vivre son âme dans la beauté de cet enfant. Les âmes sont toutes belles en sortant des mains de Dieu, et ce n'est pas le corps apparemment qui a l'initiative dans la génération.

Les femmes et filles du village sont toujours vaillantes et robustes. Je demande où est une charmante enfant de dix-sept ans qui m'avait frappé par son air de douceur ; elle est partie *en moisson* dans le haut du pays. C'est bien dur pour une jeune fille, et elle n'était pas obligée à cela. Mais que voulez-vous ? Elle avait envie d'un *capot*, et, pour posséder ce morceau de drap dont elle se coiffera l'hiver prochain, elle va moissonner trois semaines sur ces plateaux dévorés du soleil ! Et nous nous trouvions héroïques, nous autres, de nous promener en plein midi sous les hêtres du rivage !

29 juillet.

La chaleur écrase mes compagnons. Ils font la sieste pendant que je voisine. Madame Anne, tout en filant sa laine et grondant ses poulets, qui trottent par la chambre, me fait offre de tous ses services de voisinage avec beaucoup de grâce. « Au reste, ajoute-t-elle, vous ne manquerez de rien au milieu de nous. On n'est pas riche, mais on est de bon cœur. Le monde d'ici oblige sans intérêt, et il y a, dans notre village, des gens gênés qui ne demandent jamais rien et offrent le peu qu'ils ont. »

Puis, elle me parle de sa famille, dont elle est fière, de ses garçons qui ont été au service, de ceux qui sont restés près d'elle pour cultiver les terres, et de la défunte fille, mariée à notre ami Moreau; et de son autre fille, madame Anne, qui est la plus aimable personne du monde, cela est certain ; et enfin de sa petite-fille, mademoiselle Marie Moreau, qui est, selon elle, la beauté du village. Elle ne m'avait pas semblé telle ; mais elle arrive sur ces entrefaites, perchée sur les crochets à fourrage d'un grand cheval maigre. Elle est coiffée d'un mouchoir bleu qui cache à demi son front et tombe le long de ses joues. Sous le froid reflet de cette capote improvisée, elle est du ton rose le plus fin et le plus pur ; son attitude et son accent sont singulièrement dégagés.

— Grand'mère, donnez-moi à boire, crie-t-elle d'une voix fraîche et forte en s'arrêtant au bas de l'escalier. Je suis crevée de soif !

La grand'mère lui passe un verre d'eau fraîche, qu'elle avale d'un trait, et qu'elle savoure après coup, en faisant claquer sa langue, en riant et en montrant ses deux rangées de petites dents éblouissantes, qui sont le cachet de la race locale. La sueur miroite sur ses joues, son œil est animé, sa figure hardie et candide. Elle s'en va charger son cheval au champ, et rapporter le blé à la grange. Ses mouvements sont souples et assurés, son rire harmonieux ; son entrain est d'un garçon, mais sa figure est d'une femme charmante, et, fouaillant son cheval, sur lequel elle se tient, je ne sais comment, perchée sur cette haute cage, elle descend crânement le sentier rapide. Ainsi vaillante au travail et triomphante au soleil, cette Cérès berrichonne est d'une beauté étrange, mais incontestable.

Une autre beauté brune, mais pâle et grave d'expression, un peu lourde et nonchalante d'allures, mérite une mention particulière. Amyntas l'a baptisée la belle Thérance, bien qu'elle ne rendît pas le type du Bourbonnais auquel ce nom se rapporte. Je vous la nomme ainsi pourtant pour mémoire, car cette beauté doit avoir une histoire quelconque, et nous la saurons pour la raconter s'il y a lieu.

Mais ce n'est pas le moment d'étudier la vie de sentiment ici. La moisson absorbe tout ; c'est le point de départ d'une année de richesse ou de gêne. La jeunesse, la beauté ou la grâce, y coopèrent avec autant d'activité que la force virile, et cela se fait si résolûment et si gaiement, que l'on ne songe point à plaindre le sexe faible. Il semble que cette épithète serait injurieuse ici, et que la vigueur des muscles soit, comme dans l'œuvre de Michel-Ange, la base et la cause première de la beauté féminine dans ses types de choix.

Il y a pourtant aussi des types très-fins et très-délicats, probablement peu appréciés, et cette beauté d'expression étonnée et ingénue de l'adolescence que l'on chercherait en vain ailleurs que dans les campagnes. Dans les villes, la physionomie de l'enfance passe sans transition à celle de la jeune fille sérieuse ou agaçante. Aux champs, cet âge mixte est comme un temps d'arrêt où l'être attend son complément sans que l'imagination le devance. Ces fillettes maigres ont toutes l'œil clair et sans regard de leurs chèvres ; mais, agiles et fortes déjà, elles n'ont pas l'allure disloquée et la gaucherie émue de nos filles de douze à quatorze ans.

Les enfants, avec leur joli *bonjour*, auquel pas un ne manque, même ceux qui savent à peine dire quelques mots, nous gagnent irrésistiblement le cœur. Ceux de chez nous sont naturellement farouches comme des oiseaux, et il faut se donner la peine de les apprivoiser. Pour cela, hélas! il faut les corrompre avec des friandises, comme de petits animaux, ou avec des cadeaux utiles, comme de petits hommes. Nous avons résisté au désir de gâter ceux d'ici, et nous n'avons encore échangé avec eux que des jeux et des caresses. Nous ne serons pas longtemps si stoïques ; mais nous aurons alors la fatuité de pouvoir nous dire que nous avons été *aimés pour nous-mêmes* au commencement.

Nous partons; car il nous faut, pour une plus longue station, d'humbles conditions d'établissement qui nous permettent de ne pas mener tout à fait la vie d'oisifs au milieu de ces gens laborieux. L'observation n'est pas un état : l'homme qui se sent examiné fuit ou pose. L'observation n'est qu'une occasion qui se prend aux cheveux. Elle passera devant nous quand nous ne serons plus, nous-mêmes, des objets d'étonnement et de curiosité.

Madame Rosalie a enfin trouvé une servante pour l'aider à faire notre soupe. C'est une grosse fille à l'air doux, que l'on appelle *mademoiselle* gros comme le bras, et pour cause; c'est la dernière descendante d'une grande famille du pays. Son père, M. de ***, de la branche des Montmorency-Fosseux, et petit-gendre ou petit-fils des anciens seigneurs de Châteaubrun (tel est le renseignement un peu vague que nous donne notre hôtesse), est aujourd'hui garde champêtre du village. Il a eu un peu de bien, qu'il a mangé *par bon cœur*, et il a épousé sa servante. On l'aime beaucoup. Tant il y a que sa fille tient, sans morgue, la queue de la poêle, et que l'on entend, dans la cuisine de l'auberge, la voix de l'hôte disant à sa femme :

— Prie donc mademoiselle de Montmorency d'aller tirer de l'eau à la fontaine !

Nous partons, comblés de politesses et d'amitiés. Le maître d'école nous force à accepter un pigeonneau, et Moreau remplit notre panier de truites. Herminea, qui a encore eu un peu de migraine, ne sait à qui entendre, tout le monde voulant savoir si elle est guérie. Nul n'a intérêt à lui complaire, tous sont frappés de sa grâce et de sa douceur, et lui témoignent leur sympathie. Vraiment, nous ne quittons jamais cet aimable village sans un regret attendri. Y aura-t-il plus tard un revers de médaille, comme à toutes les choses de ce bas monde? Nous verrons bien!

FIN DES PROMENADES AUTOUR D'UN VILLAGE.

EN VENTE OU EN PRÉPARATION

MÊME COLLECTION

LE VICAIRE DE WAKEFIELD
PAR GOLDSMITH, TRADUIT PAR CHARLES NODIER
ILLUSTRÉ PAR JOHANNOT

WERTHER
TRADUIT PAR PIERRE LEROUX, PRÉFACE DE GEORGE SAND
EAUX-FORTES DE JOHANNOT

LE NOUVEAU MAGASIN DES ENFANTS
Trois Séries
PAR OCTAVE FEUILLET — CHARLES NODIER — STAHL — BALZAC — LÉON GOZLAN
LA BÉDOLLIÈRE — JULES JANIN
OURLIAC — PAUL DE MUSSET — ALEXANDRE DUMAS — GEORGE SAND
Orné de 120 Vignettes
PAR TONY JOHANNOT, MEISSONNIER, LORENTZ, MAURICE SAND
GÉRARD SEGUIN ET BERTALL

VOYAGE OU IL VOUS PLAIRA
PAR ALFRED DE MUSSET ET STAHL
Vignettes
PAR TONY JOHANNOT

ŒUVRES CHOISIES DE GAVARNI
Quatre Séries

ROMANS CHAMPÊTRES
PAR GEORGE SAND, ILLUSTRÉS PAR TONY JOHANNOT
Première Série
LA PETITE FADETTE
LA FAUVETTE DU DOCTEUR — ANDRÉ
ETC.

Contraste insuffisant

NF Z 43-120-14

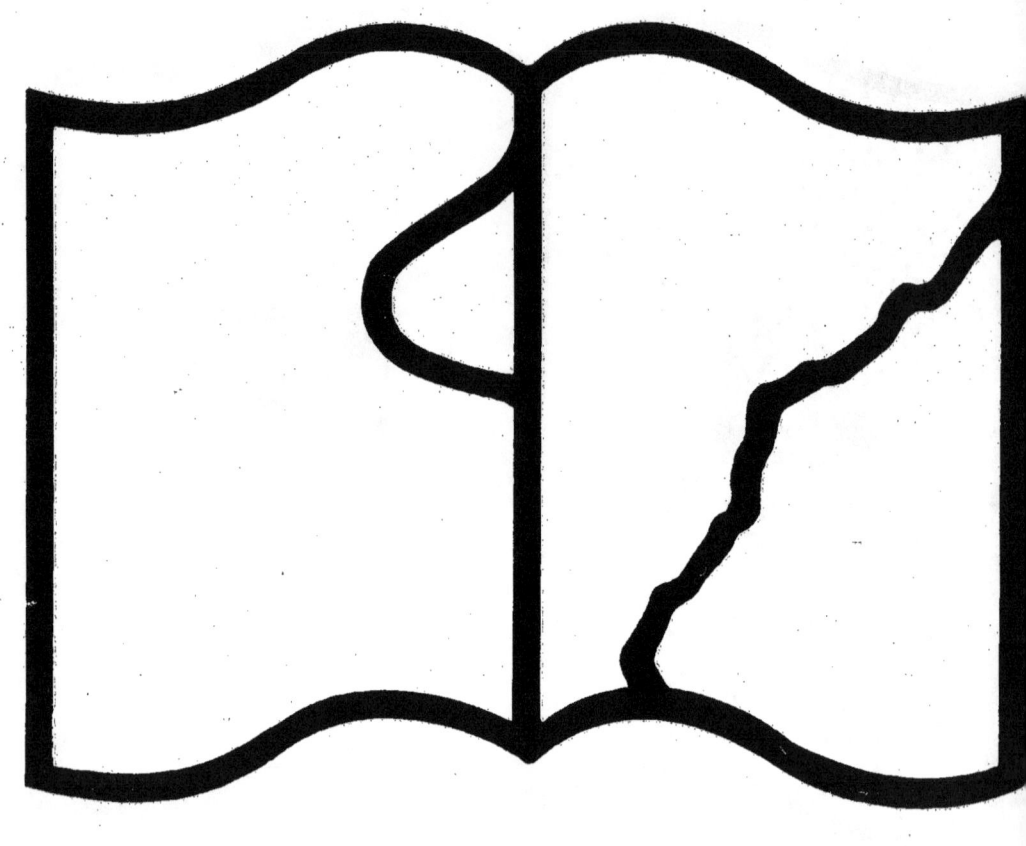

Texte détérioré — reliure défectueuse

NF Z 43-120-11

www.ingramcontent.com/pod-product-compliance
Lightning Source LLC
Chambersburg PA
CBHW050312170426
43202CB00011B/1871